INTELLIGENCE AUDIT

智能审计

陈 伟◎编著

图书在版编目（CIP）数据

智能审计 / 陈伟编著 . -- 北京：机械工业出版社，2021.6（2025.1 重印）
ISBN 978-7-111-68318-6

I. ①智… II. ①陈… III. ①智能技术 - 应用 - 审计学 - 教材 IV. ① F239.0-39

中国版本图书馆 CIP 数据核字（2021）第 098905 号

本书是将传统审计学基础知识与信息化、智能化环境下的审计内容完美融合的智能审计概论教材。本书分为三篇：审计基础知识、智能审计基础、智能审计知识。本书从审计基础知识入手，在介绍审计信息化等智能审计基础内容与方法的基础上，系统地分析了智能审计的起源、应用与发展前沿，为读者一层一层揭开智能审计的神秘面纱。本书属于智能审计的入门教程，通俗易懂，对于财会专业人士而言，更加易学、易懂、易会，操作性强。

本书可作为高等学校审计学、会计学、财务管理等专业的教材，供研究生、本科生、专科生等多个层次的读者使用，同时可作为审计从业人员的专业培训教材和业务学习资料，以及审计专业人士、审计科技工作者的参考书。

出版发行：机械工业出版社（北京市西城区百万庄大街 22 号 邮政编码：100037）

责任编辑：章集香 丁小悦	责任校对：马荣敏
印　　刷：北京捷迅佳彩印刷有限公司	版　　次：2025 年 1 月第 1 版第 4 次印刷
开　　本：185mm×260mm 1/16	印　　张：19.75
书　　号：ISBN 978-7-111-68318-6	定　　价：79.00 元

客服电话：（010）88361066 68326294

前言

审计作为一种独立的经济监督活动，一直受到各个国家的重视，在国家经济社会发展中发挥着越来越重要的作用。在传统审计环境下，审计人员手工检查被审计单位的纸质材料，审计效率低，审计成本高。进入信息化时代，审计人员审计的对象由纸质的材料转变为以电子数据和信息系统为主，采用的审计手段为相关软件与工具，这在一定程度上提高了审计效率，降低了审计成本。但目前审计工作仍然需要大量的人工参与和重复单调的工作，实现审计工作的自动化与智能化成为审计人员追求的目标。近年来，大数据、人工智能等信息技术的发展与应用为审计信息化的发展带来了机遇。利用大数据、人工智能等信息技术开展智能审计，成为审计行业发展的必然趋势。

我国一直重视审计信息化工作。习近平总书记指出，“要坚持科技强审，加强审计信息化建设”。审计署指出，“中国审计的根本出路在于信息化”。

伴随着这一审计信息化浪潮，作者在近 20 年的时间里一直致力于审计信息化领域的科研、教学、行业培训与咨询工作，先后出版了《计算机辅助审计原理及应用——大数据审计基础》(第 4 版)、《计算机审计》(第 2 版)、《审计信息化》《大数据审计理论、方法与应用》《联网审计技术方法与绩效评价》《电子数据审计模拟实验》《信息系统审计》等10余部与智能审计相关的著作，其中多部著作已被国内数百所大学选作教材，多部著作被评为“十二五”江苏省高等学校重点教材、全国电子信息类和财经类优秀教材、“十三五”江苏省高等学校重点教材。这些著作中所总结和提出的审计信息化理论体系被广大同行采用与推广。

本书是作者根据新文科背景下财经类高校开设智能审计相关课程的需要，结合作者所承担的多项科研项目以及所参与的多项审计实务项目，在已出版的多部著作的基础上，以通俗的语言系统地分析智能审计，目的是让即使没有较多专业背景的读者也能掌握大数据、人工智能背景下的审计方法，更好地服务于党的二十大报告提出的“数字中国”建设。

1. 本书内容

目前智能审计仍然是一个前沿性的领域，相关研究与应用仍在探索之中。本书采用渐进的方式讲述智能审计，全书共分成三篇。

第一篇是审计基础知识，包括第1章审计概述、第2章审计工作流程与审计文书。学习智能审计需要具有一定的审计基本知识，智能审计环境下各阶段需要智能生成各类审计文书。本篇内容让读者了解什么是审计，以及审计工作流程与审计文书。

第二篇是智能审计基础，包括第3章电子数据审计、第4章信息系统审计、第5章持续审计与联网审计。智能审计的对象和内容离不开电子数据和信息系统，持续审计和联网审计成为审计信息化的一个重要发展方向，研究与应用智能审计需要熟悉电子数据审计、信息系统、持续审计和联网审计的基本知识。本篇内容让读者熟悉信息化环境下的审计对象与审计方法。

第三篇是智能审计知识，包括第6章人工智能简介、第7章智能审计概述、第8章智能审计数据采集与分析、第9章审计机器人，本篇内容让读者系统地了解目前智能审计的产生背景、技术方法、应用现状及发展前沿。

为了让读者更清晰地理解本书的内容以及各章之间的逻辑关系，现将本书结构及其逻辑关系总结如下（见图0-1）。

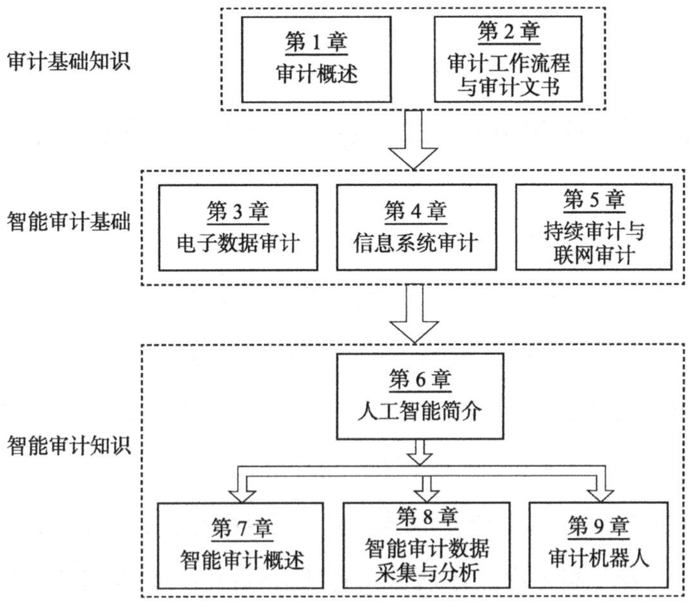

图 0-1　本书结构及其逻辑关系示意图

2. 本书特色

本书从审计的基本知识谈起，在分析信息化环境下的审计对象与审计方法之后，系统地介绍了智能审计的产生背景、技术方法、应用现状及发展前沿，基础性、系统性、前沿性并存，为非专业读者揭开了智能审计的神秘面纱。

3. 读者对象

本书可作为高等学校审计学、会计学、财务管理等专业的教材，供研究生、本科生、专科生等多个层次的读者使用，同时可作为审计从业人员的专业培训教材和业务学习资料，以及审计专业人士、审计科技工作者的参考书。

致谢

本书的写作得到了相关高校以及审计署等审计实务部门有关领导和专家的大力支持。

本书相关理论内容研究先后得到了国家自然科学基金（项目编号：71572080、70971068、70701018）、国家社会科学基金（项目编号：20FGLB058）、教育部人文社会科学研究项目（项目编号：14YJAZH006、08JC630045）、教育部留学回国人员科研启动基金（项目编号：教外司留[2012]940号）和中国博士科学基金（项目编号：20060390281）、江苏省社会科学基金（项目编号：13GLC016）、江苏省“六大人才高峰”高层次人才项目（项目编号：2014-XXRJ-015）、江苏省高校“青蓝工程”青年学术带头人项目（项目编号：苏教师[2010]27号）、江苏省“333高层次人才工程”等项目的资助。

另外，机械工业出版社的编辑对本书的出版给予了大力的支持，在此一并表示感谢！

本书的相关教学材料和教学资源可与本人或出版社联系获取。本书尚有不足之处，恳请读者不吝赐教，作者将在下一版中进一步完善。作者的Email：chenweich@nau.edu.cn。

陈　伟

目 录

第二篇 智能审计基础

第三篇 智能审计知识

第一篇

审计基础知识

第1章

审计概述

本章学习目标

- 熟悉审计的含义
- 掌握国家审计、内部审计和社会审计的含义
- 熟悉国家审计、内部审计和社会审计三者之间的区别与联系
- 熟悉国内外审计的产生与发展
- 熟悉经典审计技术方法

审计作为一种独立的经济监督活动，一直受到各个国家的重视。审计的过程实质上就是不断收集、鉴定和综合运用审计证据的过程。随着被审计对象的变化以及审计技术方法的发展，从手工审计到审计信息化的开展，再到近年来大数据、云计算、人工智能等新技术在审计信息化中的探索与应用，电子数据审计、信息系统审计、计算机审计、大数据审计、智能审计等概念不断涌现。学习智能审计需要具有一定的审计基本知识。本章对审计的分类、定义、产生与发展等知识进行介绍，让读者掌握审计的基本知识，从而为后面学习智能审计打下基础。

1.1 审计分类

根据审计实施主体和审计监督权来源的不同，一般可以将审计划分为三大类：国家审计、内部审计和社会审计。三者之间既有区别也有联系。

1.1.1 国家审计

在我国，审计作为党和国家监督体系的重要组成部分，在国家经济社会发展中发挥着越来越重要的作用。我国宪法第九十一条规定，国务院设立审计机关，对国务院各部门和地方各级政府的财政收支，对国家的财政金融机构和企业事业组织的财务收支，进行审计监督。

根据《中华人民共和国审计法》，审计是指审计机关依法独立检查被审计单位的会计凭证、会计账簿、财务会计报告以及其他与财政收支、财务收支有关的资料和资产，监督财政收支、财务收支真实、合法和效益的行为。⊖

财政收支

《中华人民共和国审计法》所称财政收支，是指依照《中华人民共和国预算法》和国家其他有关规定，纳入预算管理的收入和支出，以及下列财政资金中未纳入预算管理的收入和支出：

（一）行政事业性收费；

（二）国有资源、国有资产收入；

（三）应当上缴的国有资本经营收益；

（四）政府举借债务筹措的资金；

（五）其他未纳入预算管理的财政资金。

⊖ http://www.audit.gov.cn/n6/n36/c132974/content.html.

财务收支

《中华人民共和国审计法》所称财务收支，是指国有的金融机构、企业事业组织以及依法应当接受审计机关审计监督的其他单位，按照国家财务会计制度的规定，实行会计核算的各项收入和支出。

国家审计是由审计机关依法对公共资金、国有资产、国有资源管理、分配、使用的真实合法效益，以及领导干部履行经济责任和自然资源资产及生态保护责任情况所进行的独立监督活动。[⊖]

按照不同的标准和角度，国家审计可划分为多种类型。例如，按审计实施地点分类，可以分为现场审计、非现场审计（送达审计或联网审计等）等；按审计目标分类，可以分为财务报表审计、合规性审计和绩效审计等。

在审计实践中，国家审计业务类型主要包括财政审计、金融审计、企业审计、政策落实跟踪审计、政府投资项目审计、民生审计、资源环境审计、经济责任审计和涉外审计等。

审计结果公告

审计结果公告，是指各级审计机关以专门出版物方式，向社会公开有关审计报告、审计意见书、审计决定书等审计结论性文书所反映内容的公告。

实行审计结果对外公告制度是国际上通行的做法，我国审计法对此也有相应的规定。《中华人民共和国审计法》（2006 年）规定：审计机关可以向政府有关部门通报或者向社会公布审计结果。审计机关通报或者公布审计结果，应当依法保守国家秘密和被审计单位的商业秘密，遵守国务院的有关规定。审计署 2003 年 12 月 12 日公告了防治

⊖ http://www.audit.gov.cn/n6/n37/c130297/content.html.

非典专项资金和捐赠款物的审计结果，这是审计署第一次实行审计结果公告制度。到2007年，除涉及国家秘密、商业秘密等内容外，我国所有审计结果都将向社会公告。

◐ 阅读材料 国家审计审计结果公告示例

中国民航信息集团有限公司2016年度财务收支等情况审计结果⊖

（2018年6月20日公告）

根据《中华人民共和国审计法》的规定，2017年5月至6月，审计署对中国民航信息集团有限公司（以下简称中国航信）2016年度财务收支等情况进行了审计，重点审计了中国航信总部及所属中航信云数据有限公司、青岛民航凯亚系统集成有限公司（以下分别简称中航信云数据、青岛凯亚）等10家二级单位，对有关事项进行了延伸和追溯。

一、基本情况

中国航信成立于2002年，主要从事航空业务管理系统应用和代理结算清算等。据其2016年度合并财务报表反映，中国航信2016年年底拥有全资和控股子公司45家、参股公司10家；资产总额202.03亿元，负债总额42.47亿元，所有者权益159.56亿元，资产负债率21.02%；当年营业总收入62.22亿元，利润总额28.62亿元，净利润24.73亿元，净资产收益率16.55%；国有资本保值增值率113.37%。天职国际会计师事务所（特殊普通合伙）对此合并财务报表出具了标准无保留意见的审计报告。

审计署审计结果表明，中国航信进一步明确构建大平台、汇聚大数据、开展大服务的发展路径，加快企业转型发展；创新管理组织体系，加强对新业务创新的引导和扶持；完善企业管理制度，内控和风险管理体系实现境内外全覆盖，探索中长期激励机制。审计也发现，中国航信在财务管理

⊖ http://www.audit.gov.cn/n5/n25/c123546/content.html.

和会计核算、经营管理、落实中央八项规定精神及廉洁从业规定等方面还存在一些问题。

二、审计发现的主要问题

（一）财务管理和会计核算方面

1．中国航信2010年、2011年收到土地补偿资金9.1亿元，2015年和2016年才确认收入，其中2016年多计收入5亿元。

2．2016年，所属中航信云数据少计提固定资产折旧2 452.56万元。

3．2016年，所属中航信云数据未及时确认资产出租等收入1 161.93万元。

（二）经营管理方面

1．2005年至2016年，中国航信对免费提供给客户使用的2.28亿元设备未建立完整的资产实物台账，也缺乏有效管理。

2．2016年，所属北京亚科技术开发有限责任公司未经上级公司批准支付1.31亿元营销费用。

3．至2016年年底，中国航信取得的873.21万美元（折合人民币6 057.46万元）业务收入长期存放在所属境外公司代收账户，有的超过3年。

4．2009年至2016年，中国航信在未签订合同或合同未经审批的情况下，聘用外协技术人员维护设备，支付相关费用2 339.3万元。

5．2009年至2011年，中国航信少收取部分信息系统使用费1 611.97万元。

6．2016年，中国航信在未按规定程序决策的情况下，支付中介服务费用1 344.34万元。

7．2016年，中国航信未经招标采购1 010.25万元设备材料。

8．2013年，中国航信在与外部企业协议约定开发信息系统时，对履约风险估计不足，后因违约赔偿造成损失918.8万元。

9．2005年至2009年，中国航信在外部企业出现拖欠信息处理服务费589万元的情况下，未及时终止相关合作，新增欠费671万元。

10．中国航信对2011年收购的上海捷行电子商务有限公司管控不力，至2016年年底该公司已资不抵债，528万元收购投资面临损失风险。

11. 2012年至2015年，中国航信向外部企业支付注册建造师挂靠费用278.89万元。

12. 2012年10月，中国航信违反合同约定，减免应收外部企业合作项目收入150万元。

13. 至2016年年底，中国航信原定完成的21个子系统研发工作推进较慢，实际完成14个。

14. 至2016年年底，中国航信未按规定程序决策在浙江省嘉兴市建设共用信息（灾备）服务中心项目，建成后未达到预期目标，机房使用率仅为6.25%。

15. 至审计时，中国航信投资的新数据中心项目因对配套设施不完备的困难预计不足等，项目建设较慢，部分土地未有效使用。

16. 2010年10月，中国航信在未签订合同的情况下，将外部企业销售系统作为内部测试系统直接接入生产主机，未收取相应的服务费。

17. 2009年至2012年，中国航信违规报销机票费用14.64万元。

18. 2007年至2014年，中国航信违反内部规定开立5个银行账户。

19. 至2016年年底，中国航信未按内部规定向所有境外子公司派驻财务负责人，部分境外子公司财务管控薄弱。

20. 至2016年年底，中国航信9家三级境外子公司中有8家处于微利或亏损状态。

21. 至2017年3月，中国航信6个外部科技研究类项目超出计划完成时间尚未完成验收。

22. 至2016年年底，中国航信未及时制订全面深化改革总体方案，未按要求完成低效无效资产清理处置、应收账款和存货压控等工作。

23. 至2016年年底，中国航信尚未建立集中统一的采购管理制度，未明确部分部门采购权限，未对采用非招标方式采购信息进行规范。

（三）落实中央八项规定精神及廉洁从业规定方面

1. 2008年至2016年，中国航信一名管理人员的亲属控股企业承接该集团业务，取得技术服务费252.71万元；一名管理人员的亲属所设立企业免费使用中国航信信息系统，涉及资金18.43万元；所属青岛凯亚与其一名高管人员亲属设立的企业发生业务往来4 945.16万元。

2. 2012年12月至2013年，中国航信在会议费中列支演出费用、购买高档礼品等与会议无关费用36.13万元，购买高档酒水10.42万元。

3. 2011年至2013年，中国航信一名管理人员报销个人消费4.64万元。

三、审计处理及整改情况

对以上审计发现的问题，审计署依法出具了审计报告，下达了审计决定书。中国航信通过调整有关会计账目和财务报表、建立健全相关制度等方式进行整改，具体整改情况由其自行公告。

1.1.2 内部审计

内部审计是一种重要的审计类型。国际内部审计师协会（Institute of Internal Auditors，IIA）于1947年第一次提出了内部审计定义，并在2001年给出最新的第七次定义：内部审计是一种独立、客观的确认和咨询活动，旨在增加价值和改善组织的运营。它通过应用系统的、规范的方法，评价并改善风险管理、控制和治理过程的效果，帮助组织实现其目标。

中国内部审计协会（China Institute of Internal Audit，CIIA）修订的《中国内部审计准则》（2013修订）把内部审计定义为：内部审计是一种独立、客观的确认和咨询活动，它通过运用系统、规范的方法，审查和评价组织的业务活动、内部控制和风险管理的适当性和有效性，以促进组织完善治理、增加价值和实现目标。⊖

⊖ http://www.ciia.com.cn/cndetail.html?id=35589.

IIA 简介

国际内部审计师协会（IIA）是由内部审计人员组成的国际性民间审计职业团体，于 1941 年在美国纽约成立，其前身是美国内部审计师协会。1941 年后，英国、加拿大、澳大利亚、法国、日本等国家的内部审计师先后加入，使该组织逐渐成为世界性的组织，遍布 170 多个国家和地区。国际内部审计师协会全球总部设在美国佛罗里达州的玛丽湖。

CIIA 简介

中国内部审计协会（CIIA）是由具有一定内部审计力量的企事业单位、社会团体和从事内部审计相关工作的人员自愿结成的全国性、专业性、非营利性社会组织。中国内部审计协会前身是于 1987 年 4 月成立的中国内部审计学会，2002 年 5 月经民政部批准，更名为中国内部审计协会。

中国内部审计协会的登记管理机关是中华人民共和国民政部，党建领导机关是中央和国家机关工作委员会。中国内部审计协会接受登记管理机关、党建领导机关、业务管理部门的业务指导和监督管理。中国内部审计协会经外交部和审计署批准，加入国际内部审计师协会。

1.1.3 社会审计

社会审计（注册会计师审计或独立审计），是指注册会计师依法接受委托、独立执业、有偿为社会提供专业服务的活动。

中国注册会计师协会《独立审计基本准则》把独立审计（社会审计）定义为：独立审计是指注册会计师依法接受委托，对被审计单位的会计报表及其相关资料进行独立审查并发表审计意见。

中国注册会计师协会简介

中国注册会计师协会（简称中注协）是在财政部党组领导下开展行业管理和服务的法定组织，依据《中华人民共和国注册会计师法》和《社会团体登记管理条例》的有关规定设立，承担着《中华人民共和国注册会计师法》赋予的职能和协会章程规定的职能。中国注册会计师协会成立于1988年11月。

1.1.4　国家审计、内部审计和社会审计的区别与联系

在我国，国家审计、内部审计和社会审计三者之间的区别与联系如下：[⊖]

1. 三者之间的区别

（1）工作目标不同。

国家审计的工作目标是服务国家和社会，维护经济安全，推动全面深化改革，促进依法治国，推进廉政建设，保障经济社会健康发展。

内部审计的工作目标是服务组织自身发展，促进组织完善治理、实现组织发展目标。

社会审计的工作目标是对财务报表是否在所有重大方面按照适用的财务报告编制基础发表审计意见。

（2）工作依据不同。

国家审计的工作依据是宪法、审计法、审计法实施条例、国家审计准则、地方性审计法规和规章等。内部审计机构开展内部审计工作的依据是内部审计工作规定、内部审计准则等。社会审计的工作依据主要是注册会计师法、注册会计师执业准则等。

（3）工作权限不同。

国家审计的权限由法律法规赋予，并以国家强制力保证实施，被审计

⊖ http://www.audit.gov.cn.

单位和其他有关单位应当予以支持和配合。内部审计的权限主要由组织内部规章制度确定，审计权限在一定程度上受本组织管理层制约。社会审计的权限是委托人在协议中承诺或授予的，其权限不具有法定性和强制性。

2. 三者之间的联系

（1）国家审计与内部审计、社会审计之间存在着法定的监督与被监督关系。根据审计法及其实施条例的规定，依法属于审计机关审计监督对象的单位，其内部审计工作应当接受审计机关的业务指导和监督；社会审计机构审计的单位依法属于审计机关审计监督对象的，审计机关有权对该社会审计机构出具的相关审计报告进行核查。

（2）国家审计应当有效运用内部审计成果，实现国家审计与内部审计优势互补，有效提升审计全覆盖的质量。内部审计和社会审计是实现审计全覆盖的重要力量。内部审计作为单位经济决策科学化、内部管理规范化、风险防控常态化的重要制度设计和自我约束机制，其工作越有效，单位出现违法违规问题和绩效低下问题的可能性就越小，国家审计监督的综合效能也就越高。

（3）审计机关可以按规定向社会审计组织购买审计服务。根据《国务院关于加强审计工作的意见》《国务院办公厅关于政府向社会力量购买服务的指导意见》等规定，审计机关可以有效利用社会审计力量，除涉密项目外，根据审计项目实施需要，可以向社会力量购买审计服务。

1.2 审计的产生与发展

1.2.1 国外审计的产生与发展

1. 国外注册会计师审计（社会审计）的产生与发展

国外注册会计师审计起源于 16 世纪的意大利合伙企业，当时地中海沿岸的商业城市已经比较繁荣。为适应筹集资金的需要，合伙制企业便应运而生，合伙经营方式催生了对注册会计师审计的最初需求。因此，在16世纪意大利的商业城市中出现了一批具有良好的会计知识、专门从事查账和公证工作的专业人员。随着会计专业人员人数的增多，威尼斯会计协会于1581年在威尼斯成立。

到了18世纪，英国的资本主义经济得到了迅速发展，生产的社会化程度大大提高，企业的所有权与经营权进一步分离。企业主希望有外部的会计师检查企业管理人员是否存在贪污、盗窃和其他舞弊行为，于是英国出现了第一批以查账为职业的独立会计师。这些独立会计师受企业主委托，对企业会计账目进行检查，并把检查结果向企业主报告。

1844年，英国政府颁布了公司法，规定股份公司必须设监察人，负责审查公司的账目，从而达到监督公司管理层经营管理活动，保护投资者、债权人利益的目的。1845年，英国政府又对公司法进行了修订，规定股份公司的账目必须经董事以外的人员审计。因此，独立会计师业务得到迅速发展，独立会计师人数也越来越多。此后，英国政府对一批精通会计业务、熟悉查账知识的独立会计师进行了资格确认。1853年，苏格兰爱丁堡创立了第一个注册会计师的专业团体——爱丁堡会计师协会。该协会的成立标志着注册会计师职业的诞生。

19世纪末，随着美国工业化的快速发展，英国会计师常常接受美国企业的委托去美国对相关企业的会计账簿和财产进行审计。英国会计师的到访给美国带来了最新的审计知识、审计制度和审计技术，从而为美国注册会计师审计的发展打下了基础。

1887年8月20日，美国公共会计师协会成立。该协会是美国现代最大的民间审计组织美国注册会计师协会的前身。

1896年4月17日，纽约州的立法机构第一次通过了注册会计师法案，规定对有资格的会计师，应授予注册会计师（certified public accountant，CPA）称号。

1897年，全美注册会计师协会（National Society of Certificate

Public Accountants，NSCPA）正式成立。1899 年，美国公共会计师协会合并了全美注册会计师协会。

1902 年 10 月，美国公共会计师协会联合会（Federation of Societies of Public Accountants in the United States）正式成立。1905 年，美国公共会计师协会合并了美国公共会计师协会联合会。

1916 年，美国公共会计师协会更名为美利坚合众国会计师协会（Institute of Accountants in the United States of America)，1917 年，改名为美国会计师协会（American Institute of Accountant)，此后经过多次更名，1957 年，该审计组织改名为美国注册会计师协会（American Institute of Certified Public Accountants，AICPA)。

不难发现：国外注册会计师审计起源于企业所有权和经营权的分离，是市场经济发展到一定阶段的产物。从注册会计师审计发展的历程看，注册会计师审计最早起源于意大利合伙企业，在英国股份公司出现后得以形成，伴随着美国资本市场的发展而逐步完善起来。

2. 国外内部审计的产生与发展

在国外，随着资本主义经济的发展，大型企业得到迅速发展，这些公司规模的不断扩大，对内部经营管理、监督和控制的需求也逐步提高，管理阶层越来越需要内部审计。1875 年，弗里德里希·克虏伯（Friedrich Krupp）公司在德国设立了第一个现代内部审计部门。20 世纪初，内部审计在美国出现，之后在英国和日本等国家得到快速发展。

1941 年，国际内部审计师协会（IIA）在美国纽约成立。这使得内部审计人员有了统一的身份，内部审计成为一种正式的职业，内部审计事业也得到了快速的发展。

3. 国外国家审计的产生与发展

世界审计组织（International Organization of Supreme Audit Institutions，INTOSAI）成立于 1953 年，由联合国成员国及其专门机构

成员的最高审计机关组成，是各成员最高审计机关交流、合作、研讨的主要平台，目前已拥有近200个成员，成员包括194个国家和国际组织，是全球仅次于联合国的第二大国际组织。

世界审计组织秘书处常设在奥地利审计院，由奥地利审计院院长担任秘书长。世界审计组织大会是该组织的最高权力机构，由所有成员组成，每三年召开一次，在各大洲轮流举办。世界审计组织理事会由18名成员组成，经各地区组织推荐，由大会选举产生，对全体成员负责，每年召开一次会议，理事会主席经竞选产生，是世界审计组织最高级别代表和主要发言人。

关于各个国家的国家审计相关情况，请读者参见其他相关资料。

1.2.2 国内审计的产生与发展

1. 我国国家审计的产生与发展[⊖]

我国有着悠久的历史和灿烂辉煌的文化，我国的审计监督制度由来已久，源远流长。我国国家审计的起源可以追溯到古代西周时期。早在西周时期，中央政权设置有“宰夫”一职，其工作是带有审计性质的财政监察，这是我国国家审计的萌芽。其后，秦汉时代的“上计制度”，对经济活动的监督有所加强；隋唐时代在刑部之下设“比部”，建立了比较独立的审计机构，这都对审计制度有所完善和发展。

到了宋代，专门设立了审计司，是我国正式以“审计”一词命名审计机构的开始。

到了元、明、清三代，均未设立专门的国家审计机构，大部分审计职能并入了御史监察机构。

1914年，北洋政府设立审计院，颁布了审计法。1928年，南京国民政府设立了审计院，后改为审计部，隶属检察院，但这一段时期的审计制度徒有形式，没有充分发挥作用。

1932年，中央革命根据地成立了中华苏维埃中央审计委员会，1934

⊖ http://www.audit.gov.cn/n6/n37/n60/c12151/content.html.

年，中华苏维埃政府颁布了《审计条例》，实行审计监督制度。

1949 年 10 月至 1983 年 8 月的 34 年间，中华人民共和国一直未设立独立的国家审计机关，对国家财政收支的监督工作主要由财政部门内部的监察机构完成。

1982 年 12 月颁布的《中华人民共和国宪法》规定了中国实行独立的审计监督制度，在国务院和县级以上地方各级人民政府设立审计机关。对国务院各部门和地方各级政府的财政收支，对国家的财政金融机构和企业事业组织的财务收支，进行审计监督。

1983 年 9 月，中华人民共和国审计署成立，是国务院的组成部门，县级以上地方各级人民政府也相继设立审计机关，审计工作在全国范围内逐步展开。

1994 年 8 月 31 日，第八届全国人民代表大会常务委员会第九次会议通过了《中华人民共和国审计法》，自 1995 年 1 月 1 日起施行。

自 1983 年审计机关成立特别是审计法颁布实施以来，全国各级审计机关不断建立健全审计法规，拓展审计领域，规范审计行为，改进审计方法，审计工作逐步走上了法制化、制度化、规范化的轨道。

1997 年 10 月 21 日，国务院发布了《中华人民共和国审计法实施条例》。

2006 年 2 月 28 日，修订后的《中华人民共和国审计法》正式颁布，自 2006 年 6 月 1 日起施行。

2010 年 2 月 2 日，修订后的《中华人民共和国审计法实施条例》正式颁布，自 2010 年 5 月 1 日起施行。

2018 年 3 月，中共中央印发了《深化党和国家机构改革方案》(以下简称《方案》)。《方案》指出：为加强党中央对审计工作的领导，构建集中统一、全面覆盖、权威高效的审计监督体系，更好地发挥审计监督作用，组建中央审计委员会，作为党中央决策议事协调机构。中共中央总书记、国家主席、中央军委主席、中央审计委员会主任习近平 2018 年 5 月 23 日在主持召开的中央审计委员会第一次会议上指出，“要坚持科技强审，加强审计信息化建设”。

2. 我国内部审计的产生与发展

1983年国务院批转审计署《关于开展审计工作几个问题的请示》，要求大中型企事业单位建立内部审计制度。审计署《关于开展审计工作几个问题的请示》中提出：“四、关于建立部门、单位内部审计问题。我国有数十万个国营企业和大量的行政、事业单位，审计对象多，范围广，任务重。建立和健全部门、单位的内部审计，是搞好国家审计监督工作的基础。对下属单位实行集中统一领导或下属单位较多的主管部门，以及大中型企业事业组织，可根据工作需要，建立内部审计机构，或配备审计人员，实行内部审计监督。在审计业务上，要受同级审计机关的指导。”

关于开展审计工作几个问题的请示

国务院：

去年八月，国务院发出建立审计机关的通知，并批准财政部《关于筹建审计机关的报告》，有力地推动了审计机关的筹建工作。一年来，审计署调配了一批业务骨干，现在已有干部百余人，并草拟了《审计条例》，培训了一部分审计人员。各级地方政府根据国务院国发〔1983〕36号文件，正在抓紧组建审计机关，已有十三个省、自治区、直辖市成立了审计局。

六届人大一次会议根据宪法的有关规定，已经决定国务院成立审计署，并任命了审计长。最近，国务院领导同志指示，审计机关要迅速组建，边组建，边工作。我们考虑，为了适应工作需要，审计署可以先搭起架子，一方面开始工作，一方面继续抓紧组建，在实践中进一步充实和完善。现将开展审计工作的几个问题，请示如下：

一、关于审计机关的任务。根据宪法第九十一条的规定，审计机关的主要任务是：（一）对财政预算和信贷计划的执行、财政决算和信贷计划的执行结果，进行审计监督。(二) 对各级行政机关、人民团体、事业单位和中国人民解放军的财务收支，进行审计监督。(三) 对国营企业、基本建设单位、金融保险机构，以及县以上人民政府管理的相当于国营的集体经济组织的财务收支，进行审计监督，并考核其经济效益。(四) 维护国家财经法纪，对严重的贪污盗窃、侵占国家资财、严重损失浪费、损害国家利益等行为，进行专案审计。(五) 贯彻审计法规，制定审计规章制度，参与重要的财政、财务等方面规章制度的研究制定工作。(六) 向本级政府和上级审计机关做审计工作报告和重大的专案审计报告。

二、关于审计机关的职权。根据宪法第九十一条的规定，审计机关是对国家的财政经济活动进行审计监督的机关。为了有效地开展审计工作，审计机关具有下列职权：(一) 检查被审计部门和单位的各种账目、资财以及有关文件、资料等。被审计部门和单位必须如实提供，不得拒绝或隐匿。(二) 参加被审计部门和单位的有关会议。对审计中发现的问题，进行调查并取得证明材料。被审计部门、单位和有关人员，必须积极配合，不得设置任何障碍。(三) 责成被审计部门和单位纠正和制止一切不正当的收支，限期改进工作，改善经营管理，提高经济效益。(四) 通知有关部门，对违反财经法纪的予以经济制裁，包括依法追缴非法所得、处以罚款和扣缴款项等。对严重违反财经纪律的，可采取停止财政拨款、停止银行贷款和冻结银行存款等紧急措施，通知有关部门执行。有权建议对有关责任人员给予行政处分。触犯刑律的，由司法机关依法惩处。(五) 对阻挠、拒绝和破坏审计工作的，有权采取封存账册和冻结资财等必要的临时措施，追究直接责任人员和有关领导人的责任。(六) 通报违反财经法纪的重大案件，表扬遵守和维护财经法纪成绩显著的部门、单位和个人。

三、关于审计机关的设置和领导关系。

(一) 审计署在国务院总理领导下，依照法律规定独立行使审计监督权，并负责领导全国的审计工作，向国务院报告工作。

（二）根据宪法第一百零九条的规定，地方各级审计机关对本级人民政府和上一级审计机关负责。省、自治区、直辖市审计局，受同级人民政府和审计署双重领导，以省、自治区、直辖市人民政府的领导为主，审计业务受审计署领导。省以下各级审计局，受同级人民政府和省、自治区、直辖市审计局的双重领导，以省、自治区、直辖市审计局领导为主。地方各级审计局主要领导干部的任免、调动和奖惩，应在事前与审计署或省、自治区、直辖市审计局商定。

（三）国务院国发［1983］36 号文件《关于地方各级审计机关设置和人员编制问题的通知》中，对地区行署审计机关的设置问题，未作规定。根据中央办公厅、国务院办公厅中办发［1983］44 号文件的精神，全国大部分地区的行署机构还需要保留。为了适应开展审计工作的需要，地区行署一般应设立审计机构，作为省、自治区审计局的派出机构，所需编制在核定的地区编制总数内安排。

四、关于建立部门、单位内部审计问题。我国有数十万个国营企业和大量的行政、事业单位，审计对象多，范围广，任务重。建立和健全部门、单位的内部审计，是搞好国家审计监督工作的基础。对下属单位实行集中统一领导或下属单位较多的主管部门，以及大中型企业事业组织，可根据工作需要，建立内部审计机构，或配备审计人员，实行内部审计监督。在审计业务上，要受同级审计机关的指导。

中国人民解放军内部审计机构的设置，由中央军委另行规定，审计业务受审计署的指导。

以上报告如无不当，请批转各省、自治区、直辖市人民政府和国务院各部门执行。

审计署

一九八三年七月十四日

3. 我国注册会计师审计的产生与发展

1918 年 9 月，北洋政府农商部颁布了我国第一部注册会计师法规——《会计师暂行章程》，并于同年批准著名会计学家谢霖先生为中国的第一位注册会计师，谢霖先生创办的中国第一家会计师事务所——正则会计师事务所也获准成立。此后，又逐步批准了一批注册会计师，建立了一批会计师事务所，包括潘序伦先生创办的“潘序伦会计师事务所”（后改称“立信会计师事务所”）等。

1925 年，“全国会计师公会”在上海成立。

1930 年，国民政府颁布了《会计师条例》，确立了会计师的法律地位，之后，上海、天津、广州等地也相继成立了多家会计师事务所。

1933 年，成立了“全国会计师协会”，但受制于当时的环境，注册会计师职业没有得到很大的发展，注册会计师审计也没有充分发挥应有的作用。

在新中国成立初期，注册会计师审计在经济恢复工作中发挥了积极作用。但后来由于我国推行苏联高度集中的计划经济模式，注册会计师便悄然退出了经济舞台。

1978 年，党的十一届三中全会以后，我国实行改革开放的方针，把工作重点转移到社会主义现代化建设上来，商品经济得到迅速发展，为注册会计师制度的恢复重建创造了客观条件。

随着外商来华投资日益增多，1980 年 12 月 14 日，财政部发布了《中华人民共和国中外合资经营企业所得税法施行细则》，规定外资企业财务报表要由注册会计师进行审计，这为恢复我国注册会计师制度提供了法律依据。

1980 年 12 月 23 日，财政部发布《关于成立会计顾问处的暂行规定》，标志着我国注册会计师职业开始复苏。

1981 年 1 月 1 日，“上海会计师事务所”宣告成立，成为新中国第一家由财政部批准独立承办注册会计师业务的会计师事务所。我国注册会计师制度恢复后，注册会计师的服务对象主要是三资企业。这一时期的涉外经济法规对注册会计师业务做了明确规定。1984 年 9 月 25 日，财政部印发《关于成立会计咨询机构问题的通知》，明确了注册会计师应当办理的业务。1985 年 1 月实施的《中华人民共和国会计法》规定："经国务院财政部门或者省、自治区、直辖市人民政府的财政部门批准的注册会计师组成的会计师事务所，可以按照国家有关规定承办查账业务。" 1986 年 7 月 3 日，国务院颁布《中华人民共和国注册会计师条例》，同年 10 月 1 日起实施。

随着会计师事务所数量的增加、业务范围的拓宽，如何对注册会计师和会计师事务所实施必要的管理，有效组织开展职业道德和专业技能教育，加强行业管理，保证注册会计师独立、客观、公正执业，成为行业恢复重建面临的重大问题。

1988 年 11 月 15 日，财政部借鉴国际惯例成立了中国注册会计师协会，随后各地方相继组建省级注册会计师协会。

1993 年 10 月 31 日，第八届全国人大常委会第四次会议审议通过了《中华人民共和国注册会计师法》，自 1994 年 1 月 1 日起实施。

1.3 经典审计技术方法

传统手工审计是通过对账簿的检查来实现这一职责的。为了更好地理解后续章节介绍的信息化环境下的审计方法，本节首先对传统经典的审计技术方法做简单介绍。一般来说，审计人员常用的审计方法分析如下：

1. 检查法

检查法是指对纸质、电子或者其他介质形式存在的文件、资料进行审查，或者对有形资产进行审查。

2. 观察法

观察法是指察看相关人员正在从事的活动或者执行的程序。

3. 询问法

询问法是指以书面或者口头方式向有关人员了解关于审计事项的信息。

4. 外部调查法

外部调查法是指对与审计事项有关的第三方进行调查。

5. 重新计算法

重新计算法是指以手工方式或者使用信息技术对有关数据计算的正确性进行核对。

6. 重新操作法

重新操作法是指对有关业务程序或者控制活动独立进行重新操作验证。

7. 分析法

分析法是指研究财务数据之间、财务数据与非财务数据之间可能存在的合理关系，对相关信息做出评价，并关注异常波动和差异。

8. 鉴定法

鉴定法是指对某些审计事项的检查需要的技能超出了审计人员的正常业务范围，聘请专门人员运用专门方法进行检测以获取审计证据的一种审计技术。鉴定法是一种证实问题的方法，不是审计的专门技术，但却是必不可少的技术。鉴定法通常用于一些涉及较多专门技术问题的领域，以及难以判别真实情况的一般审计事项。

关于信息化环境下的常用审计方法，将在第二篇中进行介绍。

☞ 本章结语

审计作为一种独立的经济监督活动，一直受到各个国家的重视。随着被审计对象的变化以及审计技术方法的发展，智能审计正逐渐成为审计领域研究与应用的重点。学习智能审计需要具有一定的审计基本知识。本章对审计的分类、定义、产生与发展等知识进行了介绍，主要内容如下：

根据审计实施主体和审计监督权来源的不同，一般可以将审计划分为三大类：国家审计、内部审计和社会审计。

国家审计是由审计机关依法对公共资金、国有资产、国有资源管理、分配、使用的真实合法效益，以及领导干部履行经济责任和自然资源资产及生态保护责任情况所进行的独立监督活动。

内部审计是一种独立、客观的确认和咨询活动，旨在增加价值和改善组织的运营。它通过应用系统的、规范的方法，评价并改善风险管理、控制和治理过程的效果，帮助组织实现其目标。

社会审计（注册会计师审计或独立审计），是指注册会计师依法接受委托、独立执业、有偿为社会提供专业服务的活动。

国家审计、内部审计和社会审计三者之间既有区别也有联系。

国外注册会计师审计起源于企业所有权和经营权的分离，是市场经济发展到一定阶段的产物。从注册会计师审计发展的历程看，注册会计师审计最早起源于意大利合伙企业，在英国股份公司出现后得以形成，伴随着美国资本市场的发展而逐步完善起来。

在国外，随着资本主义经济的发展，大型企业得到迅速发展，这些公司的规模不断扩大，对内部经营管理、监督和控制的需求也逐步提高，管理阶层越来越需要内部审计。1875年，弗里德里希·克虏伯（Friedrich Krupp）公司在德国设立了第一个现代内部审计部门。20世纪初，内部审计在美国出现，之后在英国和日本等国家得到快速发展。1941年，国际内部审计师协会（Institute of Internal Auditors，IIA）在美国纽约成立，内部审计成为一种正式的职业。

世界审计组织（International Organization of Supreme Audit Institutions，INTOSAI）成立于1953年，由联合国成员国及其专门机构成员的最高审计机关组成，是各成员最高审计机关交流、合作、研讨的主要平台，目前已拥有近200个成员，成员包括194个国家和国际组织，是全球仅次于联合国的第二大国际组织。

我国的审计监督制度由来已久，源远流长。我国国家审计的起源可以追溯到古代西周时期。1932年，中央革命根据地成立了中华苏维埃中央审计委员会，1934年，中华苏维埃政府颁布了《审计条例》，实行审计监督制度。

1983年9月，中华人民共和国审计署成立，成为国务院的组成部门，县级以上地方各级人民政府也相继设立审计机关，审计工作在全国范围内逐步展开。

2018年3月，中共中央印发了《深化党和国家机构改革方案》。《方案》指出：为加强党中央对审计工作的领导，构建集中统一、全面覆盖、权威高效的审计监督体系，更好地发挥审计监督作用，组建中央审计委员会，作为党中央决策议事协调机构。中共中央总书记、国家主席、中央军委主席、中央审计委员会主任习近平2018年5月23日在主持召开的中央审计委员会第一次会议上指出，“要坚持科技强审，加强审计信息化建设”。

1983年国务院批转审计署《关于开展审计工作几个问题的请示》，要求大中型企事业单位建立内部审计制度。

1918年9月，北洋政府农商部颁布了我国第一部注册会计师法规——《会计师暂行章程》，并于同年批准著名会计学家谢霖先生为中国的第一位注册会计师，谢霖先生创办的中国第一家会计师事务所——正则会计师事务所也获准成立。1980年12月23日，财政部发布《关于成立会计顾问处的暂行规定》，标志着我国注册会计师职业开始复苏。1981年1月1日，“上海会计师事务所”宣告成立，成为新中国第一家由财政部批准独立承办注册会计师业务的会计师事务所。1988年11月15日，财政部借鉴国际惯例成立了中国注册会计师协会，随后各地方相继组建省级注册会计师协会。

一般来说，审计人员常用的传统经典的审计技术方法主要有检查法、观察法、询问法、外部调查法、重新计算法、重新操作法、分析法、鉴定法等。

通过学习本章的内容，读者可以快速掌握审计的基本知识，从而为后续章节深入分析智能审计打下基础。

☞ 思考题

1. 什么是审计？
2. 什么是国家审计？什么是内部审计？什么是注册会计师审计？
3. 简述国内外国家审计、内部审计、注册会计师审计的发展过程。
4. 简述国内外国家审计、内部审计、注册会计师审计之间的区别与联系。
5. 开展智能审计需要掌握审计基础知识吗？

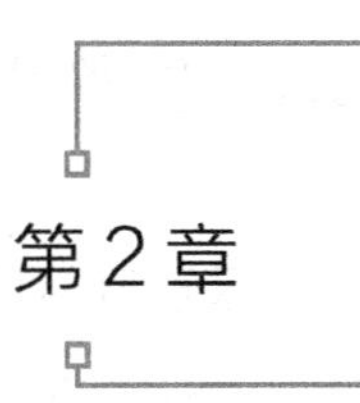

第2章

审计工作流程与审计文书

本章学习目标

- 掌握开展审计的基本工作流程
- 熟悉审计通知书、审计实施方案、审计需求单、审计工作底稿、审计取证单、审计报告等审计文书的基本格式
- 掌握如何编写审计实施方案、审计工作底稿、审计报告等审计文书

目前开展的审计过程中各阶段都需要编写各类审计文书，智能审计环境下各阶段仍需生成各类审计文书。本章根据目前开展审计的实际情况，分析目前开展审计的基本工作流程，以及在开展审计过程中各阶段常用的审计文书格式与内容，如审计通知书、审计实施方案、审计需求单、审计工作底稿、审计取证单、审计报告等。通过本章的学习，可以熟悉和掌握开展审计的基本工作流程以及各阶段常用的审计文书，从而为后面学习智能审计以及今后从事审计实务工作打下基础。

2.1　实施审计项目的一般流程

尽管目前信息化环境下的审计与传统的手工审计相比，审计技术和方法、审计作业方式发生了变化，但无论是传统的手工审计，还是信息化环境下的审计，审计目标都是相同的。目前，我国实施审计项目的一般流程如图 2-1 所示。下面我们将对前三个阶段进行详细阐述。

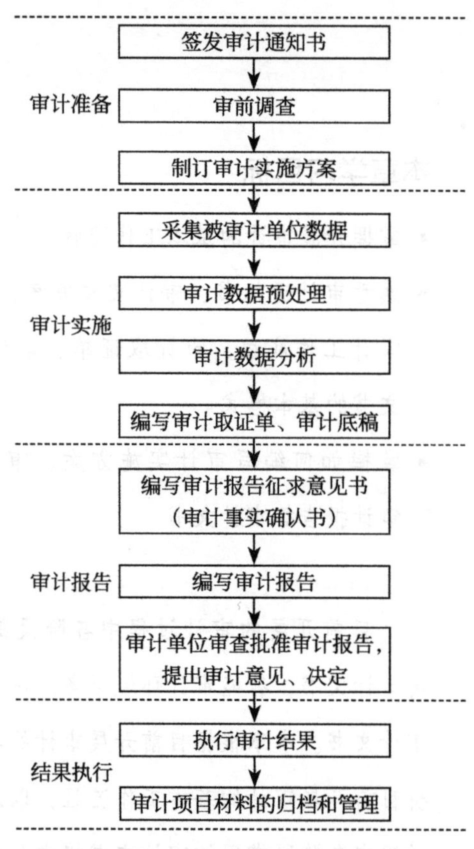

图 2-1　信息化环境下审计项目实施的流程

2.2　审计准备阶段

在审计准备阶段，需要准备审计通知书，在审前调查的基础上，制订审计实施方案。本节以国家审计为主，同时兼顾内部审计和社会审计，分别介绍审计通知书、审计实施方案等相关审计文书的格式及内容。

2.2.1　审计通知书

1. 国家审计的审计通知书

在开始到被审计单位开展审计时，需要向被审计单位下发审计通知书，对国家审计来说，以某审计局（假设为 ** 审计局）为例，审计通知书的一般格式及内容如下。其中，审计组副组长和主审为可选项，根据实际情况填写。

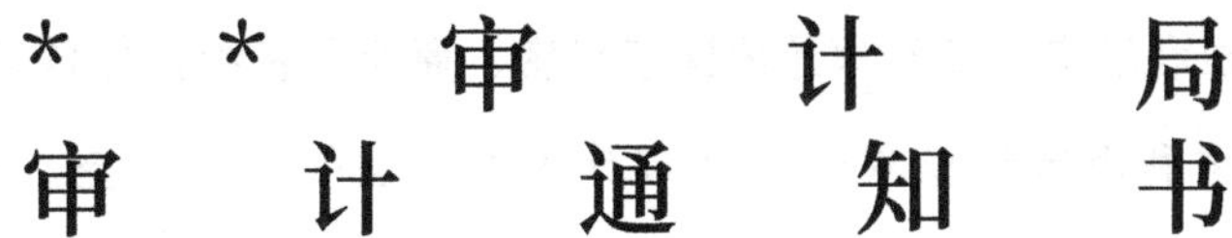

** 局审通〔20** 〕** 号

☆☆☆

**** 审计局**

对 **（项目名称）进行审计的通知**

****（主送单位全称或者规范简称）：

根据《中华人民共和国审计法》第 **** 条的规定，我局决定派出审计组，自 20** 年 ** 月 ** 日起，对你单位 **** 进行审计，必要时将追溯到相关年度或者延伸审计（调查）有关单位。请予以配合，并提供有关资料（包括电子数据资料）和必要的工作条件。

审计组组长：***

审计组副组长：***

审计组成员：***（主审）***　***　***

附件：审计署关于加强审计纪律的八项规定

（** 审计局印章）

**** 年 ** 月 ** 日

附件：

审计“八不准”工作纪律

一、不准由被审计单位和个人报销或补贴住宿、餐饮、交通、通信、医疗等费用。

二、不准接受被审计单位和个人赠送的礼品礼金，或未经批准通过授课等方式获取报酬。

三、不准参加被审计单位和个人安排的宴请、娱乐、旅游等活动。

四、不准利用审计工作知悉的国家秘密、商业秘密和内部信息谋取利益。

五、不准利用审计职权干预被审计单位依法管理的资金、资产、资源的审批或分配使用。

六、不准向被审计单位推销商品或介绍业务。

七、不准接受被审计单位和个人的请托干预审计工作。

八、不准向被审计单位和个人提出任何与审计工作无关的要求。

对违反上述纪律者，视情节轻重作出处理；对负有领导责任的，予以追究。

** 审计局举报电话：(***) **** ****。

2. 社会审计或内部审计的审计通知书

对社会审计或内部审计来说，审计通知书的一般格式及内容如下。

****（项目名称）审计通知书

** 审字〔20** 〕** 号

****（主送单位全称或者规范简称）：

根据 ****(开展审计的单位全称或者规范简称)**** 年度审计工作计划，兹指派下列 * 位同志于 20** 年 ** 月 ** 日至 20** 年 ** 月 ** 日，对你单位 **** 进行审计，请提供必要的工作条件。

审计组成员名单如下：

组长：****

主审人：****

成员：***、***、***、*** 等

特此通知。

*** 审计部（或 *** 会计师事务所）

**** 年 ** 月 ** 日

2.2.2 审计实施方案

1. 国家审计的审计实施方案

在开展审计项目时，需要根据项目情况，制订审计实施方案，对国家审计来说，审计实施方案的一般格式如下。

审计实施方案

编制日期：　年　月　日

领导批准		业务处负责人审核	
审计组组长		方案编制人	
被审计单位（项目）			
审计范围		审计方式	

<table>
<tr><td>审计起止日期</td><td colspan="2"></td></tr>
<tr><td rowspan="3">审计人员</td><td>组　长</td><td></td></tr>
<tr><td>副组长</td><td></td></tr>
<tr><td>成　员</td><td></td></tr>
</table>

根据 ****（审计机关名称)《**** 年 ****** 审计工作方案》的规定，按照《中华人民共和国国家审计准则》的要求，审计组在认真进行调查了解基础上，制订本审计实施方案。

一、审计目标

***。

二、审计的范围

***。

三、审计内容、重点及审计措施，包括审计事项和审计应对措施

***。

四、审计工作要求，包括项目审计进度安排、审计组内部重要管理事项及职责分工等

***。

五、其他有关要求

***。

2. 社会审计或内部审计的审计实施方案

对社会审计或内部审计来说，审计实施方案的一般格式及内容如下。

****（项目名称）审计方案

****
***********（审计项目概述）。

现根据对****（主送单位全称或者规范简称）的审前调查、了解和具体分析，制订审计方案具体如下：

一、基本情况

****
************************************。

二、审计目标

****
************************************。

三、审计范围

****
************************************。

四、审计方式及实施时间

****
************************************。

五、审计内容

****
************************************。

六、审计重点

****
************************************。

七、审计工作安排

审计组组长：***，负责主持进点会议，组织审计组成员开展现场检查，确定小组成员的分工；与被审计单位协调重要事项；审核审计通知书、审计实施方案；审核审计报告征求意见书、审计报告，把握审计项目质量和进度。

主审人：***，收集、分析被审计单位的有关资料，起草审前分析、审计实施方案、审计通知书；组织审计人员进行现场检查；起草审计报告征求意见书，起草审计报告；组织整理审计项目档案。

审计组成员：*** 负责 ***** 审计，*** 负责 ***** 审计，*** 负责 ******** 审计，等等。各成员负责编制分工内审计事项工作底稿、工作记录稿，收集相应的资料复印件、情况说明等相关证明材料，对分工审计事项负全部责任。

八、审计依据

**。

九、审计的方法和要求

（一）访谈。

（二）发放信息系统调查表。

（三）现场观察。

（四）其他方法，如文档查看、抽样、穿行测试、计算机辅助审计技术等。

（五）对重点问题要查深查透，注意发现重大违法违规案件线索以及在管理上带有普遍性的问题，对在审计过程中发现的重大问题，必须在第一时间向相关领导汇报。

（六）实行审计项目责任制。审计组组长负总责，主审人及成员对分工事项负责。审计人员要严格按照审计方案实施审计，审计过程中无论是否发现问题，均必须详细编写工作底稿，真实地反映审计工作过程。对在检查中发现的问题要由被审计单位负责人及相关责任人现场确认。

（七）审计结束后应对审计情况进行总结、汇总分析，及时完成审计报告。审计报告应对审计发现的问题提出针对性整改意见，对有关责任人员的违规违纪行为提出与违规事实、处罚办法相适应的处理建议。

（八）根据领导对审计报告的批示及被审计单位的反馈意见，拟写审计结论及处理意见，下发被审计单位执行。

（九）严格执行审计纪律。要严于职守，不徇私情，不得接受被审计单位的宴请、娱乐消费，树立和维护审计队伍形象。

（十）做好审计保密工作。对调阅资料按规定手续进行交接，防止审计资料的泄密。

**** 年 ** 月 ** 日

一些单位也会采用简单的审计实施方案，其一般格式及内容如下。

****（审计项目名称）审计方案

被审计单位：________　　审计组组长：________

审计期间：________

审计组成员：________　　审计方案编号：________

立项依据：

审计目标：

审计时间计划：

本次审计须重点关注问题：

其他：

2.3　审计实施阶段

在审计实施阶段，审计人员需要采集相关数据和资料，这需要向被审计单位发出审计需求单；为了保证采集到的相关数据和材料的真实性和完整性，需要被审计单位提供承诺书；在审计实施过程中，审计人员需要编写审计取证单、审计工作底稿等审计文书。本节以国家审计为主，同时兼顾内部审计和社会审计，分别介绍审计需求单、承诺书、审计取证单、审计工作底稿等相关审计文书的格式及内容。

2.3.1　审计需求单

在对被审计单位开展审计时，审计人员需要从被审计单位获得所需要的相关审计材料，为了保证与被审计单位的有效沟通，同时保证审计的严谨性，一般在要求被审计单位提供所需要的相关审计材料时，审计人员需要向被审计单位提出正式的审计需求单。对国家审计来说，审计需求单的一般格式如下。

***审计局

审计需求（编号）

***（被审计单位名称）：

根据我局审计工作安排，请准备以下资料：

（1）***********************。

（2）***********************。

……

上述数据请以 *** 格式（被审计单位提供数据的格式说明），于 ** 月 ** 日 ** 点前提供。

联系人：***，***

联系电话：*******，*******

**** 年 ** 月 ** 日

对内部审计或社会审计来说，审计需求单的一般格式如下：

***审计部

审计需求（编号）

***（被审计单位名称）：

根据我部审计工作安排，请准备以下资料：

（1）***********************。

（2）***********************。

……

上述数据请以 *** 格式（被审计单位提供数据的格式说明），于 ** 月 ** 日 ** 点前提供。

联系人：***，***

联系电话：*******，*******

**** 年 ** 月 ** 日

2.3.2　承诺书

如前文所述，在审计过程中，审计单位需要向被审计单位提出相关数据需求，获取所需要的审计资料，为了确保所获得的审计资料的真实性和完整性，必须建立数据承诺制，即被审计单位必须保证所提供的相关资料和数据的真实性和完整性。特别是由于电子资料比纸质资料更容易被篡改，并且难以发现篡改的痕迹，为了降低开展电子数据审计的风险，一般让被审计单位签署承诺书。

对国家审计来说，被审计单位向审计单位签署的承诺书的一般格式及内容如下。

承　诺　书

****（审计机关名称）：

按照《中华人民共和国国家审计准则》第九十三条的要求，我单位向审计组提供了此次审计所需要的财政、财务会计资料及相关资料（包括电子数据资料，下同），并作出如下承诺：

一、所提供的会计凭证、会计账簿、会计报表、银行账号、对账单等会计资料是真实、完整的。

二、所提供的与财政、财务收支有关的资料和其他资料是真实、完整的。

三、将随时向审计组提供审计工作需要的有关资料，对提供的所有资料无弄虚作假现象。

四、本单位（个人）将承担因提供不实资料或不如实提供资料而造成的一切法律责任。

被审计单位（公章）

被审计单位负责人（签名）

**** 年 ** 月 ** 日

对内部审计或社会审计来说，在开展审计的过程中，也可以根据需要让被审计单位签署承诺书。承诺书的一般格式及内容如下。

承　诺　书

** 审计部（或 ** 会计师事务所）：

按照审计要求的要求，我单位（或部门）向审计组提供了此次审计所需要的财务会计资料及相关资料（包括电子数据资料，下同），并作出如下承诺：

一、所提供的会计凭证、会计账簿、会计报表、银行账号、对账单等会计资料是真实、完整的。

二、所提供的与财务会计资料有关的资料和其他资料是真实、完整的。

三、将随时向审计组提供审计工作需要的有关资料，对提供的所有资料无弄虚作假现象。

四、本单位（个人）将承担因提供不实资料或不如实提供资料而造成的一切法律责任。

被审计单位（公章）

被审计单位负责人（签名）

**** 年 ** 月 ** 日

2.3.3　审计取证单

对于国家审计来说，审计取证单是审计过程的一个重要支撑材料，也是形成审计报告的一个重要依据。对审计中发现的问题，审计人员应当按照一事一项所获得的审计证据，编制审计取证单，审计取证单应当经被审计单位和相关人员签字盖章。不能取得签名或者盖章的审计证据材料不影响事实存在的，仍然有效，但应当注明原因，至少由两位审计人员签字。审计取证单要有两位审计人员签字（手写）。

《审计署制度（2015 年版）——审计业务内部管理规定》第二章审计现

场管理第二十四条指出："审计期间，除涉及重大经济案件调查等特殊事项外，审计组对每个审计事项、发现的每个问题，必须就事实、证据等，与被审计单位不同层级充分交换意见"。因此，对审计发现的问题，需要形成审计取证单，供审计报告阶段使用。

一般来说，审计取证单的格式如下。

审计取证单

第　页（共　页）

<table>
<tr><td colspan="2">项目名称</td><td colspan="4"></td></tr>
<tr><td colspan="2">被审计（调查）
单位或个人</td><td colspan="4"></td></tr>
<tr><td colspan="2">审计（调查）事项</td><td colspan="4"></td></tr>
<tr><td colspan="2">审计
（调查）
事项
摘要</td><td colspan="4">**。</td></tr>
<tr><td colspan="2">审计人员</td><td colspan="2"></td><td>编制日期</td><td></td></tr>
<tr><td rowspan="2">证据
提供
单位
意见</td><td colspan="5">（盖章）</td></tr>
<tr><td colspan="2">证据提供单位负责人
（签名）</td><td></td><td>日期</td><td></td></tr>
</table>

注：如仅签名并加盖公章无说明，视同无异议。　　　　附件：　页

对于内部审计和社会审计来说，审计证据的取证也非常重要。以社会审计为例，《中国注册会计师审计准则第 1101 号—— 注册会计师的总体目标和审计工作的基本要求》（2019 年）把审计证据定义为：审计证据，是指注册会计师为了得出审计结论和形成审计意见而使用的信息。审计证据包括构成财务报表基础的会计记录所含有的信息和其他的信息。

2.3.4　审计工作底稿

审计工作底稿是审计人员在审计过程中对制订的审计计划、实施的审计程序、获取的相关审计证据，以及得出的审计结论作出的记录。

对国家审计来说，审计工作底稿的一般格式及内容如下。

审计工作底稿

索引号：　　　　　　　　　　　　　　　　　　　　第　页（共　页）

项目名称			
审计（调查）事项	（按照审计实施方案确定的事项名称填写）		
审计人员	（手写）	编制日期	
审计过程： ***。（说明实施审计的步骤和方法、所取得的审计证据的名称和来源）			

<table>
<tr><td colspan="4">审计认定的事实摘要及审计结论：

　　***
*************************************。(审计结论包括未发现问题的结论和已发现问题的结论。对已发现问题的结论，应说明得出结论所依据的规定和标准)</td></tr>
<tr><td colspan="4">审核意见：

　　***
**。(审核意见种类包括：1. 予以认可；2. 责成采取进一步审计措施，获取适当、充分的审计证据；3. 纠正或者责成纠正不恰当的审计结论；若审核人员提出两项或三项审核意见的，审计人员应当将落实情况和结果作出书面说明，经审核人员认可并签字后，附于本底稿后。)</td></tr>
<tr><td>审核人员</td><td>（手写）</td><td>审核日期</td><td></td></tr>
</table>

附件：　　页

对内部审计来说，不同的单位审计工作底稿的格式不完全一样，一般格式及内容如下。

******（审计项目名称）审计工作底稿**

签字：　　　　日期：

<table>
<tr><td>审计期间：（开始时间）
（结束时间）</td><td>审计人员：________
审　　核：________</td><td>编号：______
页次：______</td></tr>
<tr><td>被审计单位：</td><td colspan="2"></td></tr>
<tr><td>审计内容：</td><td colspan="2"></td></tr>
<tr><td>审计工作情况</td><td colspan="2">审计依据</td></tr>
<tr><td>审计内容1：</td><td colspan="2" rowspan="2"></td></tr>
<tr><td>审计内容1的审计结论：</td></tr>
<tr><td>审计内容2：</td><td colspan="2" rowspan="2"></td></tr>
<tr><td>审计内容2的审计结论：</td></tr>
<tr><td>……</td><td colspan="2" rowspan="2">……</td></tr>
<tr><td>……</td></tr>
</table>

2.4　审计报告阶段

在审计报告阶段，根据审计过程中获得的审计证据，可以编写审计报告，为了使审计报告能更准确地表达审计结果，减少审计风险，在形成正式审计报告之前，还需要针对审计报告中的相关内容向被审计单位征求意见。本节以国家审计为主，同时兼顾内部审计和社会审计，分别介绍审计报告征求意见书（审计事实确认书）、审计报告等相关审计文书的格式及内容。

2.4.1 审计报告征求意见书

1. 国家审计的审计报告征求意见书

对国家审计来说，在正式审计报告发布之前，还需要和被审计单位做详细的沟通，一般采用审计报告征求意见书的形式，其一般格式及内容如下：

****审计局**
审计报告征求意见书

审征〔20**〕**号

☆☆☆

****（主送单位全称或者规范简称）：

审计局派出审计组于**年**月**日至****年**月**日对你单位****进行了审计（专项审计调查）。根据《中华人民共和国审计法》第四十条（专项审计调查引用《中华人民共和国国家审计准则》第一百三十七条）的规定，现将审计组的审计报告（专项审计调查报告）送你单位征求意见。请自接到审计报告（专项审计调查报告）之日起10个工作日内将书面意见送交审计组。如在此期限内未提出书面意见，视同无异议。

附件：审计报告/专项审计调查报告（征求意见稿）

（审计机关印章）

****年**月**日

*　*　审　计　局
审　计　报　告

（征求意见稿）

☆☆☆

被审计单位：****************

审计项目：****************

****** 报告正文（内容格式与正式审计报告类似）*****

根据《中华人民共和国审计法》第 ** 条的规定，**** 审计局派出审计组，自 **** 年 ** 月 ** 日至 **** 年 ** 月 ** 日，对 ****（被审计单位全称或者规范简称。写全称时还应注明“以下简称 ****”）****（审计范围）进行了审计，****（根据需要可简要列明审计重点），对重要事项进行了必要的延伸和追溯。****（被审计单位简称）及有关单位对其提供的财务会计资料以及其他相关资料的真实性和完整性负责。** 审计局的责任是依法独立实施审计并出具审计报告。

一、被审计单位基本情况

***。(本部分简要表述被审计单位、资金或者项目的背景信息；职责范围或经营范围、业务活动及其目标；相关财政财务管理体制和业务管理体制；相关内部控制及信息系统情况等。反映的内容应当与项目审计目标密切相关。)

二、审计评价意见

审计结果表明 ***。(本部分围绕项目审计目标，依照有关法律法规、政策及其他标准，对被审计单位的财政收支、财务收支及其有关经济活动的真实、合法、效益情况进行评价。既包括正面评价，也包括对审计发现的主要问题的简要概括。只对所审计的事项发表审计评价意见，对审计过程中未涉及、审计证据不充分、评价依据或者标准不明确以及超越审计职责范围的事项，不发表审计评价意见。审计评价意见不能与审计发现的问题相矛盾。)

三、审计发现的主要问题和处理（处罚）意见

***。(本部分反映的问题主要包括审计发现的被审计单位违反国家规定的财政收支财务收支问题、影响绩效的突出问题、内部控制和信息系统重大缺陷等。反映被审计单位违反国家规

定的财政收支、财务收支问题的，一般应表述违法违规事实、定性及依据、处理或处罚意见及依据；反映影响绩效的突出问题的，一般应表述事实、标准、原因、后果，以及改进意见；反映内部控制和信息系统重大缺陷的，一般应表述有关缺陷情况、后果及改进意见。）

四、审计建议

***。（本部分围绕审计发现的主要问题，提出有针对性的建议。）

审计组组长：（签名）

**** 年 ** 月 ** 日

2. 社会审计或内部审计的审计报告征求意见书

对内部审计或社会审计来说，在完成审计报告之前，一般通过审计报告征求意见书（或审计事实确认书）的方式与被审计单位做进一步的确认。

在实际的审计实务中，可以把所有需要确认的问题写成一个审计事实确认书，一般格式及内容如下：

审计事实确认书

** 审字〔20** 〕** 号

审计项目名称：**** 审计

主要内容：******

拟稿人：***　　拟稿日期：20** 年 ** 月 ** 日

审核人：***　　审计日期：20** 年 ** 月 ** 日至 20** 年 ** 月 ** 日

根据 ****（审计单位名称）20** 年度审计工作计划，****（审计单位

名称）审计部（或委托 *** 会计师事务所）于 20** 年 ** 月 ** 日至 20** 年 ** 月 ** 日开展了 **** 审计（审计项目名称），现就审计中存在的有关事实与你部门进行确认：

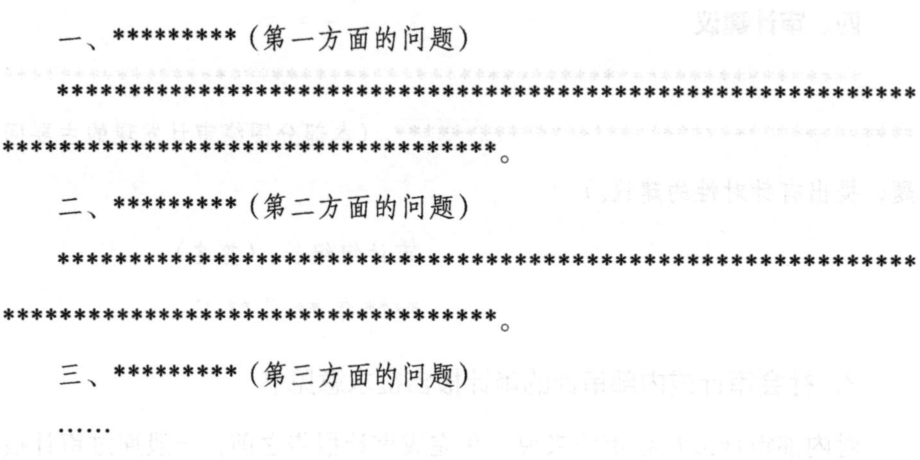

一、*********（第一方面的问题）

***。

二、*********（第二方面的问题）

***。

三、*********（第三方面的问题）

……

请你单位（人）及时告知本事实确认书中相关责任人，所涉及的责任人须于 20** 年 ** 月 ** 日前就本确认书的审计事实提出确认意见并签章，逾期未回复的视同认可事实确认书。

确认意见：

签　章：

也可以对每一项审计内容分别写一个审计事实确认书，一般格式及内容如下：

****（审计项目名称）审计事实确认书

签字　　　　日期

<table>
<tr><td>审计期间：</td><td>（开始时间）
（结束时间）</td><td>审计人员：________
审　　核：________</td><td>编号：______
页次：______</td></tr>
<tr><td>被审计单位：</td><td colspan="3"></td></tr>
<tr><td>审计内容：</td><td colspan="3"></td></tr>
<tr><td colspan="4">审计发现：</td></tr>
<tr><td colspan="4">（1）********************
（2）********************
********************</td></tr>
<tr><td colspan="4">审计依据：</td></tr>
<tr><td colspan="4">（1）********************
（2）********************
********************</td></tr>
<tr><td colspan="4">被审计单位意见：</td></tr>
<tr><td colspan="4">上述审计发现情况：属实（　　　）不属实（　　　）
被审计单位负责人签字：　　　　　　　　　　公章：
年　　月　　日</td></tr>
</table>

2.4.2　审计报告

1. 国家审计的审计报告

在完成审计报告征求意见之后，可以形成正式的审计报告。对国家审计来说，审计报告的一般格式及内容如下：

**审计局
审计报告

审**报〔20**〕**号

☆☆☆

被审计单位：****************

审计项目：****************

****** 本部分为报告正文 *****

根据《中华人民共和国审计法》第 ** 条的规定，**** 审计局派出审计组，自 **** 年 ** 月 ** 日至 **** 年 ** 月 ** 日，对 ****（被审计单位全称或者规范简称，写全称时还应注明“以下简称 ****”）****（审计范围）进行了审计，****（根据需要可简要列明审计重点），对重要事项进行了必要的延伸和追溯。****（被审计单位简称）及有关单位对其提供的财务会计资料以及其他相关资料的真实性和完整性负责。** 审计局的责任是依法独立实施审计并出具审计报告。

一、被审计单位基本情况

**。(本部分简要表述被审计单位、资金或者项目的背景信息；职责范围或经营范围、业务活动及其目标；相关财政财务管理体制和业务管理体制；相关内部控制及信息系统情况等。反映的内容应当与项目审计目标密切相关。)

二、审计评价意见

审计结果表明 ***。(本部分围绕项目审计目标，依照有关法律法规、政策及其他标准，对被审计单位的财政收支、财务收支及其有关经济活动的真实、合法、效益情况进行评价。既包括正面评价，也包括对审计发现的主要问题的简要概括。只对所审计的事项发表审计评价意见，对审计过程中未涉及、审计证据不充分、评价依据或者标准不明确以及超越审计职责范围的事项，不发表审计评价意见。审计评价意见不能与审计发现的问题相矛盾。)

三、审计发现的主要问题和处理（处罚）意见

**。(本部分反映的问题主要包括审计发现的被审计单位违反国家规定的财政收支财务收支问题、影响绩效的突出问题、内部控制和信息系统重大缺陷等。反映被审计单位违反国家规定的财政收支、财务收支问题的，一般应表述违法违规事实、定性及依据、处理或处罚意见及依据；反映影响绩效的突出问题的，一般应表述事实、标准、原因、后果，以及改进意见；反映内部控制和信息系统重大缺陷的，一般应表述有关缺陷情况、后果及改进意见。）

四、审计建议

***。（本部分围绕审计发现的主要问题，提出有针对性的建议。）

本报告 ****（审计机关）将依法向社会公告。（审计报告中相关内容涉密的，应在相关段落后用括号标注密级，并在审计报告结尾注明“除已标明的涉密内容外，本报告 ****（审计机关）将依法向社会公告”。）

对本报告指出的问题，请 ****（被审计单位）自收到本报告之日起 ** 日（审计机关根据具体情况确定，一般为 60 日）内整改完毕。请 ****（被审计单位）在整改期限截止后依法向社会公告整改结果，并将整改结果书面报告 ****（审计机关）。****（审计机关）将对整改结果进行检查，并将检查情况向社会公告。

（审计机关印章）

**** 年 ** 月 ** 日

2. 社会审计或内部审计的审计报告

中国内部审计协会第 2106 号内部审计具体准则（2013）把审计报告定义为：审计报告是指内部审计人员根据审计计划对被审计单位实施必要的审计程序后，就被审计事项做出审计结论，提出审计意见和审计建议的书面文件。

《中国注册会计师审计准则第 1501 号——对财务报表形成审计意见和出具审计报告》（2019 年）把审计报告定义为：审计报告，是指注册会计师根据审计准则的规定，在执行审计工作的基础上，对财务报表发表审计意见的书面文件。

对内部审计或社会审计来说，审计报告的一般格式及内容如下。

关于 ****（审计项目名称）的审计报告

****（被审计单位名称）：

我们接受 ****（被审计单位名称）委托，于 20** 年 ** 月 ** 日至 20** 年 ** 月 ** 日，对 ****（被审计单位名称）20** 年 ** 月至 20** 年 ** 月的 ****(审计内容）开展了审计。本次审计内容包括：****、****、**** 等内容。我们的审计是依据 ****（相关法律、制度、办法、文件等）的有关要求和规定进行的。审计过程中，我们根据 ****（被审计单位名称）的实际情况，实施了包括访谈、文档查看、****、**** 等（采用的相关审计技术与方法）我们认为必要的审计程序。这些资料由 ****（被审计单位名称）提供并负责，我们的责任是对 ****（被审计单位名称）开展 ****（审计的内容）的情况发表审计意见，并出具审计报告。

一、基本情况

****（被审计单位名称）基本情况概括如下：

**。(本部分简要表述被审计单位、资金或者项目的背景信息；职责范围或经营范围、业务活动及其目标；相关财政财务管理体制和业务管理体制；相关内部控制及信息系统情况等。反映的内容应当与项目审计目标密切相关。)

二、总体评价

***。(本部分围绕项目审计目标，依照有关法律法规、政策及其他标准，对被审计单位的有关整体情况进行评价。既包括正面评价，也包括对审计发现的主要问题的简要概括。审计评价意见不能与审计发现的问题相矛盾。)

三、存在的主要问题

**。（本部分反映的问题主要包括审计发现的被审计单位的相关问题。）

四、整改措施

针对审计发现的问题，****（被审计单位名称）已经对部分问题及时做了整改，其他问题也已经制订了整改计划，确定了整改负责人和整改完成日期，审计部将对上述问题的整改进行追踪。

五、审计建议

**。（本部分围绕审计发现的主要问题，提出有针对性的建议。）

****（被审计单位名称）审计部（或****会计师事务所有限责任公司）

****年**月**日

☞ 本章结语

在智能审计环境下，审计过程中各阶段仍需要智能生成各类审计文书。本章分析了目前开展审计的基本工作流程，以及在开展审计过程中各阶段常用的审计文书格式与内容，主要内容如下：

目前，我国实施审计项目的一般流程主要包括审计准备阶段、审计实施阶段、审计报告阶段、结果执行阶段。

在审计准备阶段，需要准备审计通知书，在审前调查的基础上，制订审计实施方案。这一阶段需要熟悉和掌握如何编写审计通知书、审计实施方案等审计文书。

在审计实施阶段，审计人员需要采集相关数据和资料，这需要向被审计单位发出审计需求单；为了保证采集到的相关数据和材料的真实性和完整性，需要被审计单位提供承诺书；在审计实施过程中，审计人员需要编写审计取证单、审计工作底稿等审计文书。这一阶段需要熟悉和掌握如何编写审计需求单、承诺书、审计取证单、审计工作底稿等审计文书。

在审计报告阶段，根据审计过程中获得的审计证据，可以编写审计报告，为了使审计报告能更准确地表达审计结果，减少审计风险，在形成正式审计报告之前，还需要针对审计报告中的相关内容向被审计单位征求意见。这一阶段需要熟悉和掌握如何编写审计报告征求意见书（审计事实确认书）和审计报告等审计文书。

通过学习本章的内容，读者可以熟悉和掌握开展审计的基本工作流程，以及各阶段常用的审计文书格式与内容，从而为后面学习智能审计以及今后从事审计实务工作打下基础。

☞ 思考题

1. 在信息化环境下，审计数据采集与审计数据分析对审计取证有何作用？
2. 在现场审计过程中，如何从被审计单位获得所需要的相关材料？
3. 如何编写审计实施方案、审计工作底稿、审计报告等审计文书？
4. 审计取证单与审计报告有什么关系？
5. 开展智能审计需要了解审计通知书、审计实施方案、审计工作底稿、审计报告等审计文书知识吗？

第二篇

智能审计基础

第3章

电子数据审计

本章学习目标

- 熟悉信息化环境下实施审计项目的主要流程
- 掌握电子数据审计的原理以及开展步骤
- 掌握审计数据采集的原理、特点、主要步骤以及方法
- 掌握审计数据预处理的原理及方法
- 掌握审计数据分析的原理及方法
- 理解审计数据验证的重要性、熟悉审计数据验证的方法

电子数据审计是目前审计信息化的重要内容之一。智能审计的对象和内容离不开电子数据，研究与应用智能审计需要掌握电子数据审计的基本知识。本章根据目前开展电子数据审计的现状，首先介绍电子数据审计的原理，在此基础上，对电子数据审计的关键步骤如审计数据采集、审计数据预处理、审计数据分析等分别进行介绍。通过本章的学习，可以掌握电子数据审计的原理、开展电子数据审计的关键步骤，从而为后文学习智能审计打下理论基础。

3.1 审计信息化简介

1. 信息化的定义、应用及发展

“信息化”（informatization）是20世纪末期以来，中文中使用频率很高的概念之一。中共中央办公厅、国务院办公厅印发的《2006～2020年国家信息化发展战略》指出：“信息化是充分利用信息技术，开发利用信息资源，促进信息交流和知识共享，提高经济增长质量，推动经济社会发展转型的历史进程。”

我国一直高度重视信息化工作。早在20世纪90年代，我国相继启动了以金关、金卡和金税为代表的重大信息化应用工程；1997年，召开了全国信息化工作会议；党的十五届五中全会把信息化提到了国家战略的高度；党的十六大进一步做出了以信息化带动工业化、以工业化促进信息化、走新型工业化道路的战略部署；党的十六届五中全会再次强调，推进国民经济和社会信息化，加快转变经济增长方式。“十五”期间，国家信息化领导小组对信息化发展重点进行了全面部署，做出了推行电子政务、振兴软件产业、加强信息安全保障、加强信息资源开发利用、加快发展电子商务等一系列重要决策部署。各地区各部门从实际出发，认真贯彻落实，不断开拓进取，我国信息化建设取得了可喜的进展。

党的十九大报告要求“善于运用互联网技术和信息化手段开展工作”。2018年4月20日至21日，全国网络安全和信息化工作会议在北京召开。中共中央总书记、国家主席、中央军委主席、中央网络安全和信息化委员会主任习近平出席会议并发表重要讲话。习近平总书记强调，信息化为中华民族带来了千载难逢的机遇。

目前信息化在世界范围内得到广泛应用，各行各业开始广泛运用计算机、数据库、网络等现代信息技术进行管理，信息化趋向普及。以银行为例，目前银行的业务运行都离不开信息技术的支持。例如，目前银行应用的相关信息系统有存款系统、贷款系统、支付清算系统、资金交易系统、国际业务系统、身份证识别系统、理财资产管理系统、信用风险管理系统、信用卡审批影像平台、ATM（Automatic Teller Machine，自动柜员机）/POS（Point of Sales，销售点终端）、网银等，以及目前流行的手机银行系统、直销银行系统、微信银行系统等。信息技术在银行业务中的应用如图 3-1 所示。

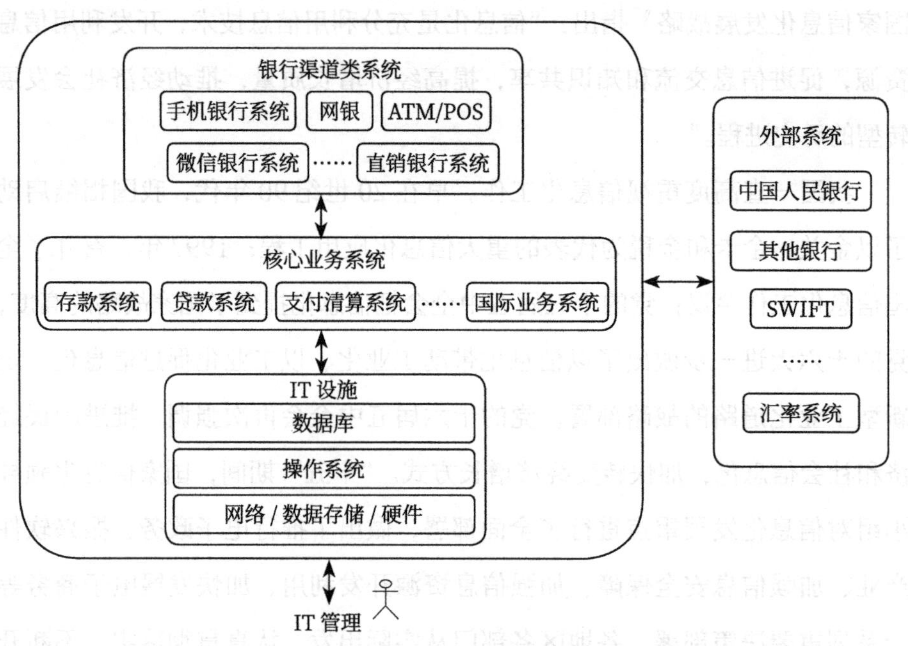

图 3-1　信息技术在银行业务中的应用

信息化环境下审计工作发生了巨大的变化，传统的审计技术方法遇到了来自信息技术的挑战。审计对象的信息化客观上要求审计单位的作业方式必须及时做出相应的调整，要运用信息技术，全面检查被审计单位的经济活动，发挥审计监督的应有作用。因此，利用信息技术开展审计工作成为必然。

我国高度重视审计信息工作。早在 1998 年，审计署党组向国务院提出建设审计信息化系统的建议，得到了国务院领导的充分肯定。2002 年国家发改委正式批准“金审工程”开工，随后，“金审工程”被列入了国家“十五”期间首先启动的 12 个“金”字号电子政务重大工程之一。2018 年 5 月 23 日，中共中央总书记、国家主席、中央军委主席、中央审计委员会主任习近平在主持召开的中央审计委员会第一次会议上指出，“要坚持科技强审，加强审计信息化建设”。

金审工程

“金审工程”是审计信息化系统建设项目的简称，其目的是建成对财政、银行、税务、海关等部门和重点国有企业事业单位的财务信息系统及相关电子数据进行密切跟踪，对财政收支或者财务收支的真实、合法和效益实施有效审计监督的信息化系统。

在我国，20世纪80年代，以查账为主要手段的审计职业遇到了来自信息技术的挑战。审计对象的信息化，客观上要求审计单位的作业方式必须及时做出相应的调整，要运用信息技术，全面检查被审计单位经济活动，发挥审计监督的应有作用。

1998年，审计署党组根据当前现状，认真分析了信息化条件下审计工作面临的“失去审计资格”的职业风险，于1998年年底向国务院汇报工作时提出建设审计信息化系统的建议，得到了国务院的充分肯定。1999年12月，审计署根据国务院的要求，上报了审计信息化系统建设规划。在国务院领导和有关部门的大力支持下，2002年7月28日，国家发改委（时称国家计委）正式批准“金审工程”开工。2002年8月，《国家信息化领导小组关于我国电子政务建设指导意见》(中办发〔2002〕17号）批准了“金审工程”作为我国电子政务建设的重大业务系统建设工程，列入了国家“十五”期间首先启动的12个“金”字号电子政务重大工程。目前，“金审工程”一期和二期已经顺利完成。在“金审工程”一期和二期的基础上，目前审计署正在开展“金审工程”三期建设。

2. 审计信息化的内容及定义

在信息化环境下，电子数据审计成为审计工作的一项重要内容。审计证据的获取更多是通过应用信息技术对被审计电子数据的分析来完成的，也就是说，通过对审计数据的分析，发现可疑数据，并通过对可疑数据进行确认，最终获取审计证据。在信息化环境下，除了通过审计电子数据，获得审计证据之外，审计被审计单位的信息系统，即信息系统审计，也是目前开展审计工作的一项重要内容。另外，审计单位为了提高审计业务管理和行政办公的效率，需要大力推进无纸化办公和信息化管理，因此审计管理信息化也越来越重要。

不难发现：目前审计信息化主要包括审计作业信息化（电子数据审计、信息系统审计）和审计管理信息化，如图 3-2 所示。

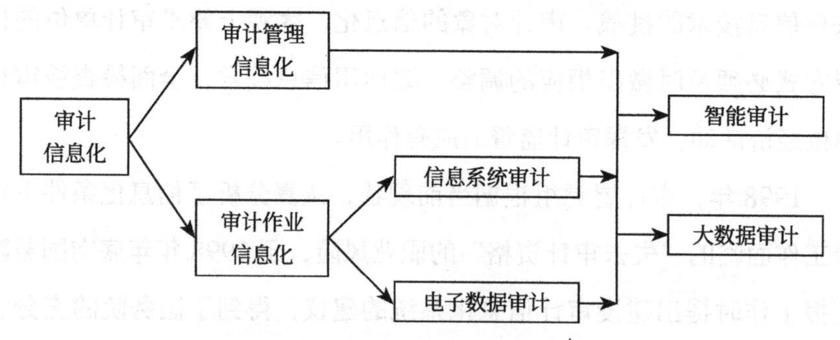

图 3-2　审计信息化的主要内容

概括来说，相对于 IT 审计、计算机审计等，审计信息化是一个比较通俗的概念。有时也被称为审计电算化、电算化审计等，具体是指现代信息技术在审计作业和审计管理活动中的应用过程，它可以看成是和会计信息化相对应的一个概念，其已成为审计学研究的重要分支领域之一。

3. 审计管理信息化

一般来说，办公自动化（office automation，OA）是管理信息化的重要实现方式，办公自动化主要是为了改变传统复杂、低效的手工办公方式，推行一种无纸化办公模式，它面向单位的日常运作和管理，应用互联网 / 移动互联网技术，使单位内部工作人员可以方便快捷地共享信息，高效协同工作，从而实现迅速、全方位的信息采集和处理，为单位管理和决策提供科学依据。

办公自动化对审计单位的管理工作同样非常重要，审计单位开展审计管理信息化可以借助 OA 办公，提升审计行政管理水平，实现公文办理等全过程的数字化。

概括来说，开展审计管理信息化的意义主要体现为：

（1）为减少纸质文件流转，审计单位需要大力推进无纸化办公，审计管理信息化越来越重要。

（2）通过建立科学的审计管理系统，实现审计单位管理信息化，可以有效促进审计管理规范化、上层次。

（3）通过审计管理信息化，可以加强审计单位的审计管理，规范电子文件的流转处理程序。

（4）通过审计管理信息化，可以为审计单位提供风险评估、审计计划制订、审计项目实施、审计整改跟踪、档案管理等方面的全过程规范化管理，从而提高审计单位的管理效率。

关于电子数据审计、信息系统审计、大数据审计等知识将在后文详细介绍。

3.2　电子数据审计

3.2.1　电子数据审计的原理

对我国来说，信息化环境下如何审计被审计单位的电子数据，发现大案、要案是一项最重要任务，特别是国家审计的一项重要任务。国际上也高度关注电子数据审计问题，国际内部审计师协会（IIA）2011 年发布了全球技术审计指南《数据分析技术》。可见，电子数据审计是目前国内外审计领域关注的重点。2014 年 12 月，审计署机构调整，增设了电子数据审计司。电子数据审计司的增设充分说明电子数据审计在目前我国审计工作中的重要性。根据目前对该术语的使用情况，电子数据审计一般可以理解为

“对被审计单位信息系统中的电子数据进行采集、预处理以及分析，从而发现审计线索，获得审计证据的过程”。

为了避免影响被审计单位信息系统的正常运行，规避审计风险，并保持审计的独立性，审计人员在进行电子数据审计时，一般不直接使用被审计单位的信息系统进行查询、检查，而是将所需的被审计单位的电子数据采集到审计人员的计算机中，利用审计软件进行分析。概括起来，目前我国研究及开展的电子数据审计的原理如图 3-3 所示。

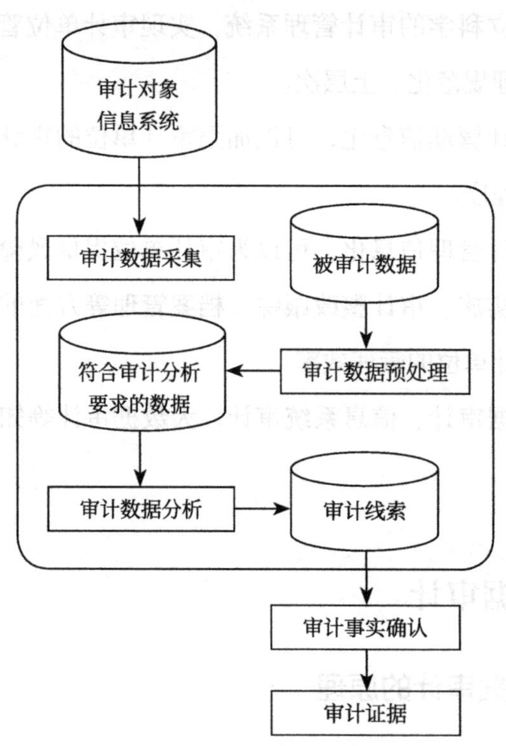

图 3-3　电子数据审计原理

一般来说，电子数据审计需要如下几个关键步骤：

（1）审计数据采集。采集审计对象信息系统中的数据。

（2）审计数据预处理。根据对这些数据的分析和理解，将其转换为满足审计数据分析需要的数据形式。

（3）审计数据分析。应用通用软件或专门的审计软件对采集到的电子数据进行分析处理，从而发现审计线索，获得审计证据。

3.2.2　开展电子数据审计的步骤

具体来说，开展电子数据审计的主要步骤如下。

1. 审前调查

在对被审计单位实施电子数据审计前，应在对其组织结构进行调查的基础上，掌握被审计单位信息系统在其组织内的分布和应用的总体情况。然后，根据审计的目的和信息系统的重要性确认需要深入调查的子系统，进行全面和详细的了解，内容应包括软硬件系统、应用系统的开发情况和有关技术文档情况、系统管理员的配置情况、系统的功能、系统数据库的情况等。通过审前调查，审计人员应全面了解被审计单位信息系统的概况，对信息系统中与审计相关的数据更要有全面、详细、正确的认识，提出可行的、满足审计需要的数据需求，确定数据采集的对象及方式。

2. 审计数据采集

在审前调查提出数据需求的基础上，审计人员在被审计单位的配合和支持下，通过可行的技术手段，如直接复制、通过中间文件和 ODBC 采集等方式，及时获取所需的被审计单位信息系统中的数据。

3. 审计数据预处理

由于被审计单位数据来源繁杂，数据格式不统一，信息表示代码化，数据在采集和处理的过程中可能失真，被审计单位可能有意更改、隐瞒数据真实情况等诸多影响，审计人员对采集到的数据必须进行预处理，从而使得采集来的数据能为审计所用。数据预处理为电子数据审计的进行创造了“物质”基础，其工作的质量直接影响电子数据审计的开展和成败。

4. 审计数据分析

对预处理后的审计数据，审计人员应采用合适的审计方法对其进行分析。

通过对审计数据进行分析，有可能直接发现、查实问题，也有可能只发现问题的线索。针对不同的情况，在延伸审计时可以采取直接或进一步核查的方式取证，验证和查实问题。

5. 审计事实确认

通过对审计数据进行分析，发现问题的线索，通过让被审计单位对这些问题进行确认，最终形成审计证据。由于在审计数据的采集、预处理和分析过程中难免出现人为处理错误等情况，所以，一般需要将审计数据分析的明细结果交给被审计单位，征求意见，最后经双方认定的结果确定后，再将分析结果具体化为纸质资料，由被审计单位签字确认，以作为审计证据资料。

3.3 审计数据采集

如何把被审计单位的电子数据采集过来，是开展电子数据审计的关键步骤。修订后的审计法对审计数据采集做了更具体的规定，审计法第三十一条规定：审计机关有权要求被审计单位按照审计机关的规定提供预算或者财务收支计划、预算执行情况、决算、财务会计报告，运用电子计算机存储、处理的财政收支、财务收支电子数据和必要的电子计算机技术文档，在金融机构开立账户的情况，社会审计机构出具的审计报告，以及其他与财政收支或者财务收支有关的资料，被审计单位不得拒绝、拖延、谎报。被审计单位负责人对本单位提供的财务会计资料的真实性和完整性负责。

本节介绍数据采集的原理、步骤及方法。

3.3.1 审计数据采集的原理

简单地讲，审计数据采集就是审计人员为了完成审计任务，在进行电子数据审计时，按照审计需求从被审计单位的信息系统或其他来源中获得相关电子数据的过程。其原理如图 3-4 所示。

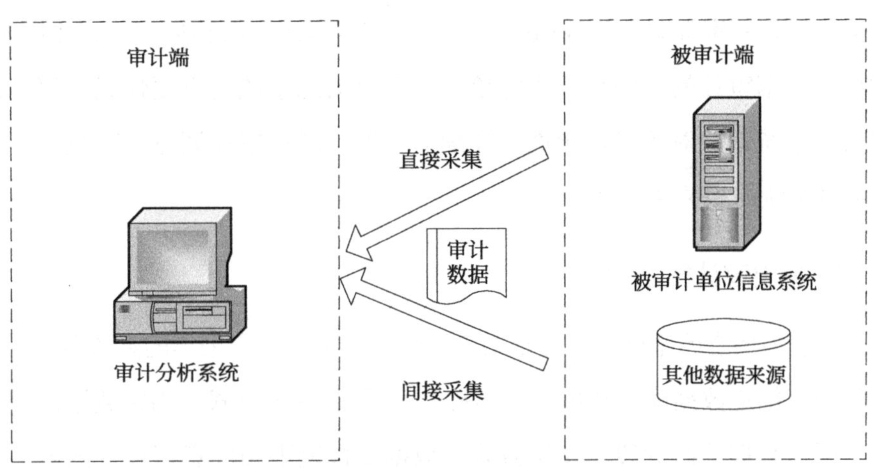

图 3-4　审计数据采集的原理

审计数据采集的对象一般是被审计单位信息系统中的电子数据，或数据库中的备份数据，审计人员也可以从其他来源获得被审计单位的审计数据，例如从会计核算中心、税务等部门获得审计数据。

3.3.2　审计数据采集的主要步骤

在实际的电子数据审计过程中，审计数据采集一般可以归纳为以下几个主要步骤，如图 3-5 所示。

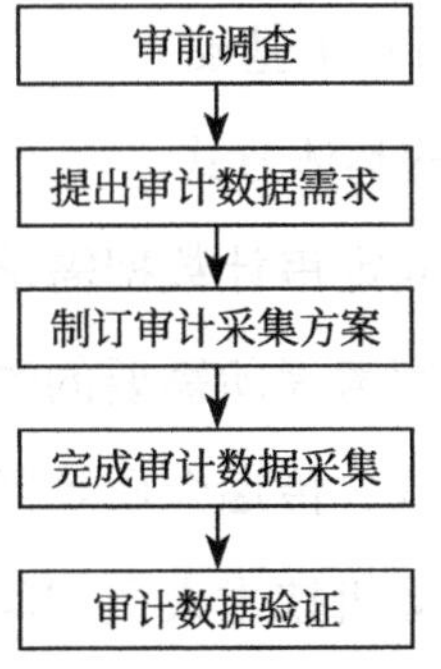

图 3-5　审计数据采集的主要步骤

1. 审前调查

开展电子数据审计之前，应在对被审计单位的组织结构进行调查的基础上，掌握被审计单位计算机信息系统在其组织内分布和应用的总体情况。然后，根据审计的目的和被审计单位计算机信息系统的重要性确认深入调查的子系统，并对此进行全面、详细的了解。通过审前调查，对被审计单位信息系统的相关情况进行了解。

2. 提出审计数据需求

在审前调查的基础上，提出书面的数据需求，指定采集的系统名称（必要时还应指定数据库中具体的表名称）、采集的具体方式、指定数据传递格式、所需数据的时间段、交接方式、数据上报期限和注意事项等内容。关键步骤如下。

（1）确定所需数据内容。

首先，应在审计组内将被审计单位计算机信息系统的相关情况进行通报，将调查形成的书面材料分发给审计组成员阅读，并由负责具体调查工作的组员对材料进行讲解。审计组全体成员应对所需数据的内容进行讨论，再决定初步的数据需求。进行讨论是必要的，因为：

1）通过讨论可以提出尽量全面、完整的数据需求，防止因考虑不周全而延误电子数据的采集。

2）通过讨论使审计组成员了解被审计单位计算机信息系统及其数据的概况，为后面的审计数据分析打下基础。

（2）确定审计数据采集的具体方式。

经过审计组讨论，初步确定审计数据需求后，应与被审计单位的计算机管理人员商量，从技术角度考虑所需要的数据能否采集，以哪种方式采集更好，以及具体的文件格式、传递介质等问题。如果在发出正式的数据需求前不向被审计单位的计算机技术人员询问，有可能会造成审计数据需求不合理，特别是在数据格式、审计数据采集方式等方面不现实或不是最佳方式，从而不利于工作的开展。

（3）提出书面数据需求。

在做好上述两步工作后，审计组应发出书面的审计数据需求说明书。说明书的主要内容应包括以下几个方面：被采集的系统名称、数据的内容、数据格式、传递方式、时限要求、双方的责任等。在实践中，常用的方式是请被审计单位将指定数据转换为通用的、便于审计组利用的格式；也可以通过ODBC等方式连接，直接对数据进行采集；在特殊情况下，还可以移植应用系统及数据。无论采取哪种方式，都应该以审计组的名义发出审计需求单，明确数据采集目的、内容和时间等事项。审计需求单可以消除只进行口头说明可能引起的需求不明的问题，它能准确表达审计组的要求，并使被审计单位正确理解数据需求，从而为顺利采集数据打下基础。另外，在审计需求单中规定安全控制措施、双方责任等事项还可以在一定程度上避免审计风险。

3. 制订审计数据采集方案

制订审计数据采集方案，选择审计数据采集方法和工具。

4. 完成审计数据采集

根据审计数据采集方案，获得所需要的审计数据。

5. 审计数据验证

对获得的审计数据进行检查，以保证审计数据采集的真实性和完整性，从而降低审计风险。

需要指出的是，在审计数据采集过程中，由于电子资料比纸质资料更容易被篡改，并且难以发现篡改的痕迹，为了降低开展电子数据审计的风险，必须建立电子数据承诺制，即被审计单位必须保证所提供电子数据的真实性和完整性。

3.3.3 审计数据采集的方法

在审计数据的采集过程中，审计人员常用的审计数据采集方法主要有以下5种。

1. 直接复制

当被审计单位的数据库系统与审计人员使用的数据库系统相同时，只需直接将审计对象的数据复制到审计人员的计算机中即可，即直接复制的方式。

2. 通过中间文件采集

通过中间文件采集是指被审计单位按照审计要求，将原本不符合审计软件要求的数据转换成审计软件能读取的格式（如 txt 格式、XML 格式等）提供给审计人员。

对于一些比较敏感的系统，审计人员可能不便于直接接触其系统和相关资料。可以在审计人员的监督下，由被审计单位技术人员将其数据转换为标准格式数据或审计人员指定格式的数据，交给审计人员。

在数据采集的实际应用中，很多情况下采用文本文件作为约定的格式。这主要是因为大多数数据库管理系统都能导出、导入文本文件，应用范围广泛。审计人员在电子数据审计的实践中，经常会通过文本文件导入数据，所以掌握文本文件的导入是十分必要的。

3. 通过 ODBC 接口采集

通过 ODBC 接口采集数据是指审计人员通过 ODBC 数据访问接口直接访问被审计单位信息系统中的数据，并把数据转换成审计所需的格式。

4. 通过备份 / 恢复的方式采集

通过备份 / 恢复的方式采集是指审计人员首先把被审计单位数据库系统中的数据备份出来（或者让被审计单位把该单位数据库系统中的数据备份出来），然后把该备份数据在自己的数据库系统中恢复成数据库格式的数据，就可以在自己的数据库系统中对采集来的被审计单位的数据进行审计分析。

5. 通过专用模板采集

一些审计软件针对不同的被审计信息系统设计了相应的“专用采集模板”，审计人员在进行审计数据采集时，通过选择相应的模板，可以自动实现数据的采集，这种方式称之为通过专用模板采集。

这种方式的优点是使用简单，自动化程度高，对审计人员的技术水平要求不高；缺点是审计软件必须为每一类审计对象的应用软件（包括该软件的不同版本）设计一个专用采集模板。由于目前被审计单位所使用的应用软件各种各样，很难为每一类应用软件以及相应的各种版本设计相应的模板，这使得专用模板采集法的成本相对较高。审计人员在实际的工作中，应根据被审计单位的实际情况，有采集模板时用模板采集法，没有采集模板时再用其他数据采集方法。

常用的五种数据采集方法的优缺点分析如表 3-1 所示。

表 3-1　常用的五种数据采集方法的优缺点分析

数据采集方法	影响使用的因素				
	动态还是静态	对被审计信息系统的影响	专业知识需求	对被审计单位的依赖性	灵活程度
直接复制	静态	影响小	不需要	不依赖	一般
通过中间文件采集	静态	影响小	不需要	依赖	一般
通过 ODBC 接口采集（从被审计单位信息系统中采集）	动态	影响大	需要	不依赖	高
通过备份 / 恢复的方式采集	静态	影响小	需要	如果请被审计单位备份，则依赖	一般
通过专用模板采集（从备份数据中采集）	静态	影响小	不需要	不依赖	低

3.4　审计数据预处理

审计数据预处理是电子数据审计中的重要一环，由于采集来的审计数据往往会有许多数据质量问题，例如，有些数据属性的值不确定，在采集数据时，无法得到该数据属性的值，从而造成数据不完整，不能满足后面审计数据分析的需要。另外，这些问题的存在将直接影响后续审计工作得出的审计结论的准确性。因此，完成审计数据采集后，审计人员必须对从被审计单位获得的原始电子数据进行预处理，从而使其满足后面审计数据分析的需要。

3.4.1 数据质量与审计数据预处理的意义

1. 数据质量的内涵及其评价指标

为了更好地理解审计数据预处理的必要性，本节首先介绍数据质量的相关概念。

目前，数据质量问题已引起广泛的关注。什么是数据质量呢？数据质量问题并不仅仅是指数据错误。有的文献把数据质量定义为数据的一致性（consistency）、正确性（correctness）、完整性（completeness）和最小性（minimality）这 4 个指标在信息系统中得到满足的程度，有的文献则把“适合使用”作为衡量数据质量的初步标准。

一般说来，评价数据质量最主要的几个指标如下。

1）准确性（accuracy）。

准确性是指数据源中实际数据值与假定正确数据值的一致程度。

2）完整性（completeness）。

完整性是指数据源中需要数值的字段中无数值缺失的程度。

3）一致性（consistency）。

一致性是指数据源中数据对一组约束的满足程度。

4）唯一性（uniqueness）。

唯一性是指数据源中数据记录以及编码是否唯一。

5）适时性（timeliness）。

适时性是指在所要求或指定的时间提供一个或多个数据项的程度。

6）有效性（validity）。

有效性是指维护的数据足够严格以满足分类准则的接受要求。

2. 可能存在的数据质量问题

当建立一个信息系统的时候，即使进行了良好的设计和规划，也不能保证在所有情况下信息系统中数据的质量都能满足用户的要求。用户录入错误、单位合并以及单位环境随着时间的推移而改变，这些都会影响存放数据的质量。信息系统中可能存在的数据质量问题有很多种，总结起来主要有以下几种。

1）重复的数据。

重复的数据是指在一个数据源中存在表示现实世界同一个实体的重复信息，或在多个数据源中存在现实世界同一个实体的重复信息。

2）不完整的数据。

由于录入错误等原因，字段值或记录未被记入数据库，造成信息系统数据源中应该有的字段或记录缺失。

3）不正确的数据。

由于录入错误、数据源中的数据未及时更新，或不正确的计算等，导致数据源中数据过时，或者一些数据与现实实体中字段的值不相符。

4）无法理解的数据值。

无法理解的数据值是指由于某些原因，数据源中的一些数据难以解释或无法解释，如密码数据等。

5）不一致的数据。

数据不一致包括了多种问题，例如，从不同数据源获得的数据很容易发生不一致，同一数据源的数据也会因位置、表示单位以及时间不同产生不一致。

在以上这些问题中，前三种问题在数据源中出现得最多。

3. 审计数据质量问题实例

为了便于理解审计数据的质量问题，以采集来的某税收征收电子数据（该数据为 Access 数据库格式，文件名为“税收征收 .mdb”，数据表名为“征收表”）为例，其可能存在的部分数据质量问题分析如下：

（1）不完整数据。

如图 3-6 所示，“实纳税额”字段中存在部分空值；如图 3-7 所示，最后几条记录为空记录。空值并不等同于“0”，因而在进行数据分析时，不能进行查询、筛选、汇总等数据分析，在审计数据分析过程中会被遗漏，所以必须对“征收表”中的空值进行处理。

税收基数	税率	应纳税额	已纳税额	实纳税额	开票日期
13593.2	.0003	4.08	0		2001-1-5
559364.87	.0003	167.81	0		2001-1-5
5100.23	.18	918.04	670.69	247.35	2001-1-5
4530	.05	226.5	0	-226.5	2001-1-5
226.5	.07	15.86	0	15.86	2001-1-5
226.5	.04	9.06	0	9.06	2001-1-5
459.58	.07	32.17	0	-32.17	2001-1-5
0	.0003	16.03	0	16.03	2001-1-5
459.58	.04	18.38	0	18.38	2001-1-5
26700	.05	1335	0	1335	2001-1-5
1335	.07	93.45	0	93.45	2001-1-5
1335	.04	53.4	0	53.4	2001-1-5
1005713.67	.0003	301.71	0	301.71	2001-1-5
14035.09	.03	421.05	0	421.05	2001-1-5
421.05	.07	29.47	0	29.47	2001-1-5
1906595.27	.0003	571.98	0	571.98	2001-1-5
1	160	160	0	160	2001-1-5
4.5	40	180	0	180	2001-1-5
421.05	.04	16.84	0	16.84	2001-1-5
2525.98	.18	454.68	392.17	62.51	2001-1-5
280	.03	8.4	0	8.4	2001-1-5
8.4	.07	.59	0	.59	2001-1-5
67284.83	.0003	20.19	0	20.19	2001-1-5
8.4	.04	.34	0	.34	2001-1-5
3467.94	.18	624.23	610.24	13.99	2001-1-5

图 3-6 字段中存在空值数据质量问题的税收征收数据

（2）不一致的数据。

如图 3-8 所示，“级次”字段中存在不一致的数据，即该字段中有的数据值为代码，有的数据值为实际的值，为方便后面的审计数据分析，需要转化成统一的格式来表示。

（3）不正确的数据。

如图 3-9 所示，“实纳税额”字段中有的数据值为负值，这些数据可能为错误的数值，为方便后面的审计数据分析，审计人员需要对该值进行确认，并对错误的数据值进行处理。

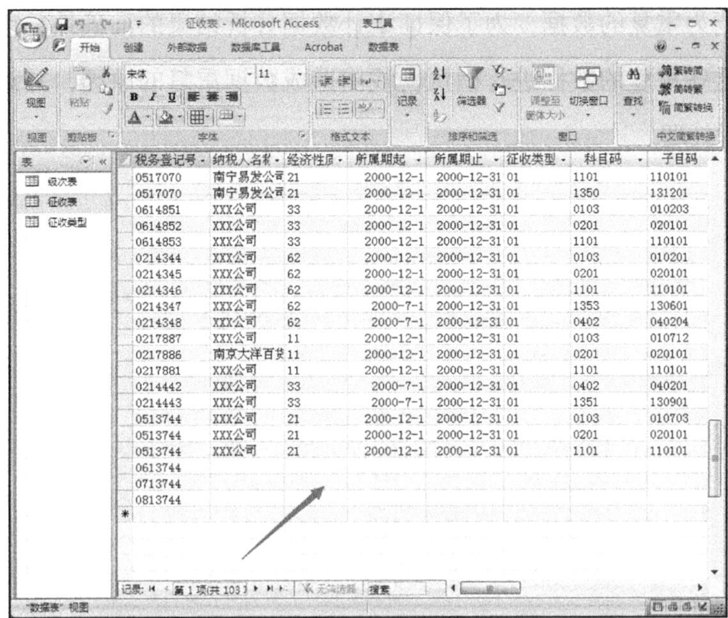

图 3-7 记录中存在空值数据质量问题的税收征收数据

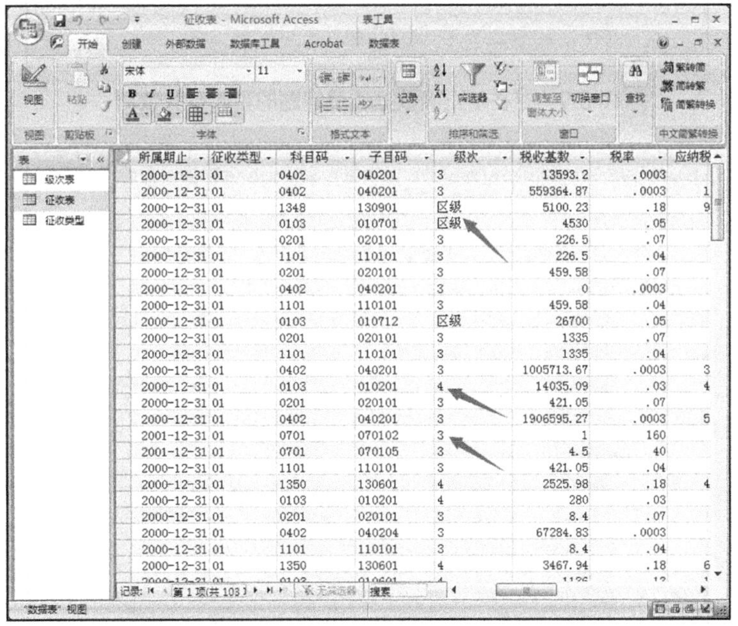

图 3-8 存在不一致数据质量问题的税收征收数据

（4）重复的数据。

如图 3-10 所示，“税务登记号”为“0517070”的数据存在多条，这些数据可能为重复的数据，为了保证审计数据分析结果的准确性，审计人员需要对这些重复的数据进行确认，找出造成数据重复的原因，并对重复的数据进行处理。

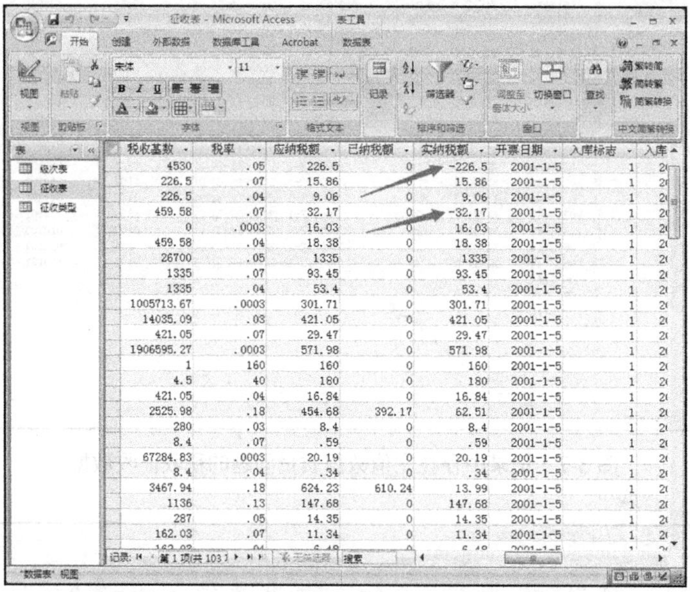

图 3-9　存在不正确数据质量问题的税收征收数据

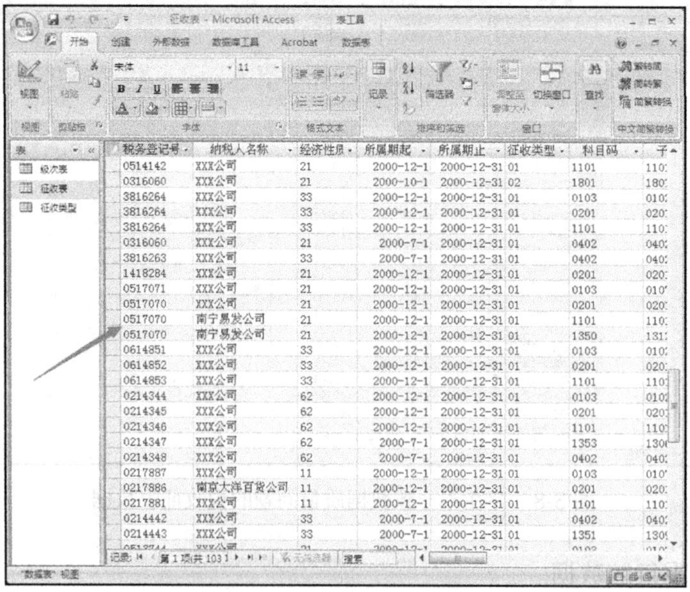

图 3-10　存在重复数据质量问题的税收征收数据

4. 审计数据预处理的意义

由以上分析可知，正是由于采集来的审计数据中存在上述数据质量问题，所以需要对采集来的电子数据进行预处理，处理存在数据质量问题的数据，为后续的审计数据分析打下基础。概括起来，进行审计数据预处理的意义如下。

（1）为下一步的审计数据分析做准备。

采集来的审计数据不一定能完全满足审计数据分析的需要，因此，审计人员需要通过对有质量问题的审计数据进行预处理，为后续的审计数据分析做好准备。

（2）帮助发现隐含的审计线索。

通过对审计数据进行数据预处理，可以有效地发现审计数据中不符合数据质量的数据。但是，审计人员不能简单地把有质量问题的数据删除，因为在这些存在质量问题的数据中可能隐藏着审计线索。审计人员需要做的是：对发现的审计数据质量问题进行分析，找出造成质量问题的原因，发现隐藏的审计线索。

（3）降低审计风险。

有质量问题的审计数据会影响审计数据分析结果的正确性，造成一定的审计风险。因此，通过对有质量问题的审计数据进行预处理，从而降低审计风险。

（4）通过更改命名方式便于数据分析。

通过名称转换这一审计数据预处理操作，可以把采集来的数据表以及字段名称转换成直观的名称，便于审计人员的审计数据分析。

3.4.2 常用的审计数据预处理方法

目前，根据一般审计人员的技术能力和审计工作中的具体要求，并考虑到审计数据预处理方法的经济性和可操作性，一般进行的审计数据预处理内容包括：名称转换、数据类型转换、代码转换、横向合并、纵向合并、空值处理等。常用的一些数据库产品和审计软件可以完成审计数据预处理功能。

3.5 审计数据分析

前文介绍了审计数据采集和审计数据预处理，审计数据采集和审计数据预处理的目的是为审计数据分析做准备，通过审计数据分析，发现审计线索，获得审计证据。形成审计结论才是审计的最终目标。因此，审计的过程实质上就是不断收集、鉴定和综合运用审计证据的过程。要实现审计目标，必须收集和评价审计证据。注重选择审计证据对做好审计工作起着举足轻重的作用。

综上所述，审计数据分析的目的是通过对采集来的电子数据进行分析，从而获取审计证据。因此，如何对采集来的数据进行分析是审计人员面临的重要问题，本节介绍常用的审计数据分析方法。

在信息化环境下，审计的对象是电子数据，因此，审计证据的获取多是通过信息技术对审计数据进行分析来完成的。一般来说常用的审计数据分析方法主要包括：数据查询、审计抽样、统计分析、数值分析等，其中数据查询的应用最为普遍。通过采用这些方法对审计数据进行分析，可以发现审计线索，获得审计证据。

1. 数据查询

数据查询是目前电子数据审计中最常用的审计数据分析方法。数据查询是指审计人员针对实际的审计对象，根据自己的经验，按照一定的审计分析模型，在通用软件（如 Microsoft Access、SQL Server）和审计软件中利用 SQL 语句来分析采集来的电子数据，或应用一些审计软件中各种各样的查询命令，以某些预定义的格式来检测被审计单位的电子数据。这种方法既提高了审计的正确性与准确性，也使审计人员从冗长乏味的计算工作中解放出来，告别以前手工审计的作业模式。另外，运用 SQL 语句的强大查询功能，通过构建一些复杂的 SQL 语句，可以完成模糊查询以及多表之间的交叉查询等工作，从而可以实现复杂的审计数据分析功能。

目前，除了借助通用软件应用数据查询这种方法之外，多数审计软件都提供了这种审计数据分析方法。国内的审计软件如现场审计实施系统和电子数据审计模拟实验室软件等，国外的审计软件如 IDEA、ACL 等。

2. 审计抽样

审计抽样是指审计人员在实施审计程序时，从审计对象总体中选取一定数量的样本进行测试，并根据样本测试结果推断总体特征的一种方法。它是随着经济的发展、被审计单位规模的扩大以及内部控制的不断健全与完善而逐渐被广泛应用的审计方法。

根据决策依据方法的不同，审计抽样可以分为两大类：统计抽样和非统计抽样。统计抽样是在审计抽样过程中，应用概率论和数据统计的模型和方法来确定样本量、选择抽样方法、对样本结果进行评估并推断总体特征的一种审计抽样方法。非统计抽样也被称为判断抽样，由审计人员根据专业判断来确定样本量、选取样本和对样本结果进行评估。因此，审计人员可能不知不觉地将个人的“偏见”体现在样本的选取中，而使样本不能客观地反映总体的真实情况。但审计人员的经验和直觉能够帮助更有效地发现和揭露问题或异常。因此，非统计抽样只要设计得当，也可以达到与统计抽样一样的效果。

在审计中应用统计抽样和非统计抽样方法一般包括如下四个步骤。

（1）根据具体审计目标确定审计对象总体。

（2）确定样本量。

（3）选取样本并审查。

（4）评价抽样结果。

目前，很多审计软件中都开发了审计抽样模块，如现场审计实施系统（AO）、电子数据审计模拟实验室软件、IDEA等，这使得以前烦琐的数学计算、随机数生成等工作可以轻松实现，并可以保证抽样工作的准确性和合法性。审计人员只要按照抽样向导的提示，输入相应的参数即可。这对审计人员规避审计风险、提高审计工作质量起到了很大的作用。后面将以电子数据审计模拟实验室软件和IDEA为例，介绍审计的抽样方法。

3. 统计分析

在电子数据审计中，统计分析的目的是探索审计数据内在的数量规律性，以发现异常现象，快速寻找审计突破口。一般来说，常用的统计分析方法包括一般统计、分层分析和分类分析等，在不同的审计软件中，统计分析方法的名称略有不同。常用的统计分析方法介绍如下。

（1）一般统计常用于具体分析之前，以对数据有一个大致的了解，它能够快速地发现异常现象，为后续的分析工作确定目标。一般统计针对数值字段提供下列统计信息：全部字段以及正值字段、负值字段和零值字段的个数、某类数据的平均值、绝对值以及最大或最小的若干个值等。

（2）分层分析是通过数据分布来发现异常的一种常用方法。其原理一般为：首先选取一个数值类型的字段作为分层字段，然后根据其值域将这一字段划分为若干个相等或不等的区间，通过观察对应的其他字段在分层字段各个区间上的分布情况来确定需要重点考察的范围。

（3）分类分析是通过数据分布来发现异常的另一种常用方法。其原理一般为：首先选择某一字段作为分类字段，然后，通过观察其他对应字段在分类字段各个取值点上的分布情况来确定需要重点考察的对象。分类分析的思路类似于“分类汇总”，它是一种简单且非常常用的数据分析手段。与分层分析不同的是，分类分析中用作分类的某一字段不一定是数值型数据，可以是其他类型的数据，而分层分析中用作分层的某一字段一定是数值型数据。

对于统计分析，很多审计软件都具有这一功能，如现场审计实施系统

（AO）、电子数据审计模拟实验室软件、IDEA 等审计软件。统计分析一般和其他审计数据分析方法配合使用。

4. 数值分析

数值分析是根据审计数据记录中某一字段具体的数据值的分布情况、出现频率等指标，对该字段进行分析，从而发现审计线索的一种审计数据分析方法。这种方法是从“微观”的角度对电子数据进行分析的，审计人员在使用时不用考虑具体的审计对象和具体的业务。在完成数值分析之后，针对分析出的可疑数据，再结合具体的业务进行审计判断，从而发现审计线索，获得审计证据。相对于其他方法，这种审计数据分析方法易于发现审计数据中的隐藏信息。常用的数值分析方法主要有重号分析、断号分析和 Benford 定律，一些方法目前已应用于 IDEA、电子数据审计模拟实验室软件等审计软件中。

（1）重号分析。

重号分析用来查找审计数据某个字段（或某些字段）中重复的数据。例如，检查一个数据表中是否存在相同的发票被重复多次记账。

（2）断号分析。

断号分析主要是分析审计数据中的某字段在数据记录中是否连续。

（3）基于 Benford 定律的数值分析。

1）Benford 定律原理。

1881 年，美国天文学家西门·纽康（Simon Newcomb）在其发表的一篇论文中描述了一种奇异的数字分布规律：在图书馆的对数表手册中，包含较小数字的页码比那些包含较大数字的页码明显磨损严重，而且磨损的程度和数字大小呈递减关系。透过这个现象，他推断研究人员在查阅对数表时，查阅以数字“1”开头的数字的机会比以“2”开头的数字多，以“2”开头的比“3”多，并以此类推。在这个推断的基础上，他得出以下结论：以“1”开头的数字比以其他数字开头的多。1938 年，一位通用电气公司的科学家富兰克·本福德（Frank Benford）同样注意到他的对数表手册的特殊磨损现象，通过进一步研究，他得出了和纽康同样的结论：人们处理较低数字开头数值的频率较大。为了证明他的假设，本福德收集了 20 229 类不同的数据集合，这些数据来源千差万别，例如，河流的面积、不同元素的原子质量、杂志和报纸中出现的数字。通过分析，这些数字呈现同样的特点：首位数字出现较小数字的可能性比出现较大数字的可能性要大。后来，人们以他的名字命名了这条定律，这就是 Benford 定律。概括来说，Benford 定律是指数字及数字序列在一个数据集中遵循一个可预测的规律。美国国家标准和技术学院（National Institute of Standards and Technology，NIST）给出 Benford 定律的定义如下：

在不同种类的统计数据中，首位数字是数字 d 的概率为 $\log_{10}(1+1/d)$。

其中，数据的首位数字是指左边的第一位非零数字。例如数据 5 678、5.678、0.567 8 的首位数字均为 5。

根据 Benford 定律，首位数字出现的标准概率分布曲线如图 3-11 所示。同理，根据 Benford 定律，也可以计算出数据各位上数字出现的概率。

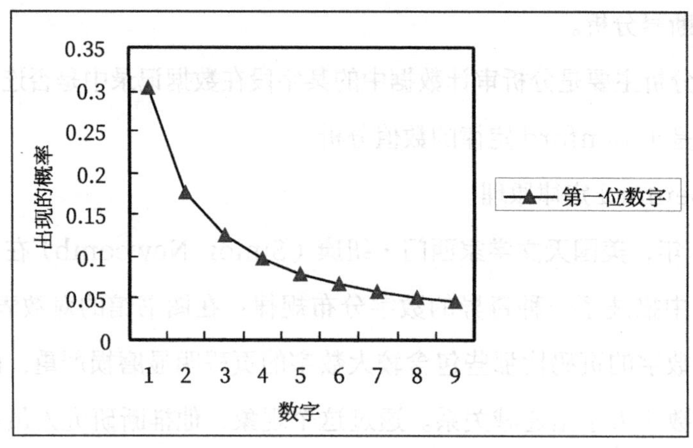

图 3-11　首位数字出现的标准概率分布曲线图

根据以上分析可以得出：如果被分析的审计数据不符合 Benford 定律的标准概率分布曲线，则表明在被分析的审计数据中可能含有“异常”的数据。

2）Benford 定律适用的条件。

由以上分析可以看出：Benford 定律提供了一种审计数据分析方法，通过利用 Benford 定律对审计数据进行分析，可以识别出其中可能的错误、潜在的欺诈或其他不规则事物，从而发现审计线索。然而，Benford 定律并不适用于所有审计数据，相关专家的研究表明，Benford 定律适用的三个经验条件如下。

第一，审计数据量具备一定规模，能够代表所有样本。

一般而言，应用 Benford 定律进行分析的数据集规模越大，分析结果越精确。这特别适用于我国大数据环境下的电子数据审计。

第二，审计数据没有人工设定的最大值和最小值范围。

例如，一般单位的固定资产台账数据就可能不适合 Benford 定律的分布规律，因为按照财务制度，只有在一定金额之上的固定资产才被录入台账。

第三，要求目标数据受人为的影响较小。

例如，用 Benford 定律对会计数据中的价格数据进行分析就可能不符合分布规律，因为价格受人的影响较大。

3.6　审计数据验证

1. 审计数据验证的重要性

在开展电子数据审计的过程中，审计人员必须不断进行审计数据验证，以保证审计数据采集的真实性和完整性，以及审计数据预处理和审计数据分析的正确性。审计数据验证不仅是确保电子数据真实、正确的重要手段，也是提高审计数据采集、审计数据预处理和审计数据分析质量，降低审计风险的重要保证。其重要性主要体现在以下几个方面。

（1）确认所采集数据的真实性、正确性和完整性。

通过审计数据验证，可以确认被审计单位提供的以及审计人员采集的原始电子数据的真实性、正确性和完整性，验证电子数据对被审计单位实际经济业务活动的真实反映程度，保证审计数据采集工作准确、有效地进行，同时对采集到的审计数据进行确认，排除遗漏和失误。

（2）确认审计数据采集过程中数据的完整性。

电子数据从一台计算机迁移到另一台计算机，或从一个信息系统迁移到另一个信息系统的过程中，由于种种原因，采集的数据可能发生遗漏。所以，审计人员完成审计数据采集后，必须对审计数据进行充分的验证，确认数据的完整性。

（3）减少在审计数据采集、审计数据预处理和审计数据分析过程中人为造成的失误。

审计人员在进行审计数据采集、预处理和分析时，编写的程序存在逻辑错误，或对数据的操作不规范，或选择的方法不正确等，都可能产生部分数据遗漏或丢失等问题，导致审计结果发生错误。因此，审计人员在完成每一步数据操作后，必须对被操作的电子数据进行审计数据验证，确保数据的正确性。

例如，对审计数据预处理过程进行验证可以考虑以下两个方面。

1）确认审计数据预处理目标的实现。

为了确认审计数据预处理的目标得以实现，必须针对转换前存在的数据质量问题和转换要求逐一进行核对。

2）确认审计数据预处理工作没有损害数据的完整性和正确性。

要确认审计数据预处理工作没有损害数据的完整性和正确性，就必须确认审计数据预处理过程中没有带来新的错误。

2. 审计数据验证的方法

一般来说，审计数据验证的方法主要有以下几种。

（1）利用数据库的完整性约束来进行验证。

数据的完整性是指数据库中的数据在逻辑上的一致性和准确性。利用数据库的完整性约束可以实现部分数据验证功能。一般来说，数据完整性包括以下三点。

1）域完整性。

域完整性又被称为列完整性，就是指列的值域的完整性，如值域范围、数据类型、格式、是否允许空值等。域完整性可以保证数据表中某些列不被输入无效的值。

2）实体完整性。

实体完整性又被称为行完整性，实体完整性要求每个数据表中的每一行要有一个唯一的标识符（关键字），且作为关键字的所有字段的属性必须是唯一值和非空值。

3）参照完整性。

参照完整性又被称为引用完整性。参照完整性保证主表中的数据与从表（被参照表）中数据的一致性。

（2）利用数据总量和主要变量的统计指标进行验证。

利用数据总量和主要变量的统计指标进行验证是一种常用的方法，内容如下。

1）核对总记录数。

审计人员在完成审计数据采集之后，首先要将采集到的电子数据的记录数与被审计单位信息系统中反映的记录数核对（有打印纸制凭证的，还要与纸制凭证数进行核对），以验证其完整性。在完成审计数据预处理和审计数据分析之后，也可以根据需要应用这一方法。

2）核对主要变量的统计指标。

审计人员在完成审计数据采集、审计数据预处理和审计数据分析之后，可以通过核对主要变量的统计指标（例如，核对总金额等方法）来验证数据的完整性。

（3）利用业务规则进行验证。

业务规则是一个系统正常处理业务活动所必须满足的一系列约束的集

合。这些约束有来自系统外部的，例如，国家政策和法律法规；有来自系统内部的，例如，借贷记账法要求的借贷平衡、账务处理系统中各种账户之间的勾稽关系；有些约束还作为系统的控制手段，例如，凭证号的连续性约束。利用这些约束可以对采集到的数据实施一定程度的验证。常用的方法如下：

1）检查借贷是否平衡。

检查借贷是否平衡是审计人员常用的一种简单有效的审计数据验证方法，它与核对总金额方法相辅相成。

2）凭证号断号和重号验证。

在会计信息系统中，凭证号是典型的顺序码，凭证号每月按凭证类型连续编制，不同的凭证使用不同的凭证号，凭证号中间不能有断号、空号或重号出现。因此，分析凭证表中凭证号是否连续是验证审计人员所用数据与被审计单位会计数据一致性的一种重要核对方法。审计人员可以根据实际情况，通过编写 SQL 语句来进行凭证号断号、重号的验证工作，也可以借助一些审计软件的断号、重号分析功能来完成凭证号断号、重号的验证工作。

3）勾稽关系。

在业务和会计数据中，存在着许多勾稽关系。这些勾稽关系是进行审计数据验证的重要依据。例如在审计人员采集到的被审计单位固定资产数据表中，关于固定资产价值方面的数据一般都包括资产原值、累计折旧、资产净值的字段内容，而且这三个字段之间存在的勾稽关系如下：

资产原值 - 累计折旧 = 资产净值

因此，审计人员在使用被审计单位的固定资产数据表之前，有必要对上述勾稽关系进行验证。例如可以利用以下 SQL 语句进行验证：

```
SELECT *
FROM 固定资产表
WHERE（资产原值 - 累计折旧）<> 资产净值;
```

4）利用抽样方法进行验证。

审计数据验证的另一类方法就是抽样。当数据量巨大或者前文所述的审计数据验证方法无法使用时，可以考虑利用抽样的方法。利用抽样的方法进行验证一般分为以下两种：

一是从被审计单位提供的纸质资料中按照抽样的规则抽取一些样本，在采集后的数据中进行匹配和验证。

二是从被审计单位的系统中按照抽样的规则抽取一些样本，在采集后的数据中进行匹配和验证。

☞ 本章结语

智能审计的对象和内容离不开电子数据，研究与应用智能审计需要掌握电子数据审计的基本知识。本章在分析电子数据审计原理的基础上，对电子数据审计的关键步骤，如审计数据采集、审计数据预处理、审计数据分析等分别进行了介绍，主要内容如下：

信息化是充分利用信息技术、开发利用信息资源、促进信息交流和知识共享、提高经济增长质量、推动经济社会发展转型的历史进程。我国一直高度重视信息化工作。目前信息化在世界范围内得到广泛应用，各行各业开始广泛运用计算机、数据库、网络等现代信息技术进行管理，信息化趋向普及。

信息化环境下审计工作发生了巨大的变化，传统的审计技术方法遇到了来自信息技术的挑战。因此，利用信息技术开展审计工作成为必然。我国高度重视审计信息工作。早在1998年，审计署党组向国务院提出建设审计信息化系统的建议，得到了国务院领导的充分肯定。2002年国家发改委正式批准“金审工程”开工，随后，“金审工程”被列入了国家“十五”期间首先启动的12个“金”字号电子政务重大工程之一。

审计信息化是一个比较通俗的概念，具体是指现代信息技术在审计作业和审计管理活动中的应用过程，它可以看作与会计信息化相对应的一个概念，已成为审计学研究的重要分支领域之一。目前审计信息化主要包括审计作业信息化（电子数据审计、信息系统审计）和审计管理信息化。

电子数据审计一般可以理解为“对被审计单位信息系统中的电子数据进行采集、预处理以及分析，从而发现审计线索，获得审计证据的过程”。一般来说，电子数据审计包括审计数据采集、审计数据预处理、审计数据分析等关键步骤。

如何把被审计单位的电子数据采集过来，是开展电子数据审计的关键步骤。简单地讲，审计数据采集就是审计人员为了完成审计任务，在进行电子数据审计时，按照审计需求从被审计单位的信息系统或其他来源中获得相关电子数据的过程。

审计数据预处理是电子数据审计中的重要一环，由于采集来的被审计数据往往会有许多数据质量问题，不能满足后面审计数据分析的需要。而且，这些问题的存在将直接影响后续审计工作所得出的审计结论的准确性。因此，完成审计数据采集后，审计人员必须对从被审计单位获得的原始电子数据进行预处理，从而使其满足后面审计数据分析的需要。

审计数据采集和审计数据预处理的目的是为审计数据分析做准备，通过审计数据分析，发现审计线索，获得审计证据。形成审计结论才是审计的最终目的。因此，如何对采集来的数据进行分析是审计人员面临的重要问题。在信息化环境下，审计的对象是电子数据，因此，审计证据的获取多是通过采用信息技术对被审计数据的分析来完成的。一般来说，常用的审计数据分析方法主要包括：数据查询、审计抽样、统计分析、数值分析等。其中，数据查询的应用最为普遍。通过采用这些方法对被审计数据进行分析，可以发现审计线索，获得审计证据。

在开展电子数据审计的过程中，审计人员必须不断进行审计数据验证，以保证审计数据采集的真实性和完整性，以及审计数据预处理和审计数据分析的正确性。审计数据验证不仅是确保电子数据真实、正确的重要手段，也是提高审计数据采集、审计数据预处理和审计数据分析质量，降低审计风险的重要保证。

通过本章的学习，读者可以掌握电子数据审计的原理、开展电子数据审计的关键步骤，从而为后面学习智能审计打下理论基础。

☞ 思考题

1. 什么是电子数据审计？为什么要开展电子数据审计？
2. 什么是审计数据采集？为什么进行审计数据采集？
3. 为什么要对审计数据进行审计数据预处理？如何对审计数据进行数据预处理？
4. 常用的审计数据分析方法有哪些？这些审计数据分析方法有什么优缺点？
5. 大数据、人工智能等技术的发展对电子数据审计有何影响？

第4章

信息系统审计

本章学习目标

- 理解信息系统审计的重要性
- 掌握信息系统审计的定义、内容及步骤
- 掌握一般控制审计的原理、内容及应用
- 掌握应用控制审计的原理、内容及应用

信息系统审计是审计信息化的一项重要内容。如前文所述，目前信息化在世界范围内得到广泛应用，各行各业开始广泛运用大数据、云计算、数据库、网络等现代信息技术进行管理，信息化趋向普及。然而，信息技术应用带来便利的同时，也带来了很多的风险。在信息化环境下，信息系统及其数据成为一个单位的重要资产，因此，信息系统的安全性、可靠性、有效性要有保证，对信息系统的设计、开发、运行、维护等内容要进行审计，对信息系统的相关人员要进行审计。此外，如果一个被审计单位的信息系统控制存在一定的问题，系统中的电子数据管理将会因此产生一定的风险。对有风险的电子数据进行审计，将会造成一定的审计风险。因此，为保证审计结果的正确性，防范审计风险，开展信息系统审计具有重要意义。

智能审计的对象和内容离不开信息系统，研究与应用智能审计需要掌握信息系统审计的基本知识。本章根据目前信息系统审计的应用现状，从信息系统一般控制审计（信息系统开发、测试和维护审计、信息系统运行管理审计、信息系统安全审计、业务连续性管理审计、IT外包审计等）、信息系统应用控制审计、IT治理审计、信息系统项目建设审计、信息系统绩效审计等方面出发，分析信息系统审计的相关理论以及如何开展信息系统审计。此外，本章还对主要的信息系统审计准则与规范进行了简要介绍。通过本章的学习，读者可以快速掌握信息系统审计的基本理论与应用，从而为后面学习智能审计，以及今后研究与应用信息系统审计的理论和方法打下基础。

4.1　信息系统审计简介

4.1.1　信息系统审计的重要性

为了便于更好地理解开展信息系统审计的重要意义，我们先来看一些相关案例。

▶ 案例一

“9 · 11”事件

2001年9月11日，恐怖分子劫持飞机撞击美国纽约世贸中心和华盛顿五角大楼，这次事件被称为“9 · 11”事件。在这次事件中，纽约世界贸易中心的两幢110层摩天大楼（世贸双子塔）在遭到攻击后相继倒塌，除此之外，世贸中心附近5幢建筑物也受震而坍塌损毁；五角大楼遭到局部破坏，部分结构坍塌。

在“9·11”事件发生之后，世界贸易中心的许多公司的商务资料瞬间被毁。美国的一项研究报告显示，在灾害之后，如果无法在14天内恢复业务数据，有75%的公司业务会完全停顿，43%的公司再也无法重新开业，20%的企业在两年之内会宣告破产。美国明尼苏达大学的研究也表明，遭遇灾难而又没有灾难恢复计划的企业，60%以上将在两到三年后退出市场。

在“9·11”事件发生之后，同样罹难的美国三大投资银行之一的摩根士丹利却在第二天就正常运转，它之所以可以迅速恢复运转，得益于该银行的数据远程灾难备份系统。在“9·11”事件发生之前，摩根士丹利就通过高速通信线路实时地从世贸中心的服务器和主机源源不断地向位于新泽西州的备份服务器传输数据。一旦灾难发生，主要服务器被损毁，备份服务器里也会有最新最完整的备份数据。依靠这些灾难备份手段，摩根士丹利得以继续生存。

案例启示：对于审计人员，如何关注与防范这类风险呢？这就需要开展业务连续性管理审计。

▸ 案例二

篡改信息系统实施盗窃获刑

2020年9月4日，银保监会披露的罚单显示：华夏银行科技开发中心开发三室、开发四室经理覃某，违反规定篡改信息系统，实施盗窃行为（已被判处刑罚），被终身禁止从事银行业工作，如图4-1所示。

案例启示：对于审计人员，如何关注与防范这类风险呢？这就需要开展信息系统开发、测试和维护审计与信息系统运行管理审计。

中国银行保险监督管理委员会行政处罚信息公开表

（银保监罚决字〔2020〕30号）

（覃其胜）

行政处罚决定书文号	银保监罚决字〔2020〕30号
被处罚当事人姓名	覃某（时任华夏银行股份有限公司科技开发中心开发三室、开发四室经理）
主要违法违规事实（案由）	违反规定篡改信息系统，实施盗窃行为（已被判处刑罚）
行政处罚依据	《中华人民共和国银行业监督管理法》第二十一条、第四十八条
行政处罚决定	终身禁止从事银行业工作
作出处罚决定的机关名称	中国银行保险监督管理委员会
作出处罚决定的日期	2020年7月13日

图 4-1　篡改信息系统实施盗窃获刑

▶ 案例三

黑客入侵乌干达移动支付系统

2020 年 10 月 8 日，据乌干达当地媒体报道，日前黑客入侵了乌干达电信运营商 MTN 和 Airtel 两家公司使用的第三方移动支付系统，消息人士说黑客卷走两家公司数十亿先令的资金㊀。

受损失的公司发表联合声明称，此次事件影响到了银行到移动货币的交易，相关服务目前已经暂停，他们将尽快修复。至于相关损失，公司表示暂不透露。据了解，被黑客入侵的两家公司占据乌干达移动支付 90% 的份额。㊁

案例启示：对于审计人员，如何关注与防范这类风险呢？这就需要开展信息系统安全审计。

㊀ 1 乌干达先令 =0.001 840 元人民币。

㊁ 来源：央视新闻。

▶ **案例四**

思科前员工为报复恶意删除 400 多台虚拟机[⊖]

2020 年 8 月 26 日，一位前思科员工在圣何塞联邦法院认罪，称其曾非法访问思科公司的在亚马逊云计算服务器（Amazon Web Services，AWS）上的系统，并对其云计算资源施以破坏。这位员工于 2016 年 7 月入职思科公司，2018 年 4 月离职。离职之后，他竟然还可以未经授权，直接登录到思科公司的服务器，删除了 456 台虚拟机。这位员工的行为导致超过 16 000 个 Webex Teams（一款团队办公服务系统）账户被异常关闭，持续时间达两个星期，造成思科公司共计 240 万美元的损失。可见一些大公司在用户权限管理方面存在一定的风险，这些公司需要加强用户权限管理、业务连续性管理（严格的数据备份）等。

案例启示：对于审计人员，如何关注与防范这类风险呢？这就需要开展信息系统运行管理审计和业务连续性管理审计，特别是用户权限管理审计。

综上分析，开展信息系统审计越来越重要。

4.1.2 信息系统审计的定义

信息系统审计（information system audit，ISA）一般理解为对计算机信息系统的审计，信息系统审计的国际权威组织——国际信息系统审计与控制协会把信息系统审计定义如下：

信息系统审计是收集和评估证据，以确定信息系统与相关资源能否适当地保护资产、维护数据完整、提供相关和可靠的信息、有效完成组织目标、高效率地利用资源并且存在有效的内部控制，以确保满足业务、运作和控制目标，在发生非期望事件的情况下，能够及时地阻止、检测或更正的过程。

⊖ https://www.sohu.com/a/415178562_355140.

4.1.3 信息系统审计的分类及主要内容

1. 信息系统内部控制的分类

为了便于理解信息系统审计的内容，我们先来看一下信息系统内部控制的相关内容与分类知识。信息系统内部控制是指一个单位在信息系统环境下，为了确保业务活动的有效进行，保护资产的安全与完整，防止、发现、纠正错误与舞弊，确保信息系统提供真实、合法、完整的信息，而制定和实施的一系列政策、程序和措施。

（1）依据控制内容分类。

一般来说，依据控制的内容，信息系统内部控制可以分类如下，如图 4-2 所示。

1）一般控制。

2）应用控制。

（2）依据控制预定意图分类。

由图 4-2 可以看出，依据控制的预定意图，无论是一般控制，还是应用控制，都可以分类如下：

1）预防性控制（事前控制）。

2）检查性控制（事中控制）。

3）纠正性控制（事后控制）。

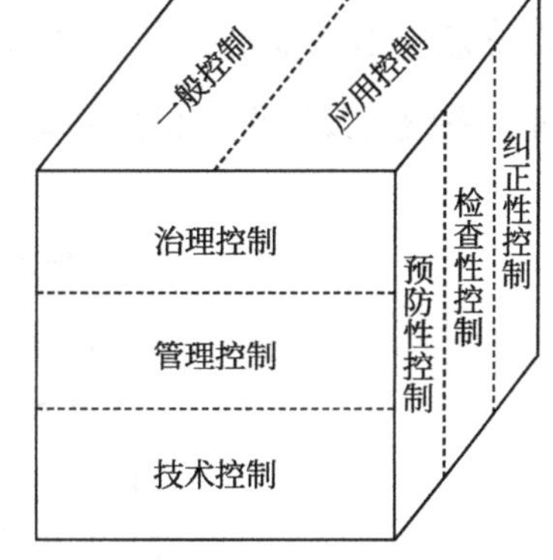

图 4-2 信息系统内部控制分类方法

（3）依据控制层次分类。

依据控制的层次，无论是一般控制，还是应用控制，都可以分类如下：

1）治理控制。

2）管理控制。

3）技术控制。

其中，治理控制包括政策等方面的内容，管理控制包括标准、组织与管理、物理环境控制等方面的内容，技术控制包括系统软件控制、系统开发控制以及基于应用的控制等方面的内容，如图 4-3 所示。

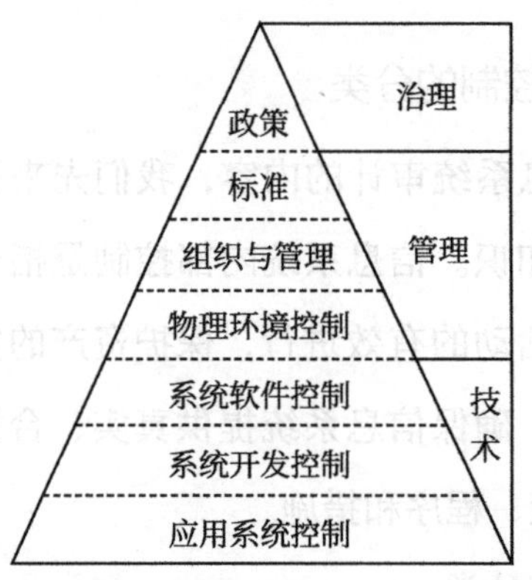

图 4-3 信息系统内部控制分类方法（依据控制层次）

（4）依据技术和管理的视角分类。

从技术的角度来看，一般控制包括数据库控制、网络控制、操作系统控制等；应用控制主要是针对具体应用系统的控制；从 IT 管理的角度来看，无论是一般控制，还是应用控制，都可以分成 IT 规划管理、系统运行管理、系统开发管理、供应商管理等，如图 4-4 所示。

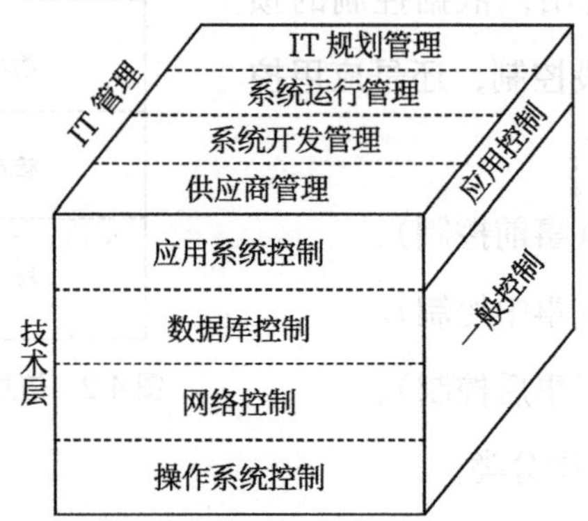

图 4-4 信息系统内部控制分类方法（依据技术和管理的视角）

2. 信息系统审计的主要内容

对于信息系统审计的主要内容，从狭义上讲，一般根据以上信息系统内部控制的内容，从一般控制审计、应用控制审计和 IT 治理审计等方面开展信息系统审计。随着目前审计信息化的发展，信息系统项目建设审计和信息系统绩效审计也成为审计实务中信息系统审计的重要内容。

综上所述，从广义上讲，信息系统审计的主要内容可以概括为如图 4-5 所示。

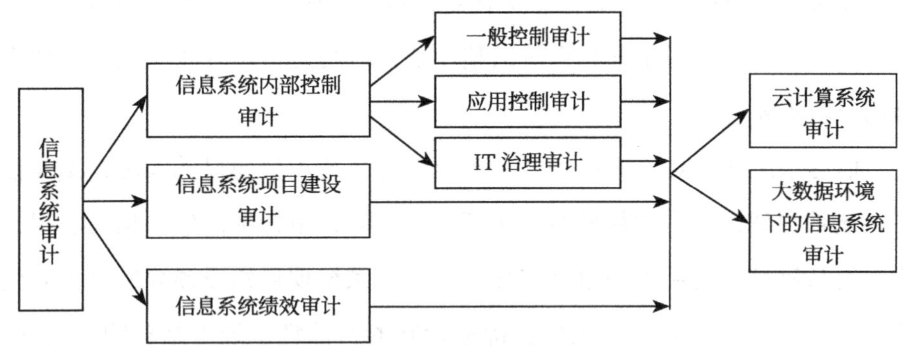

图 4-5 信息系统审计的主要内容

信息系统审计的主要内容简单分析如下。

（1）一般控制审计。

一般控制审计是对信息系统整体环境控制的审计。简单地讲，信息系统一般控制是除了信息系统应用程序控制以外的其他控制，它应用于一个单位信息系统全部或较大范围的内部控制。其基本目标为：防止系统被非法侵入、保护信息系统、确保数据安全、保证意外情况下的持续运行等。

根据以上信息系统一般控制的主要内容及目标，信息系统一般控制审计的主要内容一般包括信息系统开发、测试和维护审计、信息系统运行管理审计、信息系统安全审计、业务连续性管理审计、IT 外包审计等。

（2）应用控制审计。

简单地讲，信息系统应用控制是为了适应各种数据处理的特殊控制要求，保证数据处理完整、准确地完成而建立的内部控制。应用控制审计是对应用系统控制的审计，其目的就是确保被审计单位的应用系统控制符合相关要求。

（3）IT 治理审计。

IT 治理用于描述一个单位是否采取有效的机制，使得 IT 的应用能够完成组织赋予它的使命，同时平衡信息技术与过程的风险，确保实现组织的战略目标。为了保证IT治理的有效性，审计人员需要对其进行审计。

（4）信息系统项目建设审计。

在实际的审计实务中，除了对信息系统的一般控制、应用控制和IT治理进行审计之外，对于信息系统的整个建设过程进行审计也是信息系统审计的一项重要内容。

信息系统项目建设审计是为了规范信息系统项目建设的管理，提高信息系统项目建设资金使用效益，防范相关风险，审计部门依据相关法律法规、规章制度，运用相关审计方法，对信息系统项目建设预算的整体公允性、招投标过程的公平公正性、待签合同的合法性、竣工结算的真实性、项目建设的经济性等进行审查验证。

（5）信息系统绩效审计。

在实际的审计实务中，除了对信息系统的一般控制、应用控制和IT治理进行审计之外，对于信息系统建成运行之后的绩效进行审计也是信息系统审计的一项重要内容。

信息系统绩效审计是指对已建成并投入应用的信息系统项目的整体绩效（如经济性、效率性、安全性等方面）进行评估，为信息系统项目作用的进一步发挥、下一步的发展方向、是否有继续投入的价值等提供决策参考，以促进信息系统项目的规范化建设，提升项目的应用成效。

4.1.4　信息系统审计的基本步骤

对于不同的项目类型（信息系统内部控制审计、信息系统项目建设审计、信息系统绩效审计）、不同的审计主体（国家审计、内部审计、社会审计），信息系统审计的步骤略有不同。一般来说，开展信息系统审计的基本步骤如下。

1. 审计准备阶段

在审计准备阶段，主要工作如下。

（1）成立审计小组。

（2）下发审计通知书。

（3）审前调查，了解被审计单位和被审计信息系统的基本情况。

（4）编制信息系统审计实施方案。

2. 审计实施阶段

在审计实施阶段，主要工作如下。

（1）根据审计实施方案，进一步调查被审计单位基本情况，识别其信息系统一般控制和应用控制等。

（2）采用访谈、文档查看、现场观察等方法实施信息系统审计。

（3）编写审计取证单和审计工作底稿。

3. 审计报告阶段

在审计报告阶段，主要工作如下。

（1）整理、评价审计证据。

（2）起草审计报告征求意见书（审计事实确认书），征求被审计单位意见。

（3）在此基础上，撰写审计报告与审计建议。

4. 审计结果执行阶段

在审计结果执行阶段，主要工作如下。

（1）执行审计结果。

（2）审计项目材料的归档和管理。

4.1.5 信息系统审计的基本方法

目前常用的信息系统审计方法包括访谈法、现场观察法、文档查看法、穿行测试法、系统数据分析法、面向系统的计算机辅助审计技术等，其简介如下。

1. 访谈法

访谈法是指审计人员访谈被审计单位相关人员，了解某些内部控制、业务执行等事项。

2. 现场观察法

现场观察法是指审计人员到被审计单位的相关现场，实地观察相关人员的实际工作和相关信息系统操作情况，以确认信息系统相关控制措施是否得到有效的执行，以及相关信息系统是否存在风险。

3. 文档查看法

文档查看法是指审计人员抽取与信息系统审计相关的文档（如信息系统需求报告、信息系统设计说明书、信息系统用户使用手册等）以及其他有关证明材料，检查信息系统相关控制措施及制度是否得到有效执行。

4. 穿行测试法

穿行测试法是指审计人员根据被审计单位相关信息系统的控制活动步骤，设计相关测试数据，测试相关控制是否有效。

5. 系统数据分析法

系统数据分析法是指通过分析被审计信息系统内外部的相关数据，发现信息系统相关风险的线索。随着大数据技术的广泛应用，也可以应用大数据审计技术开展信息系统审计。

6. 面向系统的计算机辅助审计技术

常用的计算机辅助审计技术可以分成两类：

一是用于验证程序 / 系统的计算机辅助审计技术，即面向系统的计算机辅助审计技术。

二是用于分析电子数据的计算机辅助审计技术，即面向数据的计算机辅助审计技术。如图 4-6 所示。

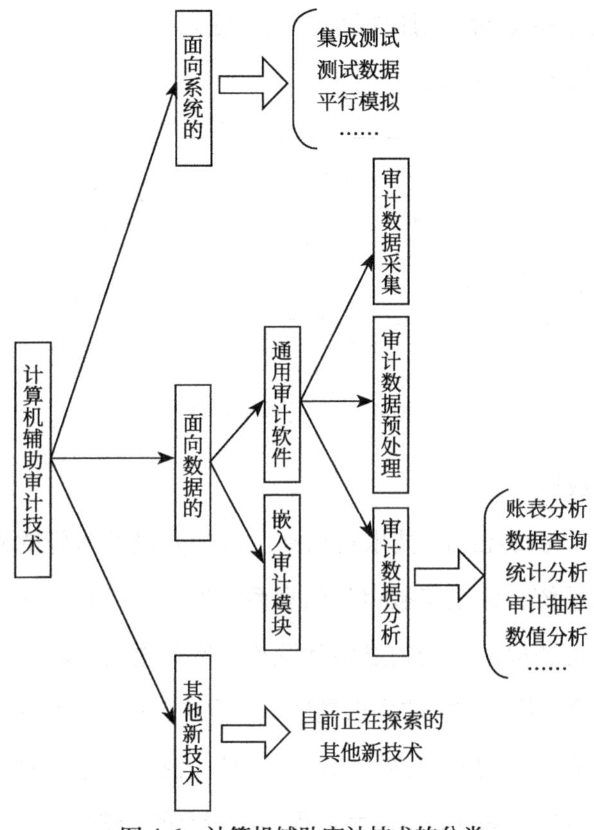

图 4-6　计算机辅助审计技术的分类

在开展信息系统审计时，可以应用面向系统的计算机辅助审计技术。常见的面向系统的计算机辅助审计技术分析如下。

（1）平行模拟。

平行模拟（parallel simulation）是指针对某一应用程序，审计人员应用一个独立的程序去模拟该程序的部分功能，在输入数据的同时并行处理，比较模拟程序处理的结果和该应用程序处理的结果，以验证该应用程序的功能是否正确性的方法。

平行模拟法的优点是一旦建立了模拟程序，可以随时对被审计系统进行抽查，也可以用模拟系统重新处理全部的真实业务数据，进行比较全面的审查。与抽查相比，平行模拟法可以进行更彻底的测试。其主要缺点是模拟系统的开发通常需要花费较长的时间，开发或购买费用都较高。另外，如果被审计的系统更新，则模拟系统也要随之更新，相应的费用要增加。平行模拟原理如图 4-7 所示。

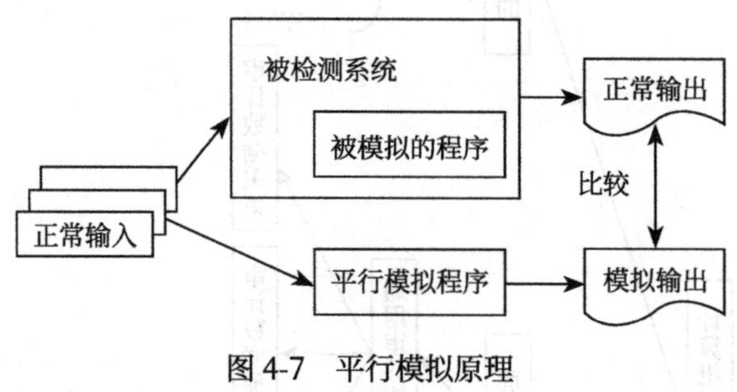

图 4-7　平行模拟原理

（2）测试数据。

测试数据（test data）技术是指利用审计人员准备好的测试数据来检测被审计信息系统，通过将被审计信息系统处理的结果与应有的正确结果进行比较，来检测应用系统的逻辑问题和控制问题的一种方法。其原理如图 4-8 所示。测试数据技术的优点是适用范围广，应用简单易行，对审计人员的计算机技术水平要求不高。因此，它被广泛应用于各种系统的测试和验收。其主要的缺点是可能不能发现程序中所有的错弊。

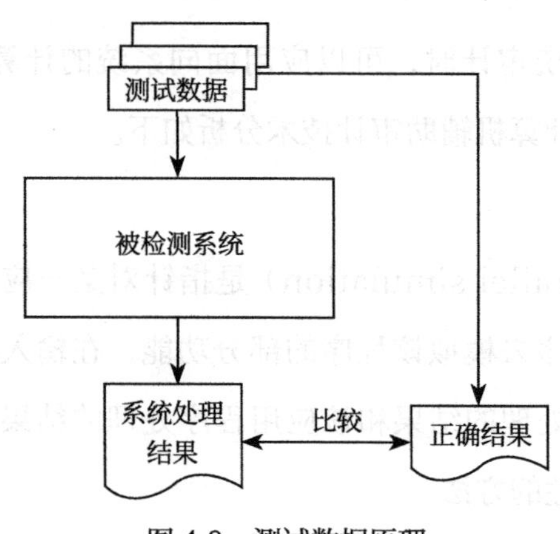

图 4-8　测试数据原理

（3）集成测试。

集成测试（integrated test facility，ITF）技术是通过在正常的应用系统中创建一个虚拟的部分或分支，从而提供一个内置的测试工具。它一般用来审计复杂的应用系统，其原理如图 4-9 所示。该技术是在系统正常处理过程中进行测试的，因此可直接测试出被审计信息系统在真实业务处理时的功能是否正确有效。然而，集成测试技术也有弊端。因为测试是在系统真实业务处理过程中进行的，如果未能及时、恰当地处理虚拟的测试数据，这些虚拟的测试数据可能会对被审计单位真实的业务和汇总的信息造成破坏或影响。

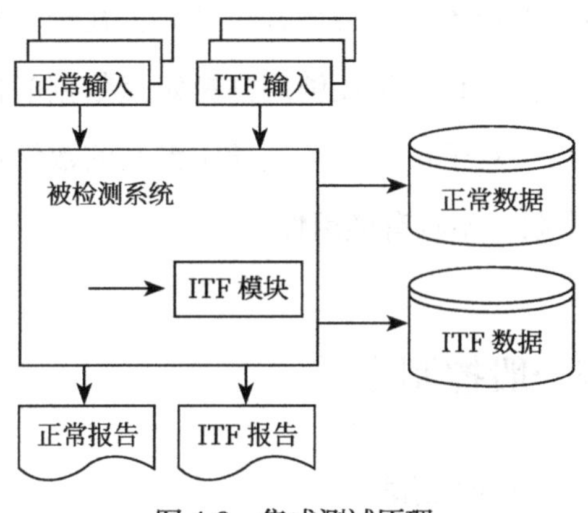

图 4-9 集成测试原理

（4）程序编码审查。

程序编码审查（program code review）是对应用系统的程序编码进行详细审查的一种技术，它一般不被算作真正的计算机辅助审计技术。通过审查程序编码，审计人员可以识别出程序中的错误代码、未被授权的代码、无效的代码、效率低的代码以及不标准的代码。这种技术的优点是审计人员审查的是程序本身，因此能发现程序中存在的任何错弊问题。其缺点是对审计人员的计算机水平要求高，比较费事费时，而且要确认被审计的源程序的确是真实运行系统的源程序。

（5）程序代码比较。

程序代码比较（program code comparison）是指审计人员对程序的两个版本进行比较。审计人员使用这种技术的目的主要是：①检查被审计单位所给的被审计信息系统和被审计单位所使用的系统是不是同一个软件；

②检查和前一个版本相比，程序代码是否发生了变化，如果发生了变化，是否有程序变更管理程序。

（6）跟踪。

审计人员应用跟踪（tracing）技术可以分析程序的每一步，从而发现每一行代码对被处理数据或程序本身的影响。

（7）快照。

快照（snapshot）技术是一种允许审计人员在一个程序或系统中指定的点冻结一个程序，使审计人员能够观察特定点数据的技术。快照技术具有快速、易用的特点，对于识别业务处理中潜在的数学计算错误是非常有用的。缺点是功能有限，不具有通用性。

4.2 信息系统一般控制审计

4.2.1 信息系统一般控制简介

简单地讲，信息系统一般控制是除了信息系统应用程序控制以外的其他控制，它应用于一个单位信息系统全部或较大范围的内部控制。其基本目标为：防止系统被非法侵入，保护信息系统，确保数据安全，保证在意外情况下的持续运行等。

根据以上信息系统一般控制的主要内容及目标，信息系统一般控制审计的主要内容一般包括信息系统开发、测试和维护审计、信息系统运行管理审计、信息系统安全审计、业务连续性管理审计、IT 外包审计等。

4.2.2 信息系统开发、测试和维护审计

1. 信息系统开发、测试和维护审计简介

良好的系统开发管理是一个信息系统稳健运行的必要前提，而充分的信息系统测试和周密的上线程序是保障信息系统正常稳定运行的重要环节，

因此，加强信息系统开发的管理工作，确保充分的系统测试和具备完善的系统上线程序管理，对确保信息系统的稳定性和可靠性、防范系统风险具有重要意义。

在信息系统上线之后，信息系统维护是一项重要工作，信息系统维护是对信息系统的运行进行控制，记录其运行的状态，进行必要的修改和扩充，以便使信息系统在其生命周期内保持良好的可运行状态，保证其功能的发挥，满足单位的需要。信息系统维护包括纠错性维护、适应性维护、完善性维护、预防性维护。其中，纠错性维护是为了识别和纠正软件错误、改正软件性能上的缺陷；适应性维护是为了使软件适应外部环境（如新的硬件、软件配置等）或数据环境（如数据库、数据格式、数据输入/输出方式、数据存储介质等）可能发生的变化；完善性维护是为了满足用户在软件的使用过程中对软件提出的新的功能与性能的要求；预防性维护是为了提高软件的可维护性、可靠性等，预防相关问题的发生。此外，对系统下线应按规范流程妥善处理，确保下线系统敏感数据的安全性和完整性。

为了确保信息系统开发、测试和维护过程的有效性，审计人员需要对其进行审计。概括来说，信息系统开发、测试和维护审计的主要目的是：

（1）检查信息系统开发、测试和维护的方法和程序是否科学，是否含有恰当的控制。

（2）检查信息系统开发、测试和维护过程中产生的系统文档资料是否规范。

（3）确保信息系统开发、测试和维护目标的实现。

2. 信息系统开发、测试和维护审计的主要内容

在开展信息系统开发、测试和维护审计时，审计人员可以关注以下内容。

（1）检查被审计单位是否有系统开发的可行性研究、成本效益分析、风险评估等报告，是否对项目的可行性、成本效益核算以及可能出现的各种操作风险、财务损失等进行了深入的分析；查看相关分析结果是否得到

其管理部门（如信息科技管理委员会）的认可。

（2）分析被审计单位的相关管理部门（如信息科技管理委员会）是否对系统开发的可行性、必要性以及与 IT 战略规划和业务发展目标的一致性有充分的认识。

（3）检查被审计单位实施部门在信息系统实施过程中，是否定期向其管理部门（如信息科技管理委员会）提交信息系统实施进度报告（报告内容包括计划的重大变更、关键人员或供应商的变更以及主要费用支出情况等）。

（4）检查被审计单位针对长期或临时聘用的技术人员和承包商，尤其是从事敏感性技术相关工作的人员，是否制定了严格的审查程序，包括身份验证和背景调查。

（5）检查被审计单位信息系统开发环境和运行环境是否分离，网络是否有效隔离，设备是否独立于生产系统，开发人员是否接触生产系统，开发过程中是否使用了生产数据，使用的生产数据是否得到了高级管理层的批准并经过脱敏或相关限制。

（6）检查被审计单位在系统开发过程中，是否对源代码进行了有效的管理和严格的审查。

（7）检查被审计单位是否在信息系统投产后一定时期内，组织对该系统进行评价，并根据评价结果及时对该系统功能进行调整和优化。

（8）对于信息系统项目相关的风险（如潜在的各种操作风险、财务损失风险和因无效项目规划或不适当的项目管理控制产生的机会成本等），检查被审计单位是否采取适当的项目管理方法控制相关风险。

（9）为了确保信息系统开发、测试、维护过程中数据的完整性、保密性和可用性，检查被审计单位是否制定并落实了相关制度、标准和流程。

（10）检查被审计单位将完成开发和测试环境的程序或系统配置变更应用到生产系统时，是否得到信息科技部门和业务部门的联合批准。

（11）检查被审计单位是否制定了相关制度和流程，来控制信息系统升级过程。

（12）检查被审计单位信息系统升级活动是否接受了相关的管理和控制，包括用户验收测试。

（13）检查被审计单位是否对信息系统变更进行了及时记录和定期复查。

（14）检查被审计单位对生产系统的紧急修复任务，应用程序开发和维护人员进入生产系统是否得到其相关管理部门的批准，所有的紧急修复活动是否都进行了记录。

（15）检查被审计单位设备达到预期使用寿命或性能不能满足业务需求，基础软件（如操作系统、数据库管理系统等）或应用软件必须升级时，是否得到了及时的系统升级，有没有相关的系统升级管理制度。

（16）检查被审计单位为确保全面地追踪、分析和解决信息系统问题，是否建立并完善了有效的问题管理流程，是否对信息系统问题进行了记录、分类和索引。

（17）检查被审计单位是否制定了文档管理规范制度，查看项目开发设计、源代码、技术使用和运行维护说明书、用户使用手册，风险评估报告等项目文档管理是否符合规范，是否进行了文档的版本控制。

（18）检查被审计单位信息系统下线后对应该保留的信息是否进行了有效的保管，该删除的信息是否得到了彻底的销毁。

3. 信息系统开发、测试和维护审计案例

▶ 案例一

1）审计内容。

以某商业银行为例，检查被审计单位针对长期或临时聘用的技术人员和承包商，尤其是从事敏感性技术相关工作的人员，是否制定了严格的审查程序，包括身份验证和背景调查。

2）审计过程及审计发现。

通过调阅被审计单位提供的“微信银行”项目相关文档，发现：在保

密协议中缺少该项目现场服务人员“***”的身份证复印件材料；通过调阅被审计单位提供的“外网门户”项目文档，“服务安全承诺书”现场服务人员名单中的两位技术开发人员（***、***）没有在“现场服务人员名单”中签名。

▸ 案例二

1）审计内容。

以某商业银行为例，检查被审计单位对生产系统的紧急修复任务，应用程序开发和维护人员进入生产系统是否得到其管理部门的批准，所有的紧急修复活动是否都进行了记录。

2）审计过程及审计发现。

通过现场察看该商业银行的科技管理系统，发现：尽管在系统开发与维护过程中，所有变更均在科技管理系统中进行了记录管理，并按照电子流程进行审批，但在科技管理系统中一些变更内容是否被准确地记录到系统中却得不到充分的保证。例如，某资产负债系统版本变更表中变更申请信息和变更内容不一致。

▸ 案例三

1）审计内容。

以某商业银行为例，检查其是否制定了文档管理规范制度，查看项目开发设计、源代码、技术使用和运行维护说明书、用户使用手册、风险评估报告等项目文档管理是否符合规范，是否进行了文档的版本控制。

2）审计过程及审计发现。

抽查被审计单位相关文档管理情况，选取了“直销银行系统、微信银行系统”等项目文档，通过调阅对方提供的“直销银行系统”项目文档材料，发现该材料中：①“项目尽职调查报告”内容格式不规范；②该文档“项目质量及风险控制报告”误写成“项目质量风险控制及管理规范”。

经审阅被审计单位所提供的“微信银行系统”项目文档材料，发现该材料中：①文档“项目信息安全评估报告”“2.6 需要的资源配置”中的内容系拷贝的“直销银行系统”项目文档“2.6 需要的资源配置”的内容，造成“微信银行系统”项目“2.6 需要的资源配置”中的内容错误；②文档“代码安全监察报告”中提到“项目中存在 BUG 数量为 3 个”，但跟踪情况仅仅列举了 1 个。

4.2.3　信息系统运行管理审计

1. 信息系统运行管理审计简介

信息系统运行管理主要是对上线系统的日常运行进行管理。系统的日常运行要与系统开发和维护分离，确保一个单位信息科技部门内部的岗位制约。信息系统运行管理主要包括以下方面。

（1）人员管理：应加强对员工入职时的身份审查、日常工作管理、离职管理。

（2）职责分离：应使不相容岗位实现职责分离，以降低未授权访问、无意识修改以及故意犯罪给单位带来损失的机会。

（3）账号及权限管理：应保证只有经授权的用户才能访问，防止非授权访问。

（4）物理访问控制：应将关键或敏感的信息处理设施放置在安全区域内，并受到安全边界的保护，安全边界应包括入口控制，以避免未授权访问、损坏和干扰。

（5）逻辑访问控制：应清晰地描述每个用户或每组用户的访问控制规则和权力。

（6）操作管理：应制定详尽的信息系统运行操作程序。

（7）日常监控：应安排值班人员对系统运行情况进行全面监控。

（8）日志管理：应按照有关法律法规要求保存交易记录，利用必要的程序和技术，确保存档数据的完整性，满足安全保存和可恢复的要求。

（9）变更管理：应制定变更管理制度，对信息系统的软件打补丁和升级、硬件修正等变更等进行管理，从而控制变更风险。

（10）问题管理：应建立问题管理台账，以确保全面地追踪、分析和解决信息系统问题，及时组织相关人员分析问题发生的根源，从根本上消除问题。

信息系统运行管理审计的目的就是确保被审计单位的信息系统运行管理符合以上相关要求。

2. 信息系统运行管理审计主要内容

在开展信息系统运行管理审计时，审计人员可以关注以下内容：

（1）检查被审计单位是否配备专门的系统维护技术人员，这些人员是否经过培训。

（2）检查被审计单位是否将信息系统运行与信息系统开发和维护分离，确保信息科技部门内部的岗位制约；是否对系统运行管理部门的岗位和职责做出明确规定。

（3）检查被审计单位业务系统是否能保证只有经授权的用户才能访问，能否防止非授权访问。

（4）检查被审计单位是否严格控制第三方人员（如服务供应商）进入安全区域，如确需进入是否得到了相关部门的批准，其活动是否受到了监控。

（5）检查被审计单位是否制定详尽的信息系统运行操作说明，如在信息系统运行手册中说明计算机操作人员的任务、工作日程、执行步骤，以及生产与开发环境中数据、软件的现场及非现场备份流程和要求（即备份的频率、范围和保留周期）等。

（6）检查被审计单位是否按照有关法律法规要求保存交易记录，是否采取必要的程序和技术，确保存档数据的完整性，满足安全保存和可恢复要求。

（7）检查被审计单位日志管理情况，确保每天记录系统的运行日志、出现故障的情况和相应的维护日志，并记录操作人员的操作日志和各程序的运行日志、相关硬件的升级或更新日志、相关软件的升级或更新日志等。

（8）检查被审计单位是否建立信息系统事故管理及处置机制，及时响应信息系统运行事故，逐级向相关的IT管理人员报告事故的发生，并进行记录、分析和跟踪，直到完成彻底的处置和根本原因分析；检查是否建立服务台，为用户提供相关技术问题的在线支持，并将问题提交给相关信息科技部门进行调查和解决。

（9）检查被审计单位是否建立服务水平管理相关的制度和流程，对信息系统运行服务水平进行考核。

（10）检查被审计单位是否建立了连续监控信息系统性能的相关程序，是否及时、完整地报告例外情况；检查该程序是否能提供预警功能，并在例外情况对系统性能造成影响前对其进行识别和修正。

（11）检查被审计单位是否制定了容量规划，以适应外部环境变化产生的业务发展和交易量增长。容量规划应涵盖生产系统、备份系统及相关设备。

（12）检查被审计单位是否及时进行维护和适当的系统升级，以确保与技术相关服务的连续可用性，并完整保存记录（包括疑似和实际的故障、预防性和补救性维护记录），以确保有效维护设备和设施。

（13）检查被审计单位是否制定有效的变更管理流程，以确保生产环境的完整性和可靠性。包括紧急变更在内的所有变更都应记入日志，由信息科技部门和业务部门共同审核签字，并事先进行备份，以便必要时可以恢复原来的系统版本和数据文件。检查紧急变更成功后，是否通过了正常的验收测试和变更管理流程。

（14）检查被审计单位信息系统是否具有以下重要文档，如系统或软件的使用手册和操作指南、系统设计文档、数据库设计文档、软件的概要设计文档、软件的详细设计文档等。

（15）检查被审计单位文档管理情况，确保：文档管理规范、信息系统中重要的技术文档和业务文档由专人保管，信息系统中重要的文档只有通过授权才能阅读，对信息系统中重要的文档进行了备份，技术人员调离岗位时收回其拥有的技术文档，业务人员调离岗位时收回其拥有的操作文档。

（16）检查被审计单位软件管理情况，确保：信息系统中重要软件及其文档资料应由专人保管，对信息系统中重要的软件及其文档资料进行了备份，信息系统中重要的软件只有经过授权才能拷贝。

3. 信息系统运行管理审计案例

▸ 案例一

1）审计内容。

以某商业银行为例，检查被审计单位业务系统是否能保证只有经授权的用户才能访问，能否防止非授权访问。

2）审计过程及审计发现。

通过现场察看该商业银行的管理系统，发现：该商业银行的手机银行系统的账号及权限管理方面存在一定的问题，例如，离职人员的账号在该商业银行的管理系统中仍然存在，且账号状态为正常；该商业银行管理系统中的一些账号为系统开发人员的测试账号，但目前这些账号在该商业银行的管理系统中仍然存在，且账号状态为正常。

▸ 案例二

1）审计内容。

以某商业银行为例，检查被审计单位是否制定了详尽的信息系统运行操作说明，如在信息系统运行手册中说明计算机操作人员的任务、工作日程、执行步骤，以及生产与开发环境中数据、软件的现场及非现场备份流程和要求（即备份的频率、范围和保留周期）等。

2）审计过程及审计发现。

通过到计算机中心实地查看，验证值班室是否保存了较为完整的操作手册；对比值班人员职责，验证值班室的操作手册能否完整覆盖了值班人员的职责，发现：值班室没有保存较为完整的关于信息科技运行的操作手册。

4.2.4 信息系统安全审计

1. 信息系统安全审计简介

信息系统安全是通过维护信息系统中信息的机密性、完整性和可用性，来管理和保护一个单位所有的信息资产。信息系统安全涉及管理、人员、技术等各个方面，因此，信息系统安全主要包含管理安全（如安全管理制度与管理组织）、人员安全以及技术安全（如计算机机房、操作系统、数据库系统、网络通信、软件、硬件等）三个方面，相关内容分析描述如下。

（1）管理安全。

一个单位应在信息系统安全管理工作方面建立相应的管理制度，并要求严格执行管理制度，各项操作要符合制度要求；另外，要建立相应的安全管理职能部门，设置相应的安全管理岗位，为信息系统的安全管理提供组织上的保障。

（2）人员安全。

人员安全要求一方面提高单位员工的安全意识，加强信息系统安全重要性教育，学习并掌握与其岗位相关的信息安全管理制度；另一方面，单位内部在岗位设置和人员安排方面要注意做到职责分离，职责分离的目的是：保证不同的人员承担不同的职责，人员之间可以互相监督和检查，从而防止错误和舞弊。其原则是：在分工协作的基础上明确各部门、人员的权限与责任。

常见职责分离情况如下：

- 信息系统管理部门与业务部门的职责相分离。
- 信息系统管理部门与业务部门内部的职责相分离。

- 交易的授权与交易的执行相分离。
- 资产的保管与记录相分离。

（3）技术安全。

技术安全用来防范信息系统运行环境中影响信息系统正常、可靠运行的安全隐患，保护信息系统中的各种资源免受毁坏、替换、盗窃和丢失的威胁。这些威胁主要包括：自然灾害风险，环境故障风险，如电力故障，设备故障，温度、湿度、静电影响，恐怖袭击等。为保证技术安全，主要控制措施包括以下几种。

- 物理位置：远离地下室、蓄水池、化工厂、加油站、储气站、机场等。
- 水灾控制：计算机中心具备水灾探测器。
- 火灾控制：计算机中心具备防火能力、火灾警报器和灭火系统，要定期检测消防设施。
- 电力供应相关风险的控制：计算机中心具备电力中断控制能力，如具有 UPS（uninterruptible power system，不间断电源）、后备发电机供电等设施；具备电源线中断控制能力，如备份电力系统等。
- 防潮和防尘控制。

以上介绍了信息系统安全的三个方面。信息系统安全审计的目的就是确保被审计单位的信息系统安全管理符合以上相关要求。

2. 信息系统安全审计主要内容

在开展信息系统安全审计时，审计人员可以关注以下内容：

（1）检查被审计单位是否建立了配套的安全管理职能部门，通过管理机构的岗位设置、人员的分工以及各种资源的配备，为信息系统的安全管理提供组织上的保障。

（2）检查被审计单位是否对各类信息系统进行了风险评估，是否根据信息系统的重要程度等因素，建立和实施了信息系统分类和保护体系，是否保证了该体系在单位内部的贯彻落实。

（3）检查被审计单位是否针对信息系统安全管理工作建立了相应的管理制度，并要求管理人员或操作人员严格执行管理制度，各项操作符合制度要求，信息系统安全制度是否符合国家有关信息管理的法律法规及技术标准。

（4）检查被审计单位是否建立了信息系统安全计划和保持长效的管理机制（如信息系统安全管理机制，包括信息系统安全标准、策略、实施计划和持续维护计划；信息系统安全策略，包括安全制度管理、信息系统安全组织管理、资产管理、人员安全管理、物理与环境安全管理、通信与运营管理、访问控制管理、系统开发与维护管理、信息系统安全事故管理、业务连续性管理、合规性管理等）。

（5）检查被审计单位是否采取了相应的措施对人员进行管理，例如，岗位设置是否合理，是否做到分工明确、职责清晰，重要岗位是否相互制约；涉密人员是否签订了保密协议等。

（6）检查被审计单位是否定期对管理层、信息部门技术人员、其他员工、客户等进行信息系统安全教育。

（7）检查被审计单位是否组织了必要的培训，使所有员工都了解了信息系统安全的重要性，让员工充分了解了其职责范围内的信息保护流程。

（8）检查被审计单位是否定期对信息系统安全情况进行评估，并提交安全评估报告。检查对安全评估中发现的问题是否及时整改。

（9）检查被审计单位操作系统管理，例如账号及密码管理、系统访问控制等。

（10）检查被审计单位数据库系统管理，例如数据库用户身份认证和权限管理、数据安全、备份及恢复和性能管理等。

（11）检查被审计单位网络安全管理，例如，是否建立健全网络管理相关的内部控制规章制度、技术规范、操作规程等，是否制定了网络访问控制措施和网络日志管理措施，网络通信系统各项文档是否完备，被审计单位是否定期对网络安全进行评估。

（12）检查被审计单位是否制定了相关策略和流程，以管理所有生产系统的活动日志（包括交易日志和系统日志）。

（13）检查被审计单位交易日志和系统日志的保存期限设定是否符合要求。

（14）检查被审计单位是否有系统产生的信息安全相关日志记录。

（15）检查被审计单位是否为防范涉密信息在传输、处理、存储过程中出现泄露或被篡改的风险，采取了加密技术。

（16）检查被审计单位是否建立了密码设备管理制度（包括使用符合国家要求的加密技术和加密设备、管理和使用密码设备的员工经过专业培训和严格审查、加密强度满足信息机密性的要求、制定并落实有效的管理流程，尤其是密钥和证书生命周期管理）。

（17）检查被审计单位是否能确保所有终端用户设备（包括台式个人计算机、便携式计算机、柜员终端）的安全，是否定期对所有设备进行安全检查。

（18）检查被审计单位是否制定了相关制度和流程，来严格管理客户信息的采集、处理、存储、传输、分发、备份、恢复、清理和销毁。

（19）检查被审计单位计算机中心是否要采取物理控制措施，监控对信息处理设备运行构成威胁的环境状况，并防止因意外断电或供电干扰影响计算机中心的正常运行。

（20）检查被审计单位计算机中心的安全管理，例如，计算机中心的选址（如是否接近自然灾害多发区、危险或有害设施、繁忙或主要公路）、基础设施建设、环境要求、安全管理、访问控制、日常维护等。

3. 信息系统安全审计案例

▶ 案例一

1）审计内容。

以某商业银行为例，检查是否组织了必要的培训，使所有员工都了解了信息安全的重要性，让员工充分了解了其职责范围内的信息保护流程。

2）审计过程及审计发现。

经审阅被审计单位提供的信息系统安全培训材料，发现基本达到了相关要求，但不足的是：从提供的培训记录材料来看，培训的范围较小，没有做到使商业银行所有员工都了解信息系统安全的重要性，安全教育培训的范围应该扩大到所有员工。

▶ 案例二

1）审计内容。

以某商业银行为例，检查交易日志和系统日志的保存期限设定是否符合要求。

2）审计过程及审计发现。

经审阅被审计单位提供的《** 商业银行股份有限公司信息系统系统管理规范》，没有发现关于交易日志和系统日志保存期限的相关规定，不符合“交易日志应按照国家会计准则要求予以保存”和“系统日志保存期限按系统的风险等级确定，但不能少于一年”的要求。

4.2.5 业务连续性管理审计

1. 业务连续性管理审计简介

业务连续性管理是为了防止业务活动中断，保护关键业务流程不受信息系统失效或自然灾害的影响，将意外事件或灾难对业务的影响降低到最低水平。业务连续性管理包括识别和降低风险、制订连续性计划、建立应对意外事件或灾难的响应与恢复机制、测试和检查业务连续性计划的有效性与合规性、维护业务连续性计划。

其中，IT 服务连续性管理是业务连续管理的重要领域。该管理的目的是在组织通过业务影响分析、风险分析确定业务连续管理策略后，通过有效的 IT 可用性方案、IT 响应和恢复预案的设计、培训、测试、维护等措施，确保在意外事件或灾难发生后，在最短时间内恢复业务运行所需的 IT 基础设施、信息系统和 IT 服务，最终使机构能够按照 IT 服务连续管理方案中规定的水平与恢复时间等目标对外提供服务。

业务连续性管理审计的目的就是确保被审计单位的业务连续性管理符合相关要求。

2. 业务连续性管理审计主要内容

在开展业务连续性管理审计时，审计人员可以关注以下内容。

（1）检查被审计单位是否建立了一个专门组织或指定了一个部门负责本机构业务连续性管理工作（该组织应包含但不限于风险管理部门、业务牵头管理部门、信息科技部门或跨部门的业务连续性管理委员会）。

（2）检查被审计单位是否制订了规范的业务连续性计划。

（3）检查被审计单位是否评估因意外事件而中断其业务运行的可能性及影响，这些意外事件如内外部资源（如人员、系统或其他资产）的故障或缺失、信息丢失或受损、外部事件（如战争、地震或台风等）。

（4）检查被审计单位是否能提供业务连续性管理相关规章制度、文件及人员名单。

（5）检查被审计单位业务连续性计划是否有年度应急演练。

（6）检查被审计单位是否制订了规范的 IT 服务连续性计划。

（7）检查被审计单位是否能提供与 IT 服务连续性计划执行相关的规章制度、文件及人员名单。

（8）检查被审计单位是否能提供与 IT 服务连续性计划组织相关的会议纪要、演练记录等资料。

（9）检查被审计单位业务连续性计划和年度应急演练结果是否由信息科技风险管理部门或信息科技管理委员会确认。

3. 业务连续性管理审计案例

▶ 案例一

1）审计内容。

以某商业银行为例，检查是否制订了规范的业务连续性计划。

2）审计过程及审计发现。

通过访谈该银行风险管理部门相关人员，了解到目前已制定了详细的业务连续性管理相关规章制度，主要有：** 商业银行业务连续性管理制度、业务连续性管理制度附件（附件 1：业务影响分析模板；附件 2：业务资源分析模板；附件 3：系统资源部署；附件 4：RTO 及 RPO 分析结果；附件 5：业务连续性风险评估；附件 6：恢复策略模板；附件 7：业务连续性总体应急预案；附件 8: XX 业务连续应急预案；附件 9: 业务连续性演练方案；附件 10：业务连续性演练报告模板）等。然而，这些材料仅仅给出了详细的业务连续性管理制度和具体的执行方案模板，目前仍没有形成规范的业务连续性计划。

▶ 案例二

1）审计内容。

以某商业银行为例，检查是否能提供与 IT 服务连续性计划执行相关的规章制度、文件及人员名单。

2）审计过程及审计发现。

经审阅被审计单位提供的材料，发现：①“总体应急预案”（信息系统突发事件应急预案）文件中应急组织人员通信名单中的联系方式不完整；②文件名单中人员信息未及时更新（部分人员已离职，但仍然在名单中）。

4.2.6　IT 外包审计

1. IT 外包审计简介

为了满足需要，一些单位除了依靠内部力量开发一些信息系统，还常常依靠外部力量开发一些信息系统，这些依靠外部力量开发信息系统被称为 IT 外包。

IT 外包审计主要审计被审计单位在进行信息系统外包时是否按照风险控制的原则，合理确定外包的范围和内容，分析和评估外包风险，建立健全相关规章制度，制定风险防范措施。

2. IT 外包审计主要内容

在开展 IT 外包审计时，审计人员可以关注以下内容。

（1）检查被审计单位有没有将其 IT 管理责任外包。

（2）检查被审计单位是否建立了 IT 外包管理制度，明确界定允许 IT 外包的内容、范围，对 IT 外包进行监督管理。

（3）检查被审计单位是否制定了 IT 外包审批制度，所有 IT 外包协议应经过信息科技风险管理部门、法律部门和信息科技管理委员会等相关管理部门的审批。

（4）检查被审计单位在 IT 外包协议方面，是否与 IT 外包服务商签订书面合同，明确双方的权利、义务，并明确规定外包服务商在安全、保密、知识产权等方面的义务，外包关系受此书面合同制约。

（5）检查为保证 IT 外包过程中外包服务商的服务水平，被审计单位是否与外包服务商签订了服务水平协议。检查签订的 IT 外包服务水平协议是否包含以下因素：提出定性和定量的绩效指标，评估外包服务商所提供服务的充分性；通过服务水平报告、定期自我评估、内部或外部独立审计进行绩效考核；针对绩效不达标的情况调整流程，采取整改措施。

（6）检查被审计单位为确保客户资料等敏感信息的安全，是否采取了以下安全保密措施：按照“必须知道”和“最小授权”原则对外包服务商相关人员授权；要求外包服务商保证其相关人员遵守保密规定；严格控制外包服务商再次对外转包，采取足够措施确保本单位相关信息的安全；确保在中止外包协议时收回或销毁外包服务商保存的所有客户资料。

（7）检查被审计单位是否充分审查、评估 IT 外包服务商的财务稳定性和专业经验，检查被审计单位对 IT 外包服务商是否进行了风险评估，是否考查了其设施和能力是否足以承担相应的责任。

（8）检查对于 IT 外包项目，被审计单位是否制定了恰当的应急措施，来应对 IT 外包服务商在服务中可能发生的重大风险（例如，外包服务商的重大资源损失、重大财务损失和重要人员的变动，以及外包协议的意外终止等）。

（9）检查被审计单位是否建立了 IT 外包项目监督管理机制，是否对外包服务商的服务水平进行了定期评估。

（10）检查被审计单位是否妥善保存了 IT 外包所产生的所有文档。

3. IT 外包审计案例

▸ 案例一

1）审计内容。

以某商业银行为例，检查被审计单位是否充分审查、评估了 IT 外包服务商的财务稳定性和专业经验，检查被审计单位在对 IT 外包服务商进行风险评估时，是否考查了其设施和能力足以承担相应的责任。

2）审计过程及审计发现。

通过调阅被审计单位提供的“微信银行”项目相关文档，在“项目尽职调查报告”中，发现开发商在公司规模及注册资金方面较弱（该公司技术人员仅 12 人、注册资本 100 万），在“微信银行”系统方面相关的开发经验、开发人员资质等有待进一步加强。

▶ 案例二

1）审计内容。

以某商业银行为例，检查对于IT外包项目，被审计单位是否制定了恰当的应急措施，来应对IT外包服务商在服务中可能发生的重大风险。

2）审计过程及审计发现。

通过审阅被审计单位所提供的IT外包项目相关文档，发现被审计单位已制定了恰当的应急措施，来应对IT外包服务商在服务中可能出现的重大风险，但没有发现相关应急预案演练的记录（针对IT外包服务商在服务中可能出现的重大风险），不能证明已制定的应急措施是否能有效执行。

4.3 信息系统应用控制审计

4.3.1 应用控制简介

1. 应用控制的概念

简单地讲，信息系统应用控制是为了适应各种数据处理的特殊控制要求，保证数据处理完整、准确地完成而建立的内部控制，它针对的是与信息系统应用相关的事务和数据，目的是确保数据的准确性、完整性、有效性、可验证性、可靠性和一致性。

具体来说，应用控制的主要目标是确保：

（1）输入的数据是准确、完整、已授权和正确的。

（2）数据在可接受的时间内得到预期的处理。

（3）数据存储是准确和完整的。

（4）数据输出是准确和完整的。

（5）数据在从输入到存储，再到最终输出的整个过程中是可追溯的。

2. 应用控制和一般控制的关系

某些应用控制的有效性取决于一般控制的有效性。当一般控制薄弱时，应用控制就无法真正提供合理保障。因此，良好的一般控制是应用控制的基础，可以为应用控制的有效性提供有力的保障。

3. 应用控制的主要内容

根据以上分析不难发现：应用控制是对输入、处理和输出过程的控制。因此，应用控制主要可以分为三类：输入控制、处理控制和输出控制。

（1）输入控制。

输入控制用来确保每笔待处理的事务都被准确完整地输入、处理和记录。这些控制能够保证只有有效授权的信息才被输入，且事务只被处理一次。输入控制的目的是：

1）保证只有经授权批准的数据才能输入信息系统。

2）保证经批准的数据完整、准确地输入信息系统，没有丢失、遗漏，也没有增加、重复或被做了不恰当的修改。

3）在数据输入过程中，被信息系统拒绝的错误数据能被正确改正后重新向系统提交。

4）能检查数据中是否仍然存在错误。

（2）处理控制。

处理控制是对信息系统进行的内部数据处理活动的控制措施，一般是通过计算机程序实现自动控制的。处理控制的目的是确保应用程序处理活动的可靠性。

（3）输出控制。

输出控制用来确保数据以一致和安全的方式传递给用户，且数据要符合一定的格式。输出控制的目的是：

1）保证信息系统输出信息的准确性、可靠性。

2）保证信息系统输出信息能按要求及时送到指定的人员手中，而未经批准的人员不能接触。

3）对信息系统中敏感的电子数据应加密以后再输出。

4.3.2　应用控制审计基本步骤

应用控制审计就是用来确保被审计单位的应用控制符合相关要求。

一般来说，应用控制审计的基本步骤如图 4-10 所示。

（1）业务流程分析。

在该步骤中，需要通过访谈和现场察看等方法了解被审计应用系统的业务流程，厘清业务流程中的信息流、资金流和文档流等。

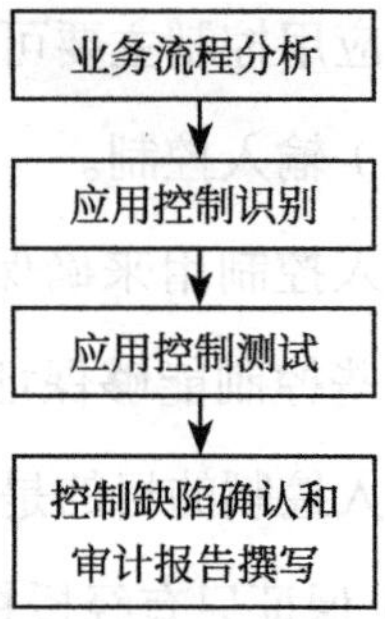

业务流程分析
应用控制识别
应用控制测试
控制缺陷确认和审计报告撰写

图 4-10　应用控制审计的基本步骤

（2）应用控制识别。

在该步骤中，根据前面分析的业务流程识别控制活动，并根据控制活动的类别，识别出应用控制或手工控制，同时确定这些应用控制的关键程度。

（3）应用控制测试。

在该步骤中，根据识别的应用控制属性和控制活动描述，对其进行控制测试，如采用数据测试法，即在正常运行的条件下，将测试数据输入内控流程，穿越全流程和所有关键环节，把运行结果与设计要求对比，从而发现内控流程的缺陷。

（4）控制缺陷确认和审计报告撰写。

在该步骤中，对测试发现的控制缺陷进行汇总，并与被审计单位确认。在此基础上，撰写审计报告。

4.3.3　应用控制审计案例

在金融科技时代，银行要快速应对客户使用习惯。从柜面银行到网上银行、电话银行、手机银行、直销银行，再到微信银行等，银行业的信息科技正经历快速的发展。本案例以《信息系统审计》⊖中的某商业银行微信银行系统为例，来分析如何开展应用控制审计。该商业银行微信银行系统的功能结构如图 4-11 所示。

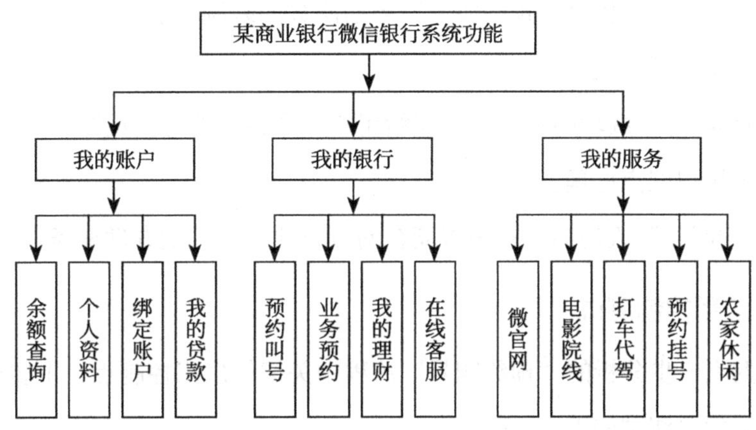

图 4-11　某商业银行微信银行系统的功能结构图

以该微信银行系统中的“预约叫号”功能为例，来分析如何开展应用控制审计。

1. 业务流程分析

通过访谈和查看该微信银行系统，“预约叫号”功能的操作流程如图 4-12 所示。

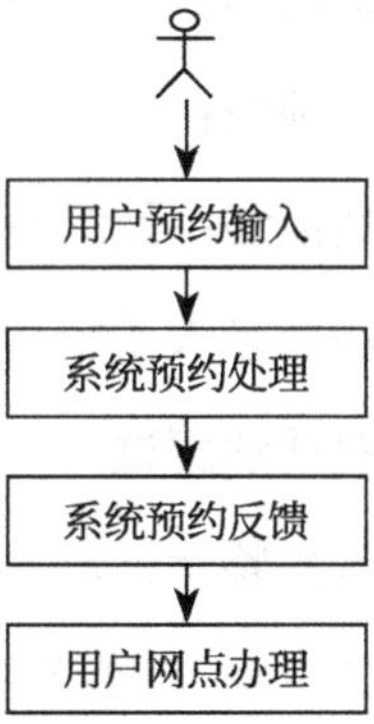

用户预约输入
系统预约处理
系统预约反馈
用户网点办理

图 4-12　某商业银行微信银行系统“预约叫号”功能流程图

2. 应用控制识别

根据上一步分析的业务流程，识别“预约叫号”的控制活动，其关键的应用控制点如下。

（1）用户预约输入。

是否有用户身份信息控制，是否设置了必需选项以保证预约叫号关键数据的输入，是否设置了预约叫号关键数据的输入限定范围。

⊖ 本书已于 2020 年由高等教育出版社出版。

（2）系统预约处理。

“预约叫号”功能中系统能否预防重复预约取号（例如存在同一个网点、同一个时间段、同一个手机号进行预约叫号）；系统是否具有同一个时间段内预约取号人数的限制功能；系统是否提供了“更改预约”功能；系统是否具有对同一个手机号“预约叫号”申请次数的限制功能。

（3）系统预约反馈。

“预约叫号”成功的业务是否能给用户一个合理的短信反馈。

（4）用户网点办理。

“预约叫号”成功的业务是否能在网点方便、顺利地办理业务。

3. 应用控制测试

根据上一步分析的“预约叫号”流程中关键的应用控制点，主要控制活动描述及相关测试如下。

（1）用户预约输入。

用户预约输入控制活动描述（一）

控制活动：用户身份信息控制。

审计领域：输入控制。

控制描述：预约叫号录入界面中的用户身份信息必须输入，从而预防非法分子随意录入手机号进行预约叫号。

控制活动测试

测试步骤一：进入预约叫号的录入界面。

测试步骤二：查看“预约叫号”申请时系统是否需要用户输入身份信息。

用户预约输入控制活动描述（二）

控制活动：设置必需选项以保证预约叫号关键数据的输入。

审计领域：输入控制。

控制描述：预约叫号录入界面中的某些字段必须强制输入，某些字段可以选择性地输入，从而确保关键的预约叫号信息均被录入。

控制活动测试

测试步骤一：进入预约叫号的录入界面。

测试步骤二：测试当关键的预约叫号信息未被录入时，预约叫号能否成功。

用户预约输入控制活动描述（三）

控制活动：设置了预约叫号关键数据的输入限定范围。

审计领域：输入控制。

控制描述：系统可以对预约叫号录入界面中必需选项关键数据的输入范围进行限定，从而确保用户输入的关键预约叫号信息控制在合理的范围内。

控制活动测试

测试步骤一：进入预约叫号的录入界面。

测试步骤二：查看每个字段选择组中的字段输入范围是否符合银行的实际要求。

测试步骤三：测试当字段选择组中的字段输入范围不符合银行的实际要求时，是否仍能预约成功。

（2）系统预约处理。

系统预约处理控制活动描述（一）

控制活动：预防重复预约取号（在同一个网点、同一个时间段，用一个手机号进行预约叫号）。

审计领域：处理控制。

控制描述：系统可以对同一个网点、同一个时间段、同一个手机号的“预约叫号”申请进行限定，使申请次数不能超过 1 次，从而预防用户重复预约取号。

控制活动测试

测试步骤一：进入预约叫号的录入界面。

测试步骤二：测试当用同一个手机号选择同一个网点和同一个时间段时，是否仍能预约成功。

系统预约处理控制活动描述（二）

控制活动：具有同一个时间段内预约取号人数的限制功能。

审计领域：处理控制。

控制描述：系统可以对同一个网点、同一个时间段的“预约叫号”申请人数进行限定，使同一个时间段内预约取号人数控制在网点柜台在该时间段内能处理的能力范围内，从而保证预约取号功能的有效性。

控制活动测试

测试步骤一：通过访谈和查看相关系统设计文档，了解系统是否有预约取号人数的限制功能。

测试步骤二：若有，进入预约叫号的录入界面。

测试步骤三：根据一个网点某一时间段的处理能力，对该网点的同一个时间段的“预约叫号”以超过处理能力的申请次数进行申请时，测试是否仍能预约成功。

系统预约处理控制活动描述（三）

控制活动：提供“更改预约”功能。

审计领域：处理控制。

控制描述：对于提交成功的预约叫号申请，系统应提供“更改预约”功能，即用户可以修改提交成功的预约叫号申请，也可以删除提交成功的预约叫号申请，从而保证“预约叫号”功能的合理性。

控制活动测试

测试步骤一：进入预约叫号的界面。

测试步骤二：检查系统是否提供“更改预约”功能，测试是否可以删除提交成功的预约叫号申请。

系统预约处理控制活动描述（四）

控制活动：具有同一个手机号的“预约叫号”申请次数的限制功能。

审计领域：处理控制。

控制描述：系统可以对同一个手机号的“预约叫号”申请次数进行限定，

从而防止利用预约取号功能进行骚扰行为。

控制活动测试

测试步骤一：通过访谈和查看相关系统设计文档，了解系统是否有“预约叫号”申请次数的限制功能。

测试步骤二：若有，进入预约叫号的录入界面。

测试步骤三：根据限制申请次数，用同一个手机号进行“预约叫号”，测试超过限定次数时是否仍能预约成功。

（3）系统预约反馈。

系统预约反馈控制活动描述

控制活动：“预约取号”成功业务的短信反馈控制。

审计领域：输出控制。

控制描述：“预约取号”成功的业务能给用户一个合理的短信反馈，从而保证用户知道“预约取号”成功。

控制活动测试

测试步骤一：选择某一“预约取号”业务。

测试步骤二：测试该“预约取号”成功的业务能否给用户一个合理的短信反馈。

（4）用户网点办理。

用户网点办理控制活动描述

控制活动：预约取号业务和网点叫号机的对接控制。

审计领域：输出控制。

控制描述：“预约取号”业务必须能和网点的叫号机方便、顺利地对接，从而保证“预约取号”成功的业务能在网点方便、顺利地办理业务。

控制活动测试

测试步骤一：选择某一“预约取号”成功的业务。

测试步骤二：到对应的网点查看“预约取号”成功的业务是否能在网点顺利办理业务。

4. 控制缺陷确认和审计报告撰写

通过以上测试，对发现的一些相关应用控制缺陷需要与被审计单位进行沟通确认。对于本实例，经被审计单位确认后，主要存在的相关应用控制缺陷如下。

（1）系统“预约取号”功能输入控制存在一些问题。

在“预约取号”功能中，预约的范围为“9:00 ～ 23:30”，和银行的工作时间不一致，当选择下班时间进行预约取号时，系统仍然显示预约成功。经深入了解发现：在“预约日期”输入框中，“预约日期”的选择范围没有做好最晚时间的设置。

（2）系统“预约取号”功能处理控制存在一些问题。

①不能预防重复预约取号（存在同一个网点、同一个时间段、同一个手机号进行预约叫号）。

②在“预约取号”功能中，系统缺少对同一个网点、同一个时间段的“预约叫号”申请人数限定控制，不能做到将同一个时间段内预约取号人数控制在网点柜台在该时间段内能处理的能力范围内，不能保证预约取号功能的有效性。

③系统对同一个手机号只能预约 3 次，但系统没有提供“更改预约”功能，当用户删除一个已预约时，不能再增加一个，在功能上不够友好。

（3）系统“预约取号”功能输出控制存在一些问题。

“预约取号”成功的业务能给用户一个短信反馈，但短信内容没有考虑到对误发或恶意短信的友好提醒内容。

基于以上确认的问题，审计人员可以完成审计报告的撰写。

4.4 IT 治理审计

4.4.1 IT 治理审计简介

IT（信息技术）治理用于描述一个单位是否采取有效的机制，使得 IT

的应用能够完成组织赋予它的使命，同时平衡信息技术与过程的风险，确保实现组织的战略目标。IT 治理是高级管理层的责任，应考虑领导层、组织结构以确保业务目标和 IT 目标一致。例如，对商业银行来说，通过 IT 治理，使其董事会和高级管理层根据本银行的发展战略，运用先进管理理念加强信息科技治理，提高信息技术使用效益，推动商业银行的业务创新，增强核心竞争力和可持续发展能力。

IT 治理的主要目标如下：

（1）促进 IT 与组织战略目标融合互动。

（2）有效利用信息资源。

（3）合理管控信息化过程的风险。

（4）构建信息化可持续发展的长效机制。

4.4.2 IT 治理审计主要内容

在开展 IT 治理审计时，审计人员可以关注以下内容。

1. 高级管理层情况

（1）检查被审计单位是否设立了一个由来自高级管理层、信息科技部门和主要业务部门的代表组成的类似于信息科技管理委员会的专门机构。

（2）检查被审计单位的信息科技管理委员会是否定期向董事会和高级管理层汇报信息科技战略规划的执行情况、信息科技预算和实际支出情况、信息科技的整体状况。

2. 信息科技（或信息管理）部门情况

（1）检查被审计单位是否建立了与单位业务相适应的信息科技部门，负责信息科技产品的开发、外包、测试、上线和变更，负责相应信息系统的运行、维护和安全，为单位提供信息科技业务产品。

（2）检查被审计单位的信息科技部门是否根据工作内容，制定了完整的内部工作流程和内控制度，建立与相关职能部门之间的协调配合机制，保证信息科技工作的有序、高效。

（3）检查被审计单位是否安排了相关培训来确保该单位所有员工充分理解和遵守经其批准的信息科技风险管理制度和流程。

（4）检查被审计单位是否对信息科技部门内部管理职责进行了明确的界定。

（5）检查被审计单位信息科技部门各岗位人员是否具有相应的专业知识和技能。

（6）检查被审计单位对其信息科技部门内部重要岗位是否制定了详细完整的工作手册。

（7）检查被审计单位为了确保员工了解和遵守信息科技策略、指导原则、信息保密、授权使用信息系统、信息科技管理制度和流程等要求，是否同员工签订了相关协议。

（8）检查被审计单位相关部门在关键岗位信息科技员工突然被调离时，是否采取了相应的应急措施。

（9）检查被审计单位是否设有信息科技突发事件应急响应小组。

（10）检查被审计单位是否设立或指派了一个特定部门负责信息科技风险管理工作。

3. 知识产权保护工作情况

（1）检查被审计单位是否能确保购买和使用合法的软硬件产品，禁止侵权盗版。

（2）检查被审计单位是否采取了有效措施保护本部门开发的相关软件的自主知识产权，例如外包服务协议和相关文件中是否有知识产权的保护条款。

4.4.3 IT治理审计案例

▶ 案例一

1）审计内容。

对某商业银行进行IT治理审计，检查是否成立了信息科技管理委员会。

2）审计过程及审计发现。

通过访谈该商业银行科技信息部总经理周某，了解到该行成立了信息科技管理委员会。审计人员让对方进一步提供信息科技管理委员会的相关文件，主要提供的材料有《** 商业银行行长室各专门委员会工作职责》的通知、《** 商业银行股份有限公司信息科技管理委员会工作规则》的通知。

经审阅以上文件，该商业银行信息科技管理委员会组成人员有：主任委员为行长、执行主任委员为分管科技信息的副行长，成员为科技信息部、风险管理部、计划财务部、审计稽核部负责人。符合“设立一个由来自高级管理层、信息科技部门和主要业务部门的代表组成的专门信息科技管理委员会”“在建立良好的公司治理的基础上进行信息科技治理，形成分工合理、职责明确、相互制衡、报告关系清晰的信息科技治理组织结构”的要求。该委员会组织架构如图4-13所示。

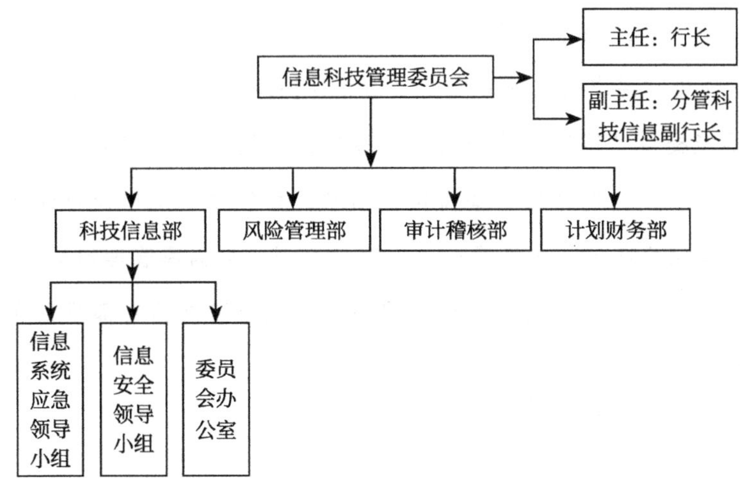

图4-13 某商业银行信息科技管理委员会组织架构

▸ 案例二

1）审计内容。

对某商业银行进行IT治理审计，检查被审计单位是否能确保购买和使用合法的软硬件产品，禁止侵权。

2）审计过程及审计发现。

经审阅被审计单位提供的文件，发现：该商业银行科技信息部已制订了“正版化推进计划”，以及使用正版软件的相关措施，目前大部分软件均为正版软件，但通过比较对方提供的文件“信息系统调查表”（该表列出了该行所使用的所有应用系统和数据库系统信息）和“软件正版化清单”，发现“信息系统调查表”中总行门禁卡权限管理系统等采用的数据库为SQL Server 2008，而SQL Server 2008不在所提供的“软件正版化清单”中，这些盗版软件的使用会给该商业银行业务的运行带来很多安全隐患。

▸ 案例三

1）审计内容。

对某商业银行进行IT治理审计，检查被审计单位对其信息科技部门内部重要岗位是否制定了详细完整的工作手册。

2）审计过程及审计发现。

通过访谈和要求被审计单位提供相关材料，发现：该商业银行科技信息部目前不能提供“信息科技部门内部重要岗位的详细完整的工作手册”方面的证明资料，只能提供一些岗位说明书，如软件研发岗岗位说明书、系统管理岗岗位说明书、网络管理岗岗位说明书、数据库管理岗岗位说明书、安全生产管理岗岗位说明书，这说明该商业银行科技信息部目前在这方面的工作尚存不足。

4.5　信息系统项目建设审计

4.5.1　信息系统项目建设审计简介

随着信息化的广泛应用，目前很多单位的信息系统项目建设越来越多，如何保证信息系统项目建设的有效实施成为审计人员关注的一个重要问题，信息系统项目建设审计成为信息系统审计的一项重要内容。

信息系统项目建设审计是为了规范信息系统项目建设的管理，提高信息系统项目建设资金使用效益，防范相关风险，审计部门依据相关法律法规、规章制度，运用相关审计方法，对信息系统项目建设预算的整体公允性、招投标过程的公平公正性、待签合同的合法性、竣工结算的真实性、项目建设的经济性等进行审查和评价。

4.5.2　信息系统项目建设审计主要内容

信息系统项目建设审计的一般范围包括项目立项、采购（包括预算、招投标）、合同签订、项目实施、竣工决算等。它的重点是对信息系统项目建设概（预）算的科学合理性、招标文件的公平公正性、待签合同的合法合规性、竣工决（结）算的真实有效性、内控制度的健全合规性、项目建设的效益性等进行审查和评价。

具体来说，信息系统项目建设审计可以关注以下主要内容。

1. 立项阶段审计

在信息系统项目立项阶段，审计部门参加相关部门组织的论证会，审查项目筹备阶段的合法性和合规性，对项目需求书的合理性、经济性、公正性提出审计意见。主要内容有：

（1）审核被审计单位信息系统项目建设立项调研、论证和项目需求编制的充分性、必要性，防止重复建设。

（2）评估被审计单位信息系统项目可行性研究报告和初步设计方案的

前瞻性、科学性，评判编制主体的客观公正性。

（3）审核被审计单位立项报送程序（决策、论证、审批流程）的合规性。

（4）审核被审计单位信息系统项目的工作量测算、定制软件开发成本、软件和硬件采购价格、系统集成费等项目概算编制依据。

（5）审核被审计单位信息系统项目概算编制与批准的可行性研究报告、部门年度预算和项目设计方案的合规性。

（6）审核被审计单位信息系统项目建设资金的到位情况，审核信息系统项目建设资金来源的合法合规性。

2. 预算阶段审计

在信息系统项目预算阶段，审计部门应对被审计单位信息系统项目预算的准确性、合理性以及合规性等提出审计意见，防止预算虚高。主要内容有：

（1）审核被审计单位信息系统项目建设预算编制的完整性、真实性、合理性、合规性。

（2）审核被审计单位软件及硬件等采购指标设置的公平性，审核定制开发软件按功能点测算的准确性。

（3）审核被审计单位定制开发软件按功能点编制的清单与预算，软件和硬件及系统集成费用采购预算，检测、培训、维保等服务费用采购预算，并作为招标控制价。

3. 招标阶段审计

在信息系统项目招标阶段，审计部门应主要审核被审计单位项目招标方式的合法合规性，招标价格组成的真实性、合理性、公允性，招标技术需求（技术参数）、评标办法的公平公正性、合同格式条款的公平合理性以及采购需求是否存在排他性和指向性等内容。

4. 待签合同阶段审计

在信息系统项目待签合同阶段，审计部门应主要审核被审计单位项目合同的主体资格、价款约定、调整及付款、违约责任等合同条款的合法性、完整性、有效性，以及审核项目合同内容的完整性、合同语言的规范性、文字叙述的准确性等。

5. 实施阶段审计

在信息系统项目实施阶段，审计部门应依法依规主要审核被审计单位的项目实施管理、质量管理、系统运行等情况，如是否严格按照项目需求合理安排项目进度等。

6. 竣工结算阶段审计

在信息系统项目竣工结算阶段，主要审核被审计单位项目是否按照合同约定完成建设任务、是否存在违约行为、项目竣工结算资料是否真实完整等，以及项目软硬件数量、质量及功能实现等是否达到合同要求。

4.6 信息系统绩效审计

信息系统项目建设完成并投入使用后，审计部门可对其进行绩效审计。本节将介绍信息系统绩效审计的内涵、信息系统绩效审计的主要内容，以及如何开展信息系统绩效审计。

1. 信息系统绩效审计的内涵

信息系统绩效审计是指对已建成并投入使用的信息系统项目的整体绩效（如经济性、效率性、安全性等）进行评估，从而为该信息系统项目下一步的优化与建设发展方向，以及是否有继续投入的价值等提供决策参考。通过信息系统绩效审计，促进信息系统项目的规范化建设，提升信息系统项目的应用成效。

2. 信息系统绩效审计的主要内容

信息系统绩效审计的主要内容有：

（1）建立科学、合理、有效的信息系统项目绩效评价指标（经济性指标、社会效益指标和综合效能指标等），作为绩效审计的评价依据。

（2）使用所建立的绩效评价指标体系，通过问卷、抽查、复核、实际考察等措施对信息系统项目使用效果（投资的经济效益和社会效益，项目实施的经济性、实用性等）进行评估和评价。

（3）关注信息系统项目资金使用的科学性、合理性和有效性。

3. 信息系统绩效审计的一般步骤

一般来说，开展信息系统绩效审计的步骤如下。

（1）分析影响信息系统项目绩效的因素。

收集相关数据，分析影响信息系统项目绩效的因素。例如，信息系统项目建设的初始投资成本（一次性成本）和运行成本（经常性成本）；信息系统项目的实施效益，包括信息系统项目的有形效益（可以用财务语言来描述的效益）和无形效益（无法用财务语言来描述的效益）；信息系统项目设计与开发的质量等。

（2）构建信息系统项目绩效评价指标体系。

在分析影响信息系统项目绩效因素的基础上，建立信息系统项目绩效评价指标体系。

（3）确定信息系统项目绩效各个评价指标的权重。

结合信息系统项目绩效评价指标体系，采用合适的方法（如 RC、AHP、RC/AHP 等）确定信息系统项目绩效各个评价指标的权重。

（4）建立信息系统项目绩效评价模型。

建立绩效评价模型，根据这一模型，计算待评价信息系统项目的绩效值，完成信息系统项目的绩效评价。

4.7 信息系统审计准则与规范

4.7.1 信息系统审计准则与规范概述

审计准则与规范是审计人员开展审计工作时必须遵循的行为规范与要求，是审计人员执行审计业务、获取审计证据、形成审计结论、出具审计报告的专业标准。为了满足信息系统审计的需要，国内外制定了一系列信息系统审计准则与规范，本节将对国内外制定的主要信息系统审计准则与规范进行简单介绍，从而为开展信息系统审计提供参考依据。

4.7.2 国外主要信息系统审计准则与规范简介

如前文所述，国际上高度重视信息系统审计的研究与应用。早在计算机进入实用阶段时，美国就开始提出系统审计（system audit)。1969年，电子数据处理审计师协会（EDP Auditor Association，EDPAA）在美国洛杉矶成立。1994年，EDPAA更名为信息系统审计与控制协会（Information Systems Audit and Control Association，ISACA），总部设在美国芝加哥。

为了满足信息系统审计的需要，国际上制定了一系列的与信息系统审计相关的准则，目前国际上常见的信息系统审计准则与规范简介如下。

1. SOX法案

SOX法案（萨班斯法案）又被称为《萨班斯－奥克斯利法案》。2002年，美国爆发了一系列的财务和管理丑闻，如安然（美国最大的能源公司）和世通（世界通信会计）事件，这些丑闻严重破坏了美国金融证券制度，彻底打击了投资者对美国资本市场的信心。为了扭转这一局面，美国国会通过了《2002年公众公司会计改革和投资者保护法案》。该法案由美国参议院银行委员会主席萨班斯（Paul Sarbanes）和众议院金融服务委员会主席奥克斯利（Mike Oxley）联合提出，又被称作《2002年萨班斯 – 奥克斯利法案》（Sarbanes-Oxley Act 2002，简称 SOX 法案）。该法案对美国《1933 年证券法》《1934 年证券交易法》做出大幅修订，在公司治理、会计职业监管、证券市场监管等方面做出了许多新的规定。2002 年 7 月，美国时任总统布什将此法案签署为法律。

SOX 法案共分 11 章。其中，第 1 章至第 6 章主要涉及对会计职业及公司行为的监管；第 7 章要求相关部门在该法案正式生效后的指定日期内提交若干份研究报告，以供相关执行机构参考，并作为未来立法的参照；第 8 章至第 11 章主要是提高对公司高管及白领犯罪的刑事处罚。

SOX 法案第 404 条款的合规性实践，展示了改善 IT 治理和判断 IT 治理成效的一种有效方法。虽然 SOX 法案第 404 条款合规性的要求有其特有的局限性，因为它主要关注的是和财务报告相关的信息系统，但是由此产生的方法论和合规性实践，对 IT 治理的理论发展和实践很有借鉴意义。

SOX 法案第 404 条款要求的 IT 一般性控制的合规性实践一般采用的方法如下。

（1）首先是进行 IT 一般性控制的现状分析，然后参照 COBIT（control objectives for information and related technology，信息及相关技术控制目标）的要求建立公司的 IT 控制目标，以便进行差距分析，并在此基础上找出并确定能涵盖这些控制目标的 IT 一般性控制的关键控制点。

（2）每个关键控制点的控制活动都被清晰地描述和文档化，同时这些控制活动还必须具备可操作性和可检验性，最终形成所谓的 IT 控制矩阵（IT control matrix）。

（3）相关公司都必须具备一整套与 IT 控制相关的文档，即所谓的 SOX 法案合规性文档，如 IT 政策、IT 控制矩阵、IT 控制活动描述、IT 控制测试方法等。

（4）通过细致扎实的工作落实已被确定的 IT 控制点，从而使 IT 控制得到贯彻实施。

根据SOX法案第404条款的要求，管理层必须每年对这些控制点进行测试和评估，对测试得出的控制缺陷，需要增设补救和改进措施，并再次测试。如果在规定的期限内，控制缺陷还是不能得到改正，外部审计人员将根据情况，针对控制缺陷和程度发表审计意见。

2. COSO内部控制框架

COSO内部控制框架实际上是COSO组织（The Committee of Sponsoring Organizations of the Treadway Commission，全美反舞弊性财务报告委员会发起组织）在1992年9月发布的一份报告，报告的正式名称是“内部控制－完整框架”。它是美国审计行业最广泛接受并使用的内部控制框架，包括国家审计和会计师事务所的审计都以COSO作为检查组织内部控制的标准框架。作为全球最具影响力的内部控制标准，COSO内部控制框架得到了世界许多国家的一致认可和广泛借鉴。2013年5月，美国COSO组织发布了更新后的《内部控制－整合框架》，受到国际内部控制理论界和实务界的广泛关注。2016年10月，COSO发布2016版《全面风险管理框架的修订版》(征求意见稿)。

尽管COSO框架并不是信息技术方面的内部控制框架，但是由于它在审计领域的重要性，几乎所有信息系统审计的框架和指南都会考虑吸取它的主要思想作为内部控制的考虑出发点。特别是2002年《萨班斯－奥克斯利法案》(SOX) 颁布后，美国证券交易管理委员会（SEC）把COSO框架作为组织加强内部控制的唯一参考框架，进一步提升了COSO框架的重要地位。许多组织为了达到SOX法案对内部控制和信息真实性的要求，纷纷对信息系统进行控制评估和风险测试，开发了各种信息技术控制框架以符合COSO提出的要求，从而把信息技术的一般控制和应用控制方法与COSO框架结合起来。

3. COBIT

COBIT是由信息系统审计与控制协会（ISACA）在1996年公布的控

制框架，分别在 1998、2000、2005、2012 年进行了修订，目前的版本是 COBIT 5.0。

COBIT 主要目的是研究、发展、宣传权威的、最新的、国际化的公认信息技术控制目标以供企业经理、IT 专业人员和审计专业人员日常使用。COBIT 框架包括 34 个 IT 的流程、4 个领域，即 PO（计划与组织）、AI（获取与实施）、DS（交付与支持）和 ME（监控与评估）。

2005 年，ISACA 第三次修订了 COBIT 4.0，它与 COSO 和 SOX 紧密结合，将 IT 治理和 IT 控制纳入组织治理和组织内部控制范畴。该框架的颁布，加速了信息系统审计与内部管理审计的结合。

SOX、COSO、COBIT 之间的关系如图 4-14 所示。

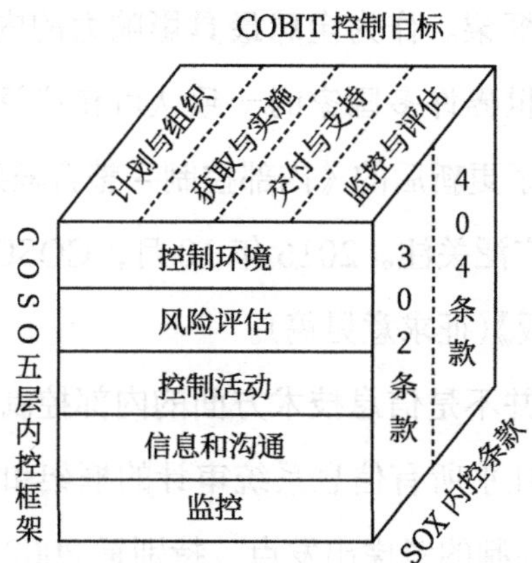

图 4-14 SOX、COSO、COBIT 之间的关系

4. GTAG

国际内部审计师协会（Institute of Internal Auditors，IIA）对信息系统审计的相关内容进行了研究，发布了 GTAG（*Global Technology Audit Guide*，全球技术审计指南），具体如下。

GTAG 1：信息技术风险和控制（*Information Technology Risk and Controls*，2012 年第 2 版）

GTAG 2：信息变更和补丁管理控制（*Change and Patch Management*

Controls：*Critical for Organizational Success*，2005 年第 1 版，2012 年第 2 版）

GTAG 3：持续审计（*Continuous Auditing*：*Implications for Assurance*, *Monitoring*, *and Risk Assessment*，2005 年第 1 版，2015 年第 2 版）

GTAG 4：IT 审计管理（*Management of IT Auditing*，2006 年）

GTAG 5：隐私风险审计（*Auditing Privacy Risks*，2012 年第 2 版）

GTAG 6：IT 漏洞管理和审计（*Managing and Auditing IT Vulnera bilities*，2006 年）

GTAG 7：信息技术外包（*Information Technology Outsourcing*，2012 年第 2 版）

GTAG 8：应用控制审计（*Auditing Application Controls*，2007 年）

GTAG 9：身份和访问管理（*Identity and Access Management*，2007 年）

GTAG 10：业务持续性管理（*Business Continuity Management*，2008 年）

GTAG 11：制订 IT 审计计划（*Developing the IT Audit Plan*，2008 年）

GTAG 12：审计 IT 项目（*Auditing IT Projects*，2009 年）

GTAG 13：自动化环境下的舞弊防范和检查（*Fraud Prevention and Detection in an Automated World*，2009 年）

GTAG 14：审计用户开发的应用系统（*Auditing User-developed Applications*，2010 年）

GTAG 15：信息安全治理（*Information Security Governance*，2010 年）

GTAG 16：数据分析技术（*Data Analysis Technologies*，2011 年）

GTAG 17：IT 治理审计（*Auditing IT Governance*，2012 年）

GTAG 18：了解与审计大数据（*Understanding and Auditing Big Data*，2017 年）

4.7.3 国内主要信息系统审计准则与规范简介

我国一直重视信息系统审计工作，在这方面所做的主要工作如下。

1999年2月，中国注册会计师协会发布了《中国注册会计师独立审计准则》，其中包括《独立审计具体准则第20号——计算机信息系统环境下的审计》；2006年3月，中国注册会计师协会发布了《中国注册会计师审计准则第1633号——电子商务对财务报表审计的影响》。

2008年9月，中国内部审计协会发布了《内部审计具体准则第28号——信息系统审计》；2013年8月，中国内部审计协会发布了新修订的中国内部审计准则，其中包括《第2203号内部审计具体准则——信息系统审计》；为了进一步完善内部审计准则体系，指导信息系统审计实践，2020年12月，中国内部审计协会发布了《第3205号内部审计实务指南——信息系统审计》。

《中华人民共和国国家审计准则》(2010)第六十二条和第七十六条对信息系统审计提出了要求，部分相关要求如下。

第六十二条　审计人员可以从下列方面调查了解被审计单位信息系统控制情况：

(一) 一般控制，即保障信息系统正常运行的稳定性、有效性、安全性等方面的控制；

(二) 应用控制，即保障信息系统产生的数据的真实性、完整性、可靠性等方面的控制。

第七十六条　审计人员认为存在下列情形之一的，应当检查相关信息系统的有效性、安全性：

(一) 仅审计电子数据不足以为发现重要问题提供适当、充分的审计证据；

(二) 电子数据中频繁出现某类差异。

2012年2月，审计署发布了《信息系统审计指南——计算机审计实务公告第34号》。

相关行业也高度重视信息系统审计的应用，例如：

中国银行业监督管理委员会[⊖]于 2009 年 3 月发布了《商业银行信息科技风险管理指引》，同时废止了 2006 年 11 月发布的《银行业金融机构信息系统风险管理指引》。

中国保险监督管理委员会于 2008 年 3 月发布了《保险业信息系统灾难恢复管理指引》。

中国证券监督管理委员会于 2014 年 12 月发布了金融行业推荐性标准《证券期货业信息系统审计规范》，于 2016 年 11 月发布了金融行业推荐性系列标准《证券期货业信息系统审计指南 第 1 部分：证券交易所》《证券期货业信息系统审计指南 第 2 部分：期货交易所》《证券期货业信息系统审计指南 第 3 部分：证券登记结算机构》《证券期货业信息系统审计指南 第 4 部分：其他核心机构》《证券期货业信息系统审计指南 第 5 部分：证券公司》《证券期货业信息系统审计指南 第 6 部分：基金管理公司》《证券期货业信息系统审计指南 第 7 部分：期货公司》。

为了信息系统安全保护的需要，2008 年 9 月 1 日，公安部和全国信息安全标准化技术委员会发布了《信息安全技术：信息系统安全等级保护基本要求》(GB/T 22239—2008)。

随着大数据、云计算、移动互联等技术的发展与应用，为了适应新型网络系统的安全保护要求，2019 年 5 月 10 日，国家标准化管理委员会发布了新修订的《信息安全技术：网络安全等级保护基本要求》，在标准名称、保护对象、章节结构、控制措施等部分进行了修改和更新，《信息安全技术：信息系统安全等级保护基本要求》改名为《信息安全技术：网络安全等级保护基本要求》，同时将基础信息网络（广电网、电信网等）、信息系统（应用传统技术的系统）、网络和信息系统作为等级保护对象（大数据平台、云计算平台、移动互联、物联网和工业控制系统等），对除传统信息系统之外的

⊖ 中国银行业监督管理委员会与中国保险监督管理委员会于 2018 年合并为中国银行保险监督管理委员会。

新型网络系统安全防护能力提升进行有效补充，该等级保护基本要求也被很多人称为“等保 2.0”。《信息安全技术 网络安全等级保护基本要求》在原有通用安全要求的基础上新增了安全扩展要求。安全扩展要求主要针对云计算、移动互联、物联网和工业控制系统提出了特殊安全要求，进一步完善了信息安全保护工作的标准。

☞ 本章结语

信息系统审计是审计信息化的一项重要内容。智能审计的对象和内容离不开信息系统，研究与应用智能审计需要掌握信息系统审计的基本知识。本章分析了信息系统审计的相关理论以及如何开展信息系统审计，主要内容如下。

信息系统审计是收集和评估证据，以确定信息系统与相关资源能否适当地保护资产、维护数据完整、提供相关和可靠的信息、有效完成组织目标、高效率地利用资源，并且存在有效的内部控制，以确保满足业务、运作和控制目标，在发生非期望事件的情况下，能够及时地阻止、检测或更正的过程。

对于信息系统审计的主要内容，从狭义上讲，一般根据信息系统内部控制的内容，从一般控制审计、应用控制审计和 IT 治理审计等方面开展信息系统审计。随着目前审计信息化的发展，信息系统项目建设审计和信息系统绩效审计也成为审计实务中信息系统审计的重要内容。

一般控制审计是对信息系统整体环境控制的审计。简单地讲，信息系统一般控制是除了信息系统应用程序控制以外的其他控制，它应用于一个单位信息系统全部或较大范围的内部控制。其基本目标为：防止系统被非法侵入、保护信息系统、确保数据安全、保证在意外情况下的持续运行等。根据信息系统一般控制的主要内容及目标，信息系统一般控制审计的主要内容一般包括信息系统开发、测试和维护审计、信息系统运行管理审计、信息系统安全审计、业务连续性管理审计、IT外包审计等。

信息系统应用控制是为了适应各种数据处理的特殊控制要求，保证数据处理完整、准确地完成而建立的内部控制。应用控制审计是对应用系统控制的审计，其目的就是确保被审计单位的应用系统控制符合相关要求。

IT治理用于描述一个单位是否采取有效的机制，使得IT的应用能够完成组织赋予它的使命，同时平衡信息技术与过程的风险，确保实现组织的战略目标。为了保证IT治理的有效性，审计人员需要对其进行审计。

在实际的审计实务中，对于信息系统的整个建设过程进行审计也是信息系统审计的一项重要内容。信息系统项目建设审计是为了规范信息系统项目建设的管理，提高信息系统项目建设资金使用效益，防范相关风险，审计部门依据相关法律法规、规章制度，运用相关审计方法，对信息系统项目建设预算的整体公允性、招投标过程的公平公正性、待签合同的合法性、竣工结算的真实性、项目建设的经济性等进行审查验证。

在实际的审计实务中，对于信息系统建成运行之后的绩效进行审计也是信息系统审计的一项重要内容。信息系统绩效审计是指对已建成并投入应用的信息系统项目的整体绩效（如经济性、效率性、安全性等方面）进行评估，为信息系统项目作用的进一步发挥、下一步的发展方向、是否有继续投入的价值等提供决策参考，以促进信息系统项目的规范化建设，提升项目的应用成效。

一般来说，开展信息系统审计的基本步骤包括审计准备阶段、审计实施阶段、审计报告阶段、审计结果执行阶段等。

目前常用的信息系统审计方法包括访谈法、现场观察法、文档查看法、穿行测试法、系统数据分析法、面向系统的计算机辅助审计技术等。

审计准则与规范是审计人员开展审计工作时必须遵循的行为规范与

要求，是审计人员执行审计业务、获取审计证据、形成审计结论、出具审计报告的专业标准。为了满足信息系统审计的需要，国内外制定了一系列的信息系统审计准则与规范。

通过本章的学习，读者可以快速掌握信息系统审计的基本理论与应用，从而为后面学习智能审计，以及今后研究与应用信息系统审计理论与方法打下基础。

☞ 思考题

1. 什么是信息系统审计？
2. 什么是一般控制审计和应用控制审计？二者之间有什么关系？
3. 为什么需要了解信息系统审计准则与规范？
4. 在实际的审计工作中，如何把信息系统审计和目前的电子数据审计结合起来？
5. 大数据、人工智能等技术的发展对信息系统审计有何影响？

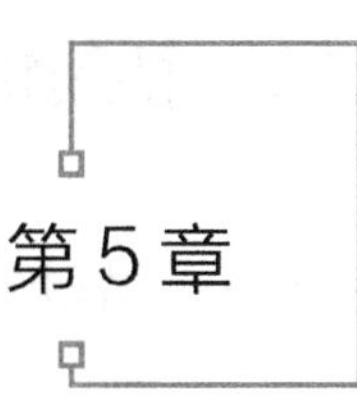

第5章

持续审计与联网审计

本章学习目标

- 熟悉持续审计的含义
- 熟悉持续审计的主要技术实现方法
- 熟悉联网审计的含义
- 熟悉联网审计的主要技术实现方法
- 了解大数据环境下的联网审计实现方法

随着信息技术的发展，信息技术在审计中的应用情况也在不断地变化。互联网、云计算、大数据等技术的发展对审计工作产生了巨大影响。持续审计和联网审计成了审计信息化的一个重要发展方向，研究与应用智能审计需要熟悉持续审计和联网审计的基本知识。本章介绍了持续审计、联网审计等审计信息化的发展前沿。通过本章的学习，读者可以了解持续审计和联网审计的研究与应用前沿，深入理解互联网、云计算、大数据等技术在审计信息化中的应用，从而为后面学习智能审计，以及今后研究与应用持续审计和联网审计打下基础。

5.1 持续审计

5.1.1 持续审计简介

互联网等信息技术的发展将使得审计技术方法向持续、动态、实时的方向发展。持续审计（continuous auditing，CA）成为审计信息化的一个重要发展方向。持续审计得到学术界、审计人员以及软件开发人员的关注。

什么是持续审计？CICA（加拿大特许会计师协会）/AICPA（美国注册会计师专业协会）以及相关学者都对这一问题进行了研究。概括来说，持续审计可以理解为：能在相关事件发生的同时或之后很短的时间内就能产生审计结果的一种审计类型。持续审计也被称为实时审计。要实现持续审计，需要一个在线的计算机系统把审计部门和被审计部门联系起来，所以，持续审计也称为持续在线审计（continuous online auditing，COA）。随着信息化程度的提高以及计算机网络的广泛使用，目前正在开展的所谓联网审计也是持续审计的一种实现方式。

为了能对持续审计的研究有一个清晰的认识，根据现有文献对持续审计的研究，可以把关于持续审计的研究情况总结成如图 5-1 所示的分类。概括来说，关于持续审计的研究主要集中在技术实现方法、理论分析和关键技

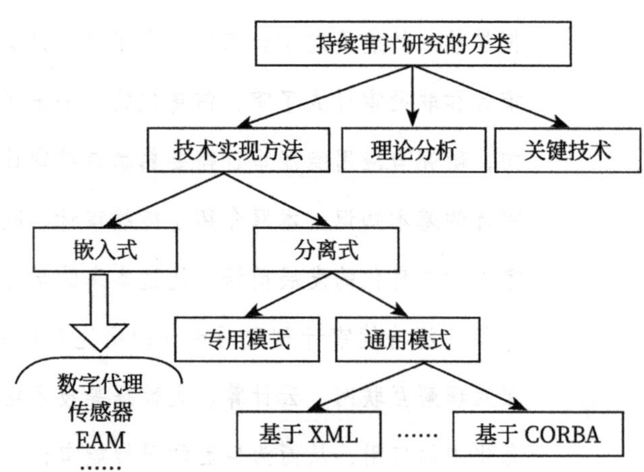

图 5-1 持续审计相关研究的分类

术的研究上。对于技术实现方法，根据实现技术的不同，又可以分成嵌入式和分离式两种，其中分离式持续审计是目前研究的主流。根据持续审计系统的灵活性情况，分离式持续审计又可分成专用模式和通用模式，专用模式是针对某一特定系统而设计的持续审计实现方法，而通用模式是为了使设计的持续审计方法具有一定的通用性，其采用的方法包括基于 XML、基于 CORBA 等。

5.1.2　持续审计一般实现方法

技术实现方法的研究一直是持续审计研究的重点。随着信息技术的发展，越来越多的持续审计实现方法被提出。本节根据图 5-1 的分类，对这方面的主要研究情况进行分析。

1. 嵌入式持续审计

所谓嵌入式持续审计，是指为了完成对被审计信息系统的持续监控，在被审计信息系统中嵌入相应的程序模块（触发器、智能代理等），通过该程序模块不断地对被审计信息系统中的数据进行检测，从而完成持续审计。几种嵌入式持续审计的实现方法简介如下。

（1）嵌入审计模块技术。

嵌入式持续审计的典型代表就是嵌入审计模块技术（embedded audit module，EAM），其原理如图 5-2 所示。

（2）传感器和数字代理技术。

传感器（sensors）和数字代理（digital agents）技术也是实现嵌入式持续审计的一种方法。例如，Sean（2003）给出了一种采用传感器和数字代理技术来实现嵌入式持续审计的框架，其原理如图 5-3 所示。这种方法是在被审计信息系统中放置传感器和数字代理，并在传感器和数字代理中定义相应的规则，被审计信息系统中的数据和传感器、数字代理中定义的相应规则的任何差异将会通过 E-mail 传给审计人员，审计人员再根据该信息采取相应的措施。

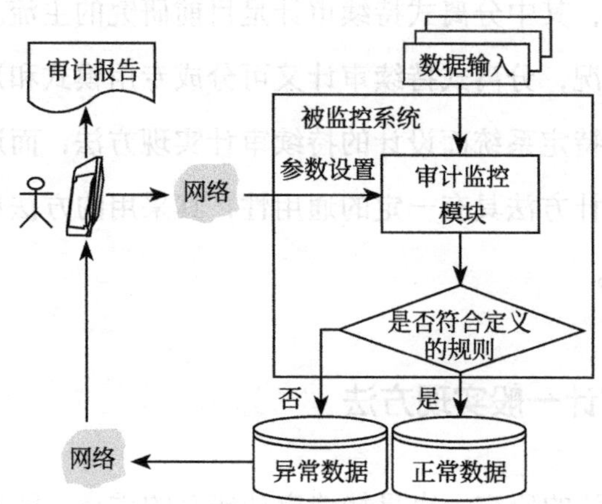

图 5-2 基于 EAM 的持续审计原理

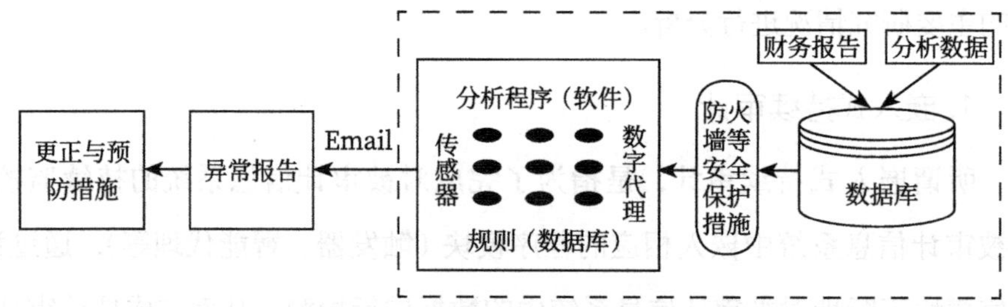

图 5-3 基于传感器和数字代理的持续审计方法

（3）基于 DBMS 触发器的持续审计模型。

尽管目前国内外已经研究了多种实现持续审计的方法，但这些方法仍存在很多不足之处，或者不具有通用性，或者实施成本太高，不能较好地满足目前的需要。因此，研究简单易行的持续审计方法对我国开展持续审计具有重要的理论和应用价值。基于持续审计的研究现状，可以应用基于数据库管理系统（database management system，DBMS）触发器的持续审计模型。

1）DBMS 触发器的工作原理。

DBMS 触发器是在特定事件出现时自动执行的代码块。它在插入、删除或修改特定表中的数据时触发执行，比数据库本身标准的功能具有更精细和更复杂的数据控制能力，是一种特殊的存储过程，但是用户不能直接调用它们。能用于持续审计的 DBMS 触发器的主要功能列举如下。

①触发器可以自动计算某字段的数据值，如果数据值达到了预定的值，触发器则会根据需要执行相应的处理程序。例如，如果某职工的年住房公积金高于国家规定的最高值，触发器则会立即给审计人员发送警告信息。

②触发器可以基于时间限制用户的操作。例如，如果下班后或节假日有人修改数据库中的数据，触发器将立即给审计人员发送警告信息。

③触发器可以基于数据库中的数据限制用户的操作。例如，如果某单位职工的住房公积金升幅一次超过国家规定的最高值，触发器则立即给审计人员发送警告信息。

④触发器可以提供审计和日志记录。触发器可以把用户对数据库的更新写入审计表，从而可以跟踪用户对数据库的操作，如果用户对数据库的操作违反相关规定，触发器则会立即给审计人员发送警告信息。

⑤触发器可以实现复杂的数据完整性规则。例如，在某住房公积金管理系统中，如果用户录入一条总房款为 100 万元、贷款金额为 200 万元的贷款记录，触发器则会立即给审计人员发送警告信息。

2）基于 DBMS 触发器的持续审计模型原理。

基于以上分析，审计人员可以采用 DBMS 触发器的相关功能来实现对审计数据库系统的持续审计，如图 5-4 所示，其原理说明如下。

①根据对被审计单位的业务及数据库系统的分析，在被审计信息系统中定义相应的触发器，触发器的定义和修改可以在现场，也可以以远程的方式进行。

②当数据输入被审计信息系统的时候，触发器会对每一条数据进行检测，从而判定每条数据是否符合定义的业务规则。如果不符合定义的业务规则，该数据将被导入异常数据库。

③对于异常数据库中的异常数据，可以通过网络传输到审计单位，审计人员可以实时或定期对异常数据库中的异常数据进行现场或非现场的审

查，并对有问题的数据进行审计判断和进一步的延伸审计。

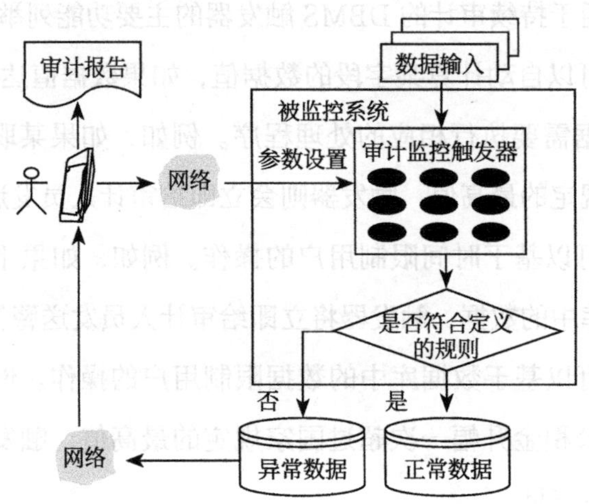

图 5-4　基于 DBMS 触发器的持续审计原理

3）优缺点分析。

基于 DBMS 触发器的持续审计模型具有以下优点。

①用于持续审计的触发器设计独立于被审计信息系统的设计，因此，使用该方法时不需要在被审计信息系统开发时就考虑。

②当被审计信息系统发生变化时，用于持续审计的触发器可以很容易地被修改。

③实施成本较低。

尽管基于 DBMS 触发器的持续审计方法具有很多优点，但在被审计信息系统中设置过多的触发器一方面会影响数据库的结构，增加维护的复杂程度；另一方面也会占用服务器端太多的资源，对服务器造成很大的压力。

2. 分离式持续审计

所谓分离式持续审计，是指为了完成对被审计信息系统的持续审计，在被审计信息系统外设置相应的程序模块，通过该程序模块不断地采集被审计信息系统中的数据，并把这些采集来的数据传输到审计单位中去，供审计人员分析，从而完成对被审计信息系统的持续审计。这种类型和嵌入式不同，其审计系统是审计单位独立开发和拥有的，与被审计单位没有任何关系。分离式持续审计是目前持续审计研究与应用的主流。

（1）专用模式。

常见的这类研究分析如下：

①瓦沙瑞莉（Vasarhelyi）和哈珀（Halper）(1991）提出了持续过程审计方法（continuous process audit methodology，CPAM）的概念，并描述了一个AT&T贝尔实验室开发的用来处理大型无纸数据库系统的持续过程审计系统（continuous process auditing system，CPAS），它的设计主要适合内部审计，其原理如图5-5所示。CPAS是通过设计一个独立于被审计信息系统之外的CA系统来实现的，它有自己的工作平台、操作系统、数据库及其他应用软件，这使得审计系统和被审计信息系统之间的冲突减至最小。

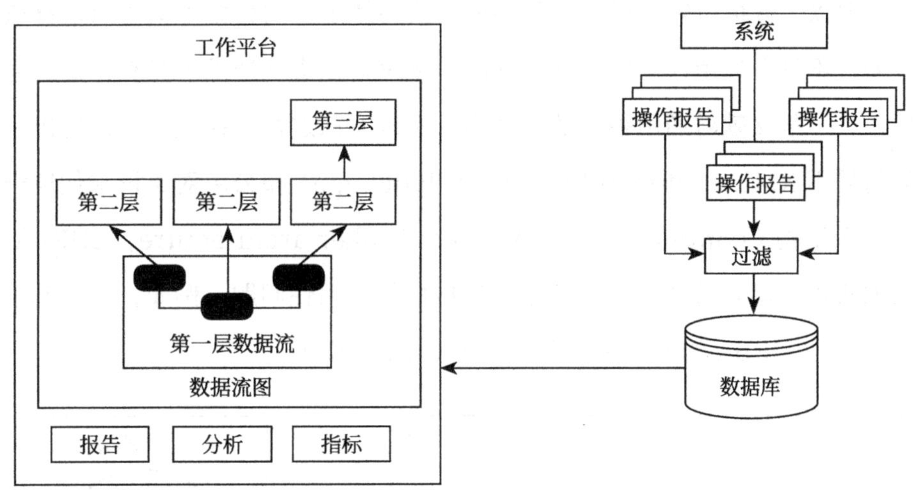

图5-5　CPAS的工作原理

②瑞扎伊（Rezaee）等人（2002）提出了采用审计数据仓库和数据集市来存储和处理下载的审计数据，其原理如图5-6所示。

③目前，我国正在研究实施的面向数据的联网审计也是分离式持续审计的一种方式，下一节将对联网审计做详细分析。

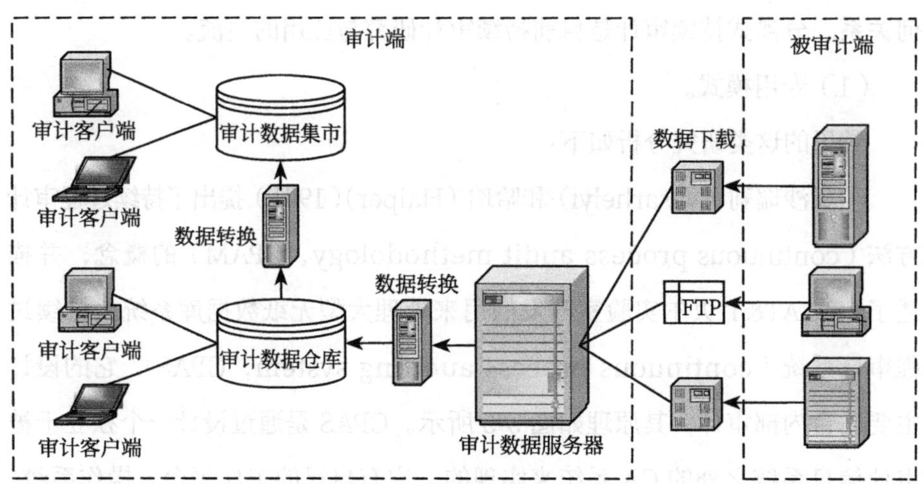

图 5-6 一种基于数据仓库的持续审计方法

（2）通用模式。

由以上分析可知，以上这几种分离式持续审计的数据采集接口可移植性差，不具有通用性，为了使设计的持续审计在实现技术上具有一定的通用性，一些文献对通用模式的持续审计实现方法进行了探索研究，提出了如何采用 XML（extensible markup language）和公用对象请求代理程序体系结构（common object request broker architecture，CORBA）技术实现分离式持续审计中数据采集接口的通用性问题。例如，一种基于 XML 和 CORBA 的通用持续审计方法如图 5-7 所示。

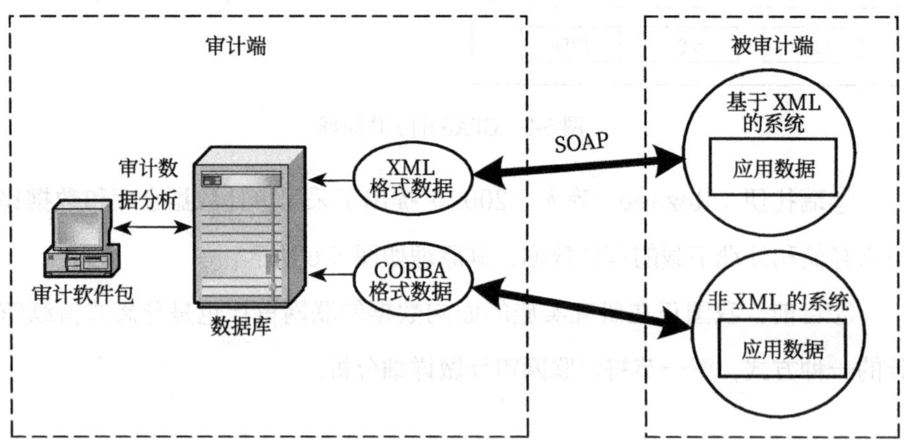

图 5-7 一种基于 XML 和 CORBA 的通用持续审计方法

该持续审计框架具有一定的通用性，它既适用于基于XML的系统，又适合于非基于XML的系统。该方法采用简单对象访问协议（simple object access protocol，SOAP）和公用对象请求代理程序体系结构（common object request broker architecture，CORBA）技术，针对使用XML数据的被审计信息系统，采用SOAP方式在审计系统和被审计信息系统之间进行数据的传输。针对不使用XML数据的被审计信息系统，采用CORBA来解决不同应用系统中复杂的数据结构问题，从而保证能抽取不同应用程序和不同数据格式的数据。

3. 两种实现方法的比较

以上对嵌入式和分离式这两种持续审计的实现方法进行了分析，这两种方法的区别是：分离式持续审计在实施过程中，审计模块不嵌入被审计信息系统，是和被审计信息系统分离的，对被审计信息系统的影响较小，而嵌入式持续审计在实施过程中，审计模块必须和被审计信息系统集成在一起，这就会带来很多问题，例如：

（1）由于嵌入审计模块不具有通用性，为某个被审计信息系统开发的嵌入审计模块不便用到其他被审计信息系统中去。如果被审计信息系统发生了变更，嵌入审计模块也需要随之修改。这种方式对于内部审计比较适合。

（2）由于目前多数软件系统没有提供设计嵌入审计模块的功能，所以嵌入式持续审计的实施是比较困难的。另外，为了保证嵌入审计模块的准确性、可靠性和完整性，开发一个嵌入审计模块需要经过大量的测试，对于独立审计来说，这在经济上也是不可行的。对于社会审计来说，这更不可行。

（3）嵌入审计模块会占用被审计信息系统的资源，特别是当执行复杂且含有大量触发器的嵌入审计模块时，这会降低系统的运行性能。

（4）嵌入审计模块会对数据库和应用系统的安全与控制在技术及管理上产生挑战。

所以，分离式持续审计是目前研究的主流。但相对于分离式持续审计来说，嵌入式持续审计在实现技术上比较简单，且比较灵活，适用于一些中小型被审计单位，而分离式持续审计设计和实施成本相对较高，它对于一些经常接受审计的、重要的被审计单位比较适合。

5.2 联网审计

5.2.1 联网审计简介

随着信息化程度的提高以及计算机网络技术的广泛应用，目前正在开展的联网审计（online auditing）也是持续审计的一种方式。早在2004年召开的第二届计算机审计国际研讨会上，来自多个国家和地区的专家就对联网审计的研究与应用进行了交流。印度总审计署认为，联网审计是一项技术，它可以在系统处理数据的同时，或者在处理结束后马上收集审计证据；中国香港特别行政区审计署认为联网审计就是在局域网环境下，以审计为目的的信息技术应用；波兰最高监察院认为联网审计的工作内容主要包括通过互联网实现访问被审计单位的公共数据库，并分析电子格式的文件、声明和解释。

在以上这些观点的基础上，联网审计可以归纳为一种随着网络技术在审计中的应用而形成的新的审计模式，它使审计信息交流、审计证据的采集和分析技术、审计项目管理等任务实现了网络化、远程化，并且由于新的方法工具的应用，审计任务的性质、目标也发生了局部变化。

5.2.2 联网审计一般实现方法

1. 面向数据的联网审计

（1）面向数据的联网审计原理。

在第3章介绍的电子数据审计中谈到，审计人员根据审计任务的需要，到被审计单位现场采集电子数据，然后对这些电子数据进行预处理并完成数据分析，获得审计证据，这种开展电子数据审计的方式可称之为现场电子数据审计，这是目前电子数据审计的主要方式。相对于现场电子数据审计，我国正在研究与实施的联网审计也可以看成是远程联网电子数据审计，其原理可以看成一个采用远程联网方式从被审计单位采集电子数据，并对其进行分析，获取审计证据的过程。

这种类型的联网审计是通过不断地采集被审计单位信息系统中的数据来实现的，它在技术实现上主要包括审计数据采集、审计数据传输、审计数据存储以及审计数据分析四个部分。这种方式也可以看成是一种面向数据的联网审计（data-oriented online auditing，DOOA）。其原理如图 5-8 所示。

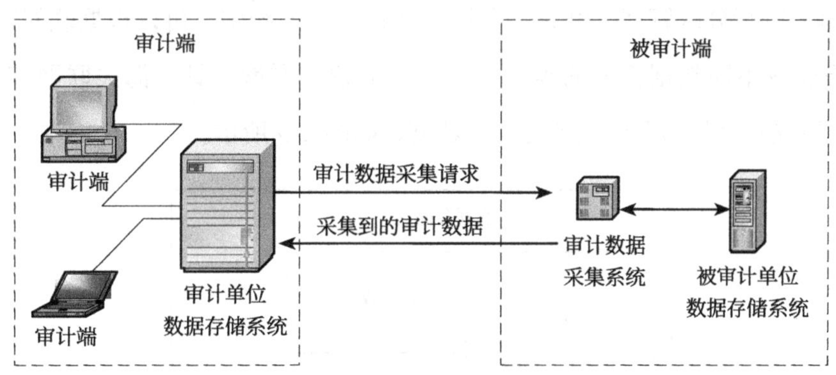

图 5-8 我国面向数据的联网审计实现方法原理

1）审计数据采集。

要实现联网审计，必须研究如何采集被审计单位的电子数据。一般来说，联网审计数据采集的实现是通过在被审计单位数据服务器端放置一台称之为“数据采集前置机”的服务器，并在“数据采集前置机”上安装数据采集软件，把审计需要的财政财务数据和相关经济业务数据采集到部署在本地的审计数据采集服务器（前置机）中，从而完成联网审计的审计数据采集工作。

2）审计数据传输。

审计数据传输主要是把采集来的数据通过网络传输到审计单位中去，以供审计数据分析使用，即利用公共通信资源网构建的联网审计数据传输网把部署在被审计单位审计前置机中的数据传输到审计单位的计算机中心。在实际工作中，可以根据具体的情况采取相应的数据传输方式，例如，对于数据量大且要求实时审计的数据，可以采用专线的方式进行数据的传输。

3）审计数据存储。

在联网审计环境下，由于从被审计单位采集来的电子数据是海量的，所以，对于采集来的电子数据需要采取一定的方式来存储，即可以在审计单位构建联网审计的海量数据存储系统。随着云计算技术的发展，也可以应用云存储技术来解决联网审计环境下审计数据的海量存储问题。

利用海量数据存储系统可以实现按不同的应用（逻辑）或按数据特征（类型）进行分区管理。例如，在海量数据存储系统中，可以根据联网审计的需要或不同数据特征的需要，同时存放税务联网审计、海关联网审计、银行联网审计等若干个系统的海量数据，如图 5-9 所示。

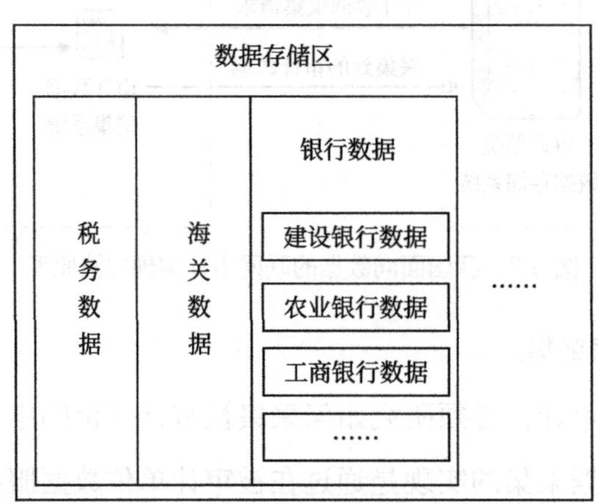

图 5-9 审计数据分区管理示意图

4）审计数据分析。

这一阶段主要是采用相关审计工具和方法对采集来的电子数据进行分析，从而发现审计线索，获得审计证据。在联网审计环境下，采集来的数据是海量的，因此，研究如何分析审计数据，获得审计证据是实现联网审计的关键。

（2）实施联网审计的优缺点分析。

1）主要优点。

根据前文对联网审计原理的分析，实施面向数据的联网审计的主要优点如下。

①能有效消除七种审计浪费。

传统的审计模式具有七种审计浪费，即过度审计、等待、时间延迟、审计过程自身的无效率、审计过程的不连续、过多的审阅过程、误差，而实施联网审计能有效消除这七种审计浪费。例如，减少调阅资料时间，审计人员可以远程获取主要审计资料，避免传统审计中依赖被审计单位提供数据，缩短等待数据的时间。据统计，在一般审计项目中，审计人员等待调阅会计资料的时间大量占用审计人员的有效工作时间。在联网审计模式下，主要的审计数据采集是通过数据采集前置机来获得的，具有前所未有的主动性和灵活性。

②降低了审计工作成本。

实施联网审计后，需要的审计人员会减少，人力成本就会相应降低。对于异地审计项目的开展，实施联网审计能有效地减少外勤经费，如差旅费、住宿费等，这也大大降低了审计成本。

③节省了审计的时间，提高了审计效率。

在传统审计模式下，由于审计对象的情况往往比较复杂，仅凭一次审计就把全部问题都查出来几乎是不可能的。而联网审计则可以把数据采集来之后，采用先进的审计数据分析方法对审计数据进行仔细的分析，从而可以全面发现审计线索。

④提高了审计的独立性。

现场审计时，审计人员依赖被审计单位提供数据，提供数据的效率和质量会影响到审计行为的实施效果。联网审计时，借助于联网审计系统，审计人员具备更大的灵活性和行为独立性，可以对审计事项进行更加自由的调查取证，形成审计意见。此外，现场审计时，审计人员和被审计单位人员在工作全过程中接触，在涉及敏感问题时，难免会受到各方面的干扰，影响到审计人员的独立判断。而在联网审计模式下，审计人员与被审计单位人员处于物理上的不同地点，从环境上来说有利于审计人员保持独立性。

2）主要缺点。

根据前文对联网审计原理的分析，实施面向数据的联网审计的主要缺点如下。

①实施成本高。

实施联网审计的成本可以分成一次性成本和经常性成本两部分，一次性成本是指联网审计系统开发和运行的初始投资；经常性成本是指在联网审计系统整个生命周期内反复出现的运行和维护成本。

针对目前我国联网审计的实施方法，一次性成本主要包括：

- 硬件成本。
- 软件成本。
- 人员培训费用。
- 场地成本。

针对我国目前联网审计的实现方法，经常性成本主要包括：

- 人员成本。
- 硬件维护成本。
- 软件维护成本。
- 耗材成本。
- 风险控制费用。
- 其他费用，如网络通信费等。

从联网审计的成本构成可以看出，实施联网审计的成本是比较高的。因此，在实施联网审计时需要从成本和效益的角度进行可行性研究。

②审计风险高。

在联网审计环境下，审计的主要对象是从被审计单位信息系统中采集来的原始数据，如果被审计单位没有健全的内部控制制度来保证其数据信息的真实性，那么审计人员的工作都将建立在虚假信息之上，带来极大的审计风险。

另外，由于联网审计也是一个复杂的系统，有时灾难性的事故是无法预防或规避的，这些灾难造成的系统停顿也将给审计工作的开展带来重大影响。

（3）联网审计系统的安全问题分析。

对于图 5-8 所示的面向数据的联网审计系统，其安全控制非常重要。面向数据的联网审计系统的安全因素主要包括审计数据采集安全、审计数据传输安全、审计数据存储安全和审计数据分析安全。

1）审计数据采集安全。

审计数据采集安全主要包括数据采集物理安全、数据采集身份认证与授权以及审计数据完备性等。

2）审计数据传输安全。

联网审计系统一般需要异地传输大量的数据，其中大部分数据是关系到被审计单位利益的重要数据，有些数据甚至关系到国家的重要利益，而目前联网审计系统的数据传输过程有时会应用公网系统，因此，联网审计系统数据传输的安全性问题非常重要。只有保证数据传输过程中的保密性和完整性，才能保证系统数据不被截获、不被泄露、不被监听和复制。审计数据传输安全主要包括信息传输安全、传输通道安全和网络结构安全。

3）审计数据存储安全。

在联网审计系统的数据中心存储着大量审计数据，包括从被审计单位采集来的审计数据以及审计人员分析处理后的结果数据，这些数据会涉及被审计单位的敏感信息以及国家的重要保密信息，这些信息发生泄漏会严重影响被审计单位和国家的利益。另外，数据的完整性也是极为重要的，一旦重要数据被破坏或丢失，就会对联网审计系统的日常运行造成重大的影响，甚至是难以弥补的损失。因此，审计数据存储的安全也很重要。

审计数据存储安全主要是保证审计数据的连续性、共享性和可使用性，同时要保证审计部门内外数据的安全隔离。另外，为了防止各种灾难给数据存储带来的损害，应该建立异地备份方案。

4）审计数据分析安全。

审计数据分析安全主要包括：审计人员在进行审计数据分析的过程中，不能更改原始的审计数据，不能泄漏相关的审计数据等。

2. 联网核查方法

除了上述介绍的面向数据的联网审计，在实际的审计工作中，在风险可控的情况下，审计人员有时会通过局域网或专用网络直接访问被审计单位的数据库服务器，进行数据的查询和分析，完成审计工作，这种联网核查的审计方法有时也被称为联网审计，其原理如图 5-10 所示。

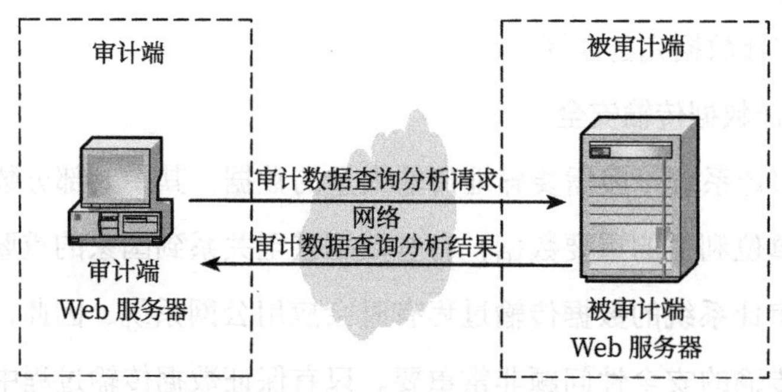

图 5-10　联网核查实现方法原理

5.2.3　大数据环境下的联网审计实现方法

在大数据环境下，联网审计的数据采集存在一定的风险，一方面是因为数据量大、结构复杂；另一方面是由于数据的传输风险。除了需要从被审计单位内部采集数据之外，还需要采集相关外部数据。因此，目前在审计实务中，对于数据采集，除了已有的联网自动采集数据方法之外，大数据环境下也可以采用其他数据采集方式为开展联网审计提供基础，例如，在审计项目实施期间按规定程序依法现场采集相关数据，每年定期从相关单位采集数据，被审计单位定期报送相关数据等。因此，在实际的联网审计实施过程中，可以采取联网审计和数据报送相结合的方式，其原理如图 5-11 所示。

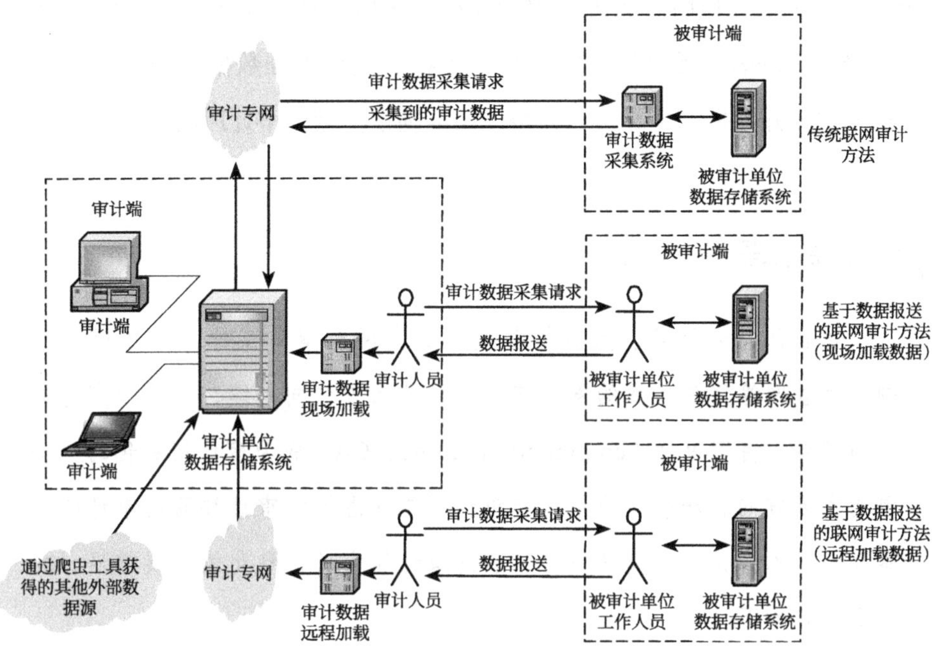

图 5-11　大数据环境下的联网审计实现方法原理

（1）针对相对固定、数据量小、联网条件成熟的相关被审计单位，仍可以继续采用原有的联网数据采集方式。在联网采集数据的过程中，需要针对不同传输环境和数据敏感级别，采用差异化的加密及传输方式进行传输，确保数据传输的安全性和完整性。

（2）对于那些比较分散、审计周期不固定，或者数据量极大、联网条件不成熟的相关被审计单位，可以采用定期数据报送方式采集。在数据报送时，一般需要采用对数据加密后通过移动介质拷贝、“双人交付”的方式进行，在报送的过程中要注意做好介质交接记录。另外，在数据报送时，被审计单位需要根据审计机关要求的数据格式提供数据，从而有效地控制数据质量风险。

（3）通过网络爬虫获取其他数据。这种数据采集方式可以有效地弥补审计大数据全面性方面的不足，使得审计人员可以将被审计单位内部数据与外部相关数据进行集成，以充分发挥大数据的潜力，提高审计取证的查全率，减少审计风险。另外，审计人员在采用这种数据采集方式时，应注意选择合适的公开数据源（数据采集对象），注意加强数据验证，保证采集来的相关公开数据的可靠性、完整性和准确性，减少审计风险。

☞ 本章结语

互联网、云计算、大数据等技术的发展对审计工作产生了巨大影响。互联网等信息技术的发展使得审计技术方法向持续、动态、实时的方向发展，持续审计（continuous auditing，CA）成为审计信息化的一个重要发展方向。研究与应用智能审计需要熟悉持续审计和联网审计的基本知识。本章介绍了持续审计、联网审计等审计信息化的发展前沿。其主要内容如下。

持续审计可以理解为：能在相关事件发生的同时或之后很短的时间内就能产生审计结果的一种审计类型。持续审计也被称为实时审计。根据实现技术的不同，持续审计的实现方法可以分成嵌入式和分离式两种。

嵌入式持续审计，是指为了完成对被审计信息系统的持续监控，在被审计信息系统中嵌入相应的程序模块（触发器、智能代理等），通过该程序模块不断地对被审计信息系统中的数据进行检测，从而完成持续审计。

分离式持续审计，是指为了完成对被审计信息系统的持续审计，在被审计信息系统外设置相应的程序模块，通过该程序模块不断地采集被审计信息系统中的数据，并把这些采集来的数据传输到审计单位中去，供审计人员进行分析，从而完成对被审计信息系统的持续审计。这种类型和嵌入式不同，其审计系统是审计单位独立开发和拥有的，与被审计单位没有任何关系。分离式持续审计是目前持续审计研究与应用的主流。

嵌入式持续审计和分离式持续审计的区别是：分离式持续审计在实施过程中，审计模块不嵌入被审计信息系统，是和被审计信息系统分离的，对被审计信息系统的影响较小，而嵌入式持续审计在实施过程中，审计模块必须和被审计信息系统集成在一起。相对于分离式持续审计来说，嵌入式持续审计在实现技术上比较简单，且比较灵活，适用一些中小型被审计单位，而分离式持续审计设计和实施成本相对较高，它对一些经常接受审计的、重要的被审计单位比较适合。

联网审计是分离式持续审计的一种方式，联网审计是由于网络技术在审计中的应用而形成的一种新的审计模式，它使得审计信息交流、审计证据的采集和分析技术、审计项目管理等任务实现网络化、远程化，并且新的方法工具的应用使审计任务的性质、目标发生了局部变化。联网审计在技术实现上主要包括审计数据采集、审计数据传输、审计数据存储，以及审计数据分析四个部分。

在实际的审计工作中，在风险可控的情况下，审计人员有时会通过局域网或专用网络直接访问被审计单位的数据库服务器，进行数据的查询和分析，完成审计工作，这种联网核查的审计方法有时也被称为联网审计。

目前的大数据环境对联网审计的实现方法产生了影响。在大数据环境下，在实际的联网审计实施过程中，可以采取联网审计和数据报送相结合的方式实现大数据环境下的联网审计。

通过本章的学习，读者可以了解到持续审计和联网审计的相关知识，深入理解互联网、大数据等技术在审计信息化中的应用，从而为后面的智能审计学习，以及今后研究与应用持续审计和联网审计打下基础。

☞ 思考题

1. 谈谈本人对持续审计、联网审计的认识。
2. 持续审计与联网审计有何关系？
3. 研究和开展持续审计、联网审计有何意义？
4. 大数据环境对开展持续审计、联网审计有何影响？
5. 人工智能等技术的发展对持续审计、联网审计有何影响？

第三篇

智能审计知识

第6章

人工智能简介

本章学习目标

- 熟悉人工智能的内涵
- 熟悉人工智能的主要发展历程
- 了解人工智能在相关行业的应用情况
- 熟悉常用的人工智能技术及其审计应用

近年来，大数据、云计算、人工智能等信息技术的发展与应用为审计信息化的发展带来了机遇。利用大数据、云计算、人工智能等信息技术集成、优化、创新审计流程与审计模式实现智能审计，成为审计行业发展的必然趋势。本章将介绍人工智能的发展、应用，以及常用人工智能技术及其审计应用。通过本章的学习，读者可以了解人工智能的基础知识，从而为后面深入学习智能审计打下基础。

▸ 案例

诸葛亮发明“木牛流马”解决运输军粮的困难

三国时期，蜀汉丞相诸葛亮出师北伐，需要运送大重量粮草。当时的需求背景如下所述。

（1）军粮运输道路复杂

蜀地多山川，艰险难行，栈道上车马搬运不便，常规人力车、畜力车等运输不便。

（2）军粮运输工具差

三国时期的运输工具一般为人力车、畜力车等，缺少机械化的运输设备。

（3）军粮运输工作量大

前线军队军粮消耗极大，短时间内需要大量的粮草供给。

如何在运输道路复杂、运输工具差、时间短、运输工作量大等运输军粮困难的情况下完成军粮运输呢？

为了克服运输军粮的困难，诸葛亮发明了“木牛流马”。据说，这种“木牛流马”可以在极为崎岖的山路上日行数十里，运送大重量粮草，同时可以做到“人不大劳，牛不饮食”。

案例启示：对于审计人员，如何克服审计工作任务重、工作量大等困难呢？可以设计类似于“木牛流马”这样的智能审计工具，以更有效地开展审计工作。

6.1 人工智能研究与应用

近年来，人工智能的研究与应用得到广泛的重视。2017年7月，国务院印发《新一代人工智能发展规划》，人工智能成为国家发展战略之一。习近平总书记在十九届中央政治局第九次集体学习时深刻指出，加快发展新一代人工智能是事关我国能否抓住新一轮科技革命和产业变革机遇的战略问题。

习近平：推动我国新一代人工智能健康发展

中共中央政治局2018年10月31日下午就人工智能发展现状和趋势举行第九次集体学习。中共中央总书记习近平在主持学习时强调，人工智能是新一轮科技革命和产业变革的重要驱动力量，加快发展新一代人工智能是事关我国能否抓住新一轮科技革命和产业变革机遇的战略问题。要深刻认识加快发展新一代人工智能的重大意义，加强领导，做好规划，明确任务，夯实基础，促进其同经济社会发展深度融合，推动我国新一代人工智能健康发展。

习近平指出，要加强人工智能同保障和改善民生的结合，从保障和改善民生、为人民创造美好生活的需要出发，推动人工智能在人们日常工作、学习、生活中的深度运用，创造更加智能的工作方式和生活方式。要抓住民生领域的突出矛盾和难点，加强人工智能在教育、医疗卫生、体育、住房、交通、助残养老、家政服务等领域的深度应用，创新智能服务体系。要加强人工智能同社会治理的结合，开发适用于政府服务和决策的人工智能系统，加强政务信息资源整合和公共需求精准预测，推进智慧城市建设，促进人工智能在公共安全领域的深度应用，加强生态领域人工智能运用，运用人工智能提高公共服务和社会治理水平。要加强人工智能发展的潜在风险研判和防范，维护人民利益和国家安全，确保人工智能安全、可靠、可控。要整合多学科力量，加强人工智能相关法律、伦理、社会问题研究，建立健全保障人工智能健康发展的法律法规、制度体系、伦理道德。各级领导干部要努力学习科技前沿知识，把握人工智能发展规律和特点，加强统筹协调，加大政策支持，形成工作合力。

资料来源：新华社。

为了便于理解智能审计，本节首先介绍人工智能的相关知识。

6.1.1 人工智能的发展

人工智能（artificial intelligence，AI）是研究开发能够模拟、延伸和扩展人类智能的理论、方法、技术及应用系统的一门新的技术科学，研究目的是促使智能机器会听（语音识别、机器翻译等）、会看（图像识别、文字识别等）、会说（语音合成、人机对话等）、会思考（人机对弈、定理证明等）、会学习（机器学习、知识表示等）、会行动（机器人、自动驾驶汽车等）。

我们来看一下人工智能的主要发展历程。

1956年8月，LISP语言（当时人工智能领域最主要的编程语言）创始人约翰·麦卡锡（John McCarthy）、人工智能与认知学专家马文·明斯基（Marvin Minsky）、信息论的创始人克劳德·香农（Claude Shannon）、计算机科学家艾伦·纽厄尔（Allen Newell）、诺贝尔经济学奖得主赫伯特·西蒙（Herbert Simon）等科学家聚在美国达特茅斯学院（Dartmouth College），一起研讨“如何用机器模拟人的智能”。会议开了两个月，尽管大家没有达成普遍的共识，但为会议讨论的内容起了一个名字——“人工智能”。这次会议首次提出“人工智能”这一概念，标志着人工智能学科的诞生。因此，1956年也就成为人工智能元年。

LISP语言简介

LISP语言（LISP，list processing）是一种20世纪60年代开发的、具有重大意义的自由软件项目，它适用于符号处理、自动推理、硬件描述和超大规模集成电路设计等，是人工智能领域最主要的编程语言。

1959年，恩格尔伯格研制出了世界上第一台工业机器人。

1964 年，麻省理工学院教授约瑟夫·魏岑鲍姆（Joseph Weizenbaum）开发了全球首个聊天机器人 Eliza。这个聊天机器人能扫描一行行文字，并对特别的关键词做出回应，实现了计算机与人通过文本交流。这是人工智能研究的一项重要成果。

1968 年，美国斯坦福研究所（Stanford Research Institute，SRI）研发了首台人工智能机器人 Shakey，该机器人上装置了电视摄像机、三角法测距仪、碰撞传感器、驱动电机和编码器，并通过无线通信系统由两台计算机控制，拥有类似于人类的功能，如视觉、触觉、听觉等，具有一定的人工智能，能够自主感知、分析环境、规划行为并执行任务（例如，可以根据人的指令寻找木箱并将其推到指定目标位置）。不足的是：当时的计算机体积庞大，运算速度缓慢，导致机器人 Shakey 往往需要数小时的时间来分析环境并规划行动路径。

1970 年，美国斯坦福大学计算机教授特里·维诺格拉德（Terry Winograd）研发出人机对话系统 SHRDLU，SHRDLU 系统能够分析语义、理解语言，并完成任务（与用户对话并帮助用户移动锥形、球形等简单形状的障碍物）。由于它能够正确理解语言，因此被视为人工智能研究的一次巨大成功。当然，这个系统的设计也存在很大的局限性。

1976 年，美国斯坦福大学的爱德华·肖特利夫（Edward H.Shortliffe）等人研制了第一个用于血液感染病的诊断、治疗和咨询服务的医疗咨询系统 MYCIN，MYCIN 系统是一个能帮助医生对住院的血液感染患者进行诊断和选用抗生素类药物进行治疗的专家系统。它的工作原理为：以患者的病史、病症和化验结果等为原始数据，运用医疗专家的知识进行推理，找出导致感染的细菌，并在此基础上，给出针对这些可能细菌的药方。这一时期还陆续研制出了用于生产制造、财务会计、金融等领域的专家系统。

1980 年，美国卡内基–梅隆大学为 DEC（美国数字设备公司）公司研制出一个叫“XCON”的专家系统。它是一个成功的专家系统，一直被 DEC 公司日常应用。XCON 专家系统在 DEC 公司内使用时又得到了发展，其专家系统的规则从原来的 750 条发展到 3 000 多条，功能大大增强。这个 XCON 专家系统可以帮助 DEC 公司每年节约 4 000 万美元左右的费用，还能在决策方面提供有价值的内容。

1988 年，恩格尔伯格推出了世界上第一个服务业机器人 HelpMate。

1997 年 5 月 11 日，IBM（International Business Machines Corporation，国际商业机器公司）的一台名叫"深蓝"（Deep Blue）的超级计算机战胜了国际象棋世界冠军卡斯帕罗夫。"深蓝"是一台 IBM RS/6 000 SP 32 节点的计算机，重量为 1 270 千克，运行着当时最优秀的商业 UNIX 操作系统，有 32 个微处理器，它拥有着超人的计算能力，每秒可计算 2 亿步棋，同时存有从 18 世纪到当时的 70 万份大师对战的棋局数据，可搜寻并估计随后的 12 步棋。

2011 年，IBM 开发的人工智能系统"沃森"（Watson）参加了一档智力问答节目并战胜了两位人类冠军。"沃森"名字源于对 IBM 创始人托马斯·约翰·沃森（Thomas J. Watson）的纪念，它由 90 台 IBM 服务器、2 880 个处理器、360 个计算机芯片驱动组成，是一个有 10 台普通冰箱那么大的计算机系统。它拥有 15TB 的存储容量，存储了 2 亿页数据，每秒可进行 80 万亿次运算，能够将和问题相关的关键词从看似相关的答案中抽取出来。由于医疗领域具有良好的档案储存制度，积累了大量的医学数据、病例档案，并进行了科学的分类，因此，IBM 正在把这一人工智能系统应用于医疗诊断领域。

2016 年，谷歌（Google）AlphaGo（阿尔法围棋）战胜世界围棋冠军李世石。2017 年，AlphaGo 战胜排名世界第一的围棋大师柯洁。谷歌 AlphaGo 是一款围棋人工智能机器人，由位于英国伦敦的谷歌 DeepMind 公司开发。它能够搜集大量围棋对弈数据和名人棋谱，学习并模仿人类下棋。DeepMind 目前已进军医疗保健等领域，利用人工智能技术攻克现实医学中存在的种种难题。

6.1.2 人工智能的应用

随着互联网、大数据、云计算、物联网等信息技术的发展，电子计算能力大大提高，人工智能算法越来越先进，大数据为机器学习提供了数据基础，这使得人工智能技术与应用得到快速发展。目前，人工智能已在零售、交通、制造、家居、教育、医疗、金融等行业中得到广泛的应用。

1. 人工智能在零售领域的应用

人工智能在零售领域得到广泛应用，例如无人便利店、无人仓、无人车等。

以无人便利店为例，当顾客进入无人便利店时，智能系统将通过人脸识别技术获取顾客身份，绑定顾客身份和支付信息。当购买商品以后，顾客无须排队付款，出店时通过付款通道，系统将自动识别客户身份，直接从微信、支付宝等支付工具中扣费，实现交易付款，中途也无须停顿，全程无感知购物；以无人仓为例，通过人工智能、大数据技术、深度学习、图像智能识别等，让工业机器人进行自主判断，完成各种复杂的任务，实现商品分拣、运输、出库等环节的自动化。

2. 人工智能在交通领域的应用

通过将人工智能、大数据、通信技术等在交通系统中进行集成应用，打造智能交通系统。通过对交通中的车辆流量、行车速度等数据进行采集和分析，可以实现对交通情况的实时监控和调度，从而可以简化交通管理，提高通行能力，降低环境污染等。例如，利用人工智能、大数据等技术，通过实时分析城市交通流量，调整红绿灯间隔，缩短车辆等待时间，从而提升城市道路的通行效率。

3. 人工智能在制造业中的应用

人工智能在制造业中得到广泛应用，例如智能设备（人机交互系统、工业机器人等设备）、智能工厂（智能设计、智能制造、智能管理以及集成优化等内容)、智能服务(大规模个性化定制、远程运维以及预测性维护等服务模式)等。

以人工智能在预测性维护系统中的应用为例,如果工业生产线或设备突然出现问题,将会造成巨大的损失。预测性维护智能服务系统通过大数据采集和相关算法的分析,可以在工业生产线或设备出现问题之前就能预测可能出现的问题,让技术人员提前采取措施。例如,工厂中的数控机床在运行一段时间后刀具就需要更换,工厂的预测性维护智能服务系统通过分析历史运行数据,可以提前知道刀具将会损坏的时间,从而提前准备好更换配件,并及时更换刀具。

4. 人工智能在智能家居领域的应用

近年来随着智能语音技术的发展,智能音箱成为智能家居的一个典型应用。智能家居主要是基于物联网、智能硬件、软件系统、云计算平台等构成的一套完整的家居生态圈,用户可以远程控制设备(例如,打开窗帘,设置冰箱温度,提前让热水器升温等),设备之间可以互联互通,并进行自我学习,来整体优化家居环境的安全性、节能性、便捷性等。

5. 人工智能在教育领域的应用

目前,图像识别、语音识别、人机交互等人工智能技术都已在教育领域得到广泛应用,例如,通过图像识别技术可以进行机器批改作业和试卷、识题答题,从而可以将教师从繁重的批改作业和阅卷工作中解放出来;通过语音识别技术可以纠正、改进学生的发音,辅助教师进行英语口试测评;通过人机交互还可以辅助教师进行在线答疑解惑等。

6. 人工智能在医疗领域的应用

人工智能在医疗领域中得到广泛应用,例如,辅助诊疗、智能药物研发、医疗机器人、疾病预测、医疗影像智能识别等。

以辅助诊疗为例,通过应用大数据、机器学习等技术,人工智能可对病人的医疗数据进行分析,自动识别出病人的临床变量和指标,计算机自动借助相关的专业知识，模拟医生的思维和诊断推理，给出可靠的诊断和治疗方案；以智能药物研发为例，通过对患者的大数据信息进行分析，它可以帮助医生快速、准确地筛选出适合的药物；通过相关人工智能算法模拟分析，可以对药物活性、安全性和副作用等进行预测，找出与疾病最匹配的药物；以医疗机器人为例，目前主要有外科手术机器人、康复机器人、护理机器人等。

7. 人工智能在金融领域的应用

人工智能在金融领域中得到广泛应用，例如，智能客服、智能金融理财服务、大数据风控、网络信贷等。

金融行业的客服通常面临客户排队时间长、业务营业时间有限、不同客户的问题重复率高等问题。随着金融科技的发展，智能客服的应用为金融行业提供了方便。智能客服系统是在人工智能应用的基础上发展起来的一种面向行业的应用，可以通过自然语言理解、知识管理等技术实现自动问答的客户服务系统。以智能金融理财服务为例，通过对前台投资决策、中后台风险管理和运营管理等过程的信息收集、处理的系统化、智能化，降低投资理财成本，分散投资风险，预测黑天鹅事件风险等。

华尔街的一些主流资管机构注重人工智能的应用。例如，摩根大通表示，他们正拓宽人工智能的应用范围。摩根大通曾开发过一款金融合同解析软件 COIN，此前律师和贷款人员每年都需要 360 000 小时才能完成的工作，而 COIN 只需几秒就能完成，而且错误率极低，还不用放假。公司还使用过一个用来检索电子邮件的程序 X-Connect，以帮助员工找到与潜在客户关系最密切的同事，并帮忙介绍认识。

6.2 常用人工智能技术及其审计应用

1. OCR 技术

OCR（optical character recognition，光学字符识别）技术就是通

过光学技术和计算机技术对纸质材料上的文字和字符进行识别，并将文字和字符内容转换为计算机能够接受、可编辑的电子文本格式。OCR 是计算机视觉研究领域的分支之一。

OCR 的概念产生于 1929 年，由德国科学家陶谢克（Tausheck）首先提出。几年后，美国科学家汉德尔（Handel）也提出了利用技术对文字进行识别的想法。

我国从 20 世纪 70 年代开始研究数字、英文字母及符号的识别，70 年代末开始研究汉字识别。目前中文印刷体识别技术已比较成熟，例如，对于文字和表格输入，可以用扫描仪将整页的印刷文稿或表格输入计算机，然后由计算机上的识别软件自动生成可编辑的电子文件，从而替代人工输入汉字和表格的工作。

OCR 技术目前已广泛应用于生活中的各个方面，如汽车进入收费站，停车场的车牌自动识别，用手机中的应用程序识别名片、身份证中的信息，当阅读资料时，可用 OCR 软件将感兴趣的段落自动录入电脑等。

2. 语音识别技术

自动语音识别（automatic speech recognition，ASR），是将人类语音中的内容转换为计算机可读、可编辑的输入。大数据时代的到来使得语音数据受到了人们的广泛重视，自动语音识别可以使人机用户界面更加容易使用。

从开始研究语音识别技术至今，语音识别技术的发展已经有近 70 年的历史。

1952 年，贝尔实验室的戴维斯（Davis）等人成功研制了能识别 10 个英文数字发音的 Audry 系统，这标志着语音识别技术研究工作的开始。

随着计算机技术的发展，到了 20 世纪 60 年代，语音识别技术也得到了发展。

20 世纪 70 年代，语音识别技术有了重大突破。

20 世纪 80 年代对语音识别的研究更为彻底，各种语音识别算法被提出。

到了 20 世纪 90 年代，语音识别技术开始从实验室走向实用。

我国对语音识别的研究开始于 20 世纪 80 年代，近年来得到迅速发展。

3. 语音合成技术

语音合成又称为文语转换（text to speech，TTS）技术，它通过自然语言处理等人工智能方法，将计算机自己产生的或外部输入的任意文字信息实时转化为标准流畅的语音朗读出来，从而实现让机器像人一样开口说话。

目前市场上有很多语音合成的产品，如语音合成助手、PDF Markup Cloud、百度智能云在线语音合成、讯飞在线语音合成等。

以百度智能云在线语音合成⊖为例，其语音合成技术功能示例如图 6-1 所示。

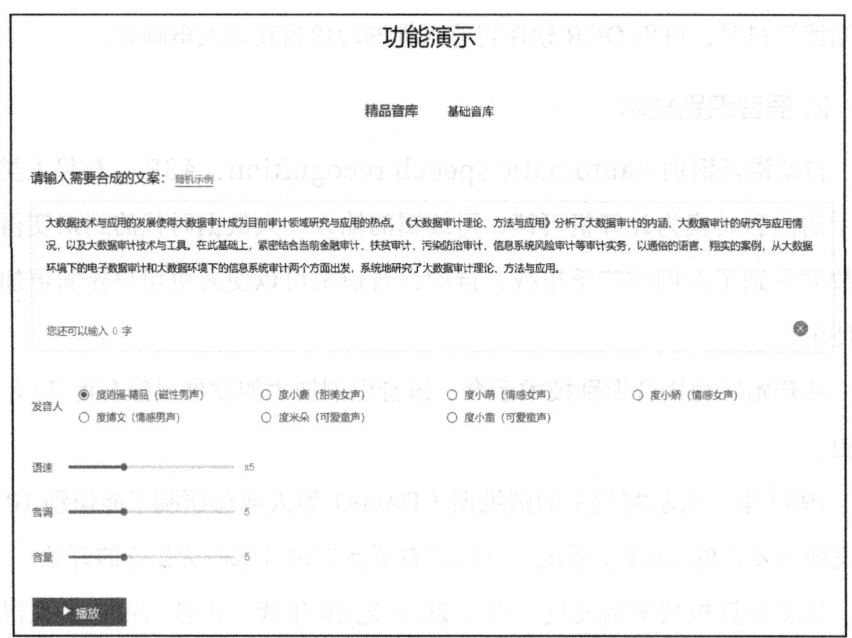

图 6-1　语音合成技术应用示例

⊖ https://cloud.baidu.com/product/speech/tts_online?track=cp:nsem|pf:pc|pp:nsem-chanpin-AIzaixian-yuyinhecheng|pu:yuyinhecheng-tongyongci|ci:|kw:10014009.

在图 6-1 中，需要先把需要语音朗读出来的文字输入文本框，然后执行“播放”，系统便可以把输入的文字朗读出来。另外，还可以根据场景需求对音库的语速、音调、音量进行灵活设置，满足个性化需求。

以讯飞在线语音合成为例[⊖]，其语音合成技术功能示例如图 6-2 所示。

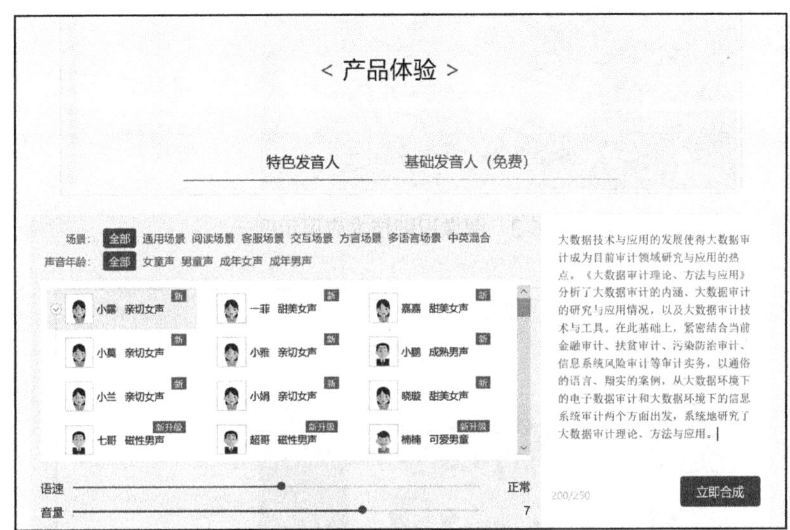

图 6-2　语音合成技术应用示例

4. 图像识别技术

图像识别技术是指利用计算机对图像进行处理和分析，以识别各种不同图像的技术。

图像识别技术可以以开放 API（application programming interface，应用程序编程接口）的方式提供给使用者，使用者通过实时访问和调用 API 实现所需要的图像识别。

目前市场上有很多图像识别类产品，如百度智能云图像识别等。

以百度智能云图像识别中的动物识别[⊜]为例，其图像识别技术功能示例如图 6-3、图 6-4、图 6-5 所示。

⊖ https://www.xfyun.cn/services/online_tts.

⊜ https://cloud.baidu.com/product/imagerecognition?track=cp:nsem|pf:pc|pp:nsem-chanpin-tuxiangshibie-xiaoguo|pu:tuxiangshibie-tongyongci|ci:|kw:10028089.

图 6-3　图像识别技术应用示例一

图 6-4　图像识别技术应用示例二

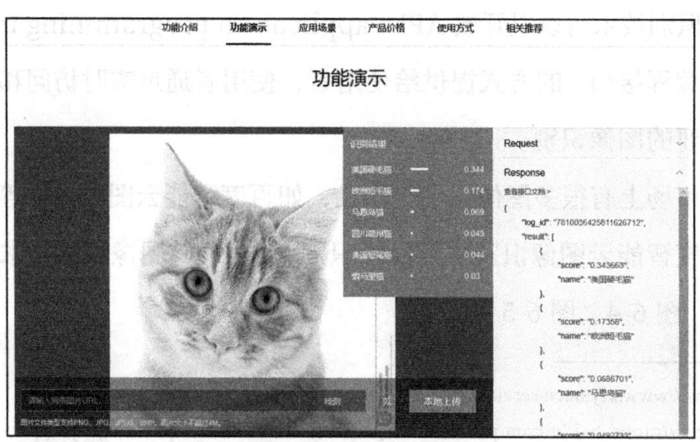

图 6-5　图像识别技术应用示例三

在图 6-3、图 6-4、图 6-5 中，把需要识别的图像上传到系统中，系统便可以把上传的图像识别出来，并给出识别的准确度。

图像识别技术对开展审计工作也非常有用，如在审计过程中，审计人员可以采用图像识别技术识别被审计对象的资产是否和登记的内容一致。例如，为了验证某养牛场中牛的品种是否和该单位系统中登记的数据一致，当该养牛场中牛的品种不容易确认时，审计人员可以采集养牛场中牛的相关照片，并采用图像识别技术识别牛的品种，然后和该单位系统中登记的牛的品种数据进行比较，从而发现异常，获得相关审计证据。其应用示例如图 6-6 所示。

图 6-6　图像识别技术应用示例四

5. 自然语言处理

（1）自然语言处理技术简介。

自然语言处理（natural language processing，NLP）是语言学、逻辑学、计算机科学、人工智能等计算机和人类（自然）语言交叉的研究与应用领域，它主要研究如何实现人与计算机之间用自然语言进行有效通信的各种理论和方法。

自然语言处理技术可用于文本相似度计算、信息检索、语音识别、文本分类、机器翻译等方面。用于自然语言处理的平台或工具较多，一般基于 Python、Java、C 或 C++ 等不同程序设计语言来实现。

（2）自然语言处理技术应用示例：相似度分析方法。

相似度分析是目前一种有效的文本数据审计方法。在大数据环境下，有时需要分析文本数据之间是否相似，成熟可行的方法可以应用 TF-IDF（term frequency-inverse document frequency，词频－逆文档频率）技术，它是一种常用的自然语言处理（NLP）方法，TF-IDF 的主要思想是：根据字词在文本中出现的频率和在整个文本库中出现的频率来计算一个字词在整个文本库中的重要程度。如果某个词或短语在一篇文章中出现的频率高，并且在其他文本中出现的很少，则认为该词或者短语具有很好的代表性，适合用来分类。TF-IDF 可用于比较两个文本文件相似程度、文本聚类、文本分类等方面。TF-IDF 的计算步骤如下。

（1）计算 TF（词频）。

TF（term frequency，词频）表示某个词组在整个文本中出现的频率，其计算公式如下：

$$\text{TF}=\frac{\text{某个词在文本中的出现次数}}{\text{文本中所有词的个数}}$$

（2）计算 IDF（逆文档频率）。

IDF（inverse document frequency）即逆文档频率。文档频率是指某个关键词在整个文本库所有文件中出现的次数。逆文档频率又被称为倒文档频率，它是文档频率的倒数，主要用于降低所有文档中一些常见却对文档影响不大的词语的作用。为防止分母为 0（即词语在文本库中不存在），使用“包含该词的文本数 +1”作为分母。IDF 的计算公式如下：

$$\text{IDF}=\log\left(\frac{\text{方本库中文本的总数}}{\text{包含该词的文本数}+1}\right)$$

（3）计算 TF-IDF（词频－逆文档频率）。

综上，TF-IDF 的计算方法如下：

$$\text{TF-IDF}=\text{TF}\times\text{IDF}$$

不难发现：TF-IDF 值越大，表示该特征词对这个文本的重要性越大。

由以上分析可知，TF-IDF 的优点是能过滤掉一些常见的却无关紧要的词语，同时保留影响整个文本的重要词语，该方法简单快速，结果比较符合实际情况；缺点是有时重要的词语可能出现次数并不多，仅仅以词频衡量一个词的重要性还不够全面，另外，这种算法无法体现词语的位置信息。

综上分析，如果同时计算一个文件中所有词组的 TF-IDF，将这些词的 TF-IDF 相加，可以得到整个文本文件的值，从而可用于文本文件的相似度比较。

6. 机器学习

机器学习（machine learning，ML）是实现人工智能的一种方式，是人工智能最前沿的研究领域之一。机器学习就是“让机器进行学习”，通俗地讲，就是“训练一个模型”。机器学习有多种学习方法，常见的有监督学习、非监督学习、强化学习和迁移学习等。机器学习有助于解决目前常用审计方法的不足，采用机器学习算法，通过自动地从提供的训练数据中学习，让审计方法变得更“智能”。关于机器学习在审计中的应用将会在第 8 章做具体分析。

7. RPA 技术

RPA（robotic process automation，机器人流程自动化）技术是一种新的软件技术，它能根据预先设定的程序和规划，模拟人类与计算机系统的交互过程，自动执行大批量、重复性的任务，并通过遵循简单的规则来做出决策，从而实现工作流程自动化。

由于审计是一种劳动密集型的工作，大多审计工作是成熟的、稳定的、高重复的任务以及标准化程度较高的流程，大量重复的工作占用了审计人员大量的时间。而这些任务和流程不需要太多的人工干预，因此审计工作自动化成为一种理想的选择。特别是在大数据环境下，被审计单位具有多个应用系统，审计人员在审计时需要与多个系统进行交互。当审计人员需要在频繁访问多个系统时，一些人工操作可能会导致较高的人为错误。RPA

技术的优势是能实现与多个应用系统的自动交互，这使得这些审计操作非常适合应用 RPA 技术。

8. 机器人技术

机器人（robot）是自动执行工作的机器装置。它既可以接受人类指挥，又可以运行预先编排的程序，也可以根据以人工智能技术制定的原则纲领行动。

人类第一台真正意义上的机器人——“一个可以自动完成搬运的机械手臂”，由被誉为“机器人之父”的约瑟夫·恩格尔伯格（Joseph Engelberger）发明制造。

1958 年，恩格尔伯格创立了 Unimation（Universal Animation，意思为“通用自动化”）公司，并于 1959 年研制出世界上第一台工业机器人。1961 年，这台工业机器人应用于通用汽车公司。这个发明“彻底改变了现代工业和汽车制造的流程”。

1983 年，恩格尔伯格退出工业机器人行业，将 Unimation 公司卖给了西屋公司。1984 年，恩格尔伯格又创建了 TRC 公司，开始研发服务机器人。1988 年，恩格尔伯格推出了世界第一个服务业机器人 HelpMate。

从目前的审计应用来看，审计机器人的应用还处于起步阶段，目前还没有设计成一种自动执行审计工作的机器装置，设计与实现机器装置式审计机器人还面临一定的挑战，但 RPA 技术的出现为实现审计机器人带来了机遇，关于目前基于 RPA 技术的审计机器人的应用将会在第 9 章进行分析。

随着机器人技术的发展，今后可以采用机器装置式审计机器人帮助完成相关审计工作，其应用示例如图 6-7 所示。

9. 社会网络分析技术

（1）社会网络分析方法原理分析。

网络指的是各种关联，社会网络就是社会关系所构成的一种关系结构，一个社会网络是由一些特定范围的行动者以及行动者之间的关系组成的，它可以反映行动者之间的社会关系。构成社会网络的主要要素简述如下。

图 6-7 审计机器人示例

1）行动者（actor）：可以是具体的个人，也可以是一个团体或组织。这些行动者在网络中构成关系的节点（node）。

2）关系（relationship）：行动者之间的关系形式是多种多样的，如股权关系、合作关系、亲属关系、交换关系等，这些关系构成了不同的网络。

3）纽带（tie）：行动者之间相互的关联称为关系纽带。

社会网络分析（social network analysis，SNA）是对社会网络的关系结构及其属性加以分析的一套规范和方法，它基于信息学、数学、社会学、管理学、心理学等多学科的融合理论和方法，为理解人类各种社会关系的形成、行为特点分析以及信息传播规律提供了一种可计算的分析方法。社会网络分析采用的方式和方法从概念上有别于传统的统计分析和数据处理方法，它是研究一组行动者关系的研究方法，关注的焦点是关系和关系的模式。

（2）社会网络分析方法概述。

目前，社会网络分析在市场营销、广告、企业招聘、跟踪预测流感的爆发、预测票房等方面得到应用，一些流行的大数据可视化分析工具，如R语言、Python、Gephi、Pajek等也具有强大的社会网络分析功能。因此，在大数据环境下，审计人员可以借助社会网络分析方法开展大数据智能审计，发现相关审计线索。

对于社会网络分析方法，审计人员没有必要研究太多的理论，运用R语言、Python、Pajek、Gephi等工具实现该方法，完成审计数据分析，发现审计线索才是关键。相关社会网络分析工具简介如下。

1）Pajek。

Pajek在斯洛文尼亚语中是蜘蛛的意思。Pajek在Windows环境下运行，是一种大型复杂网络分析工具，可用于目前所存在的各种复杂非线性网络的分析和可视化操作。Pajek的社会网络分析结果示例如图6-8所示。

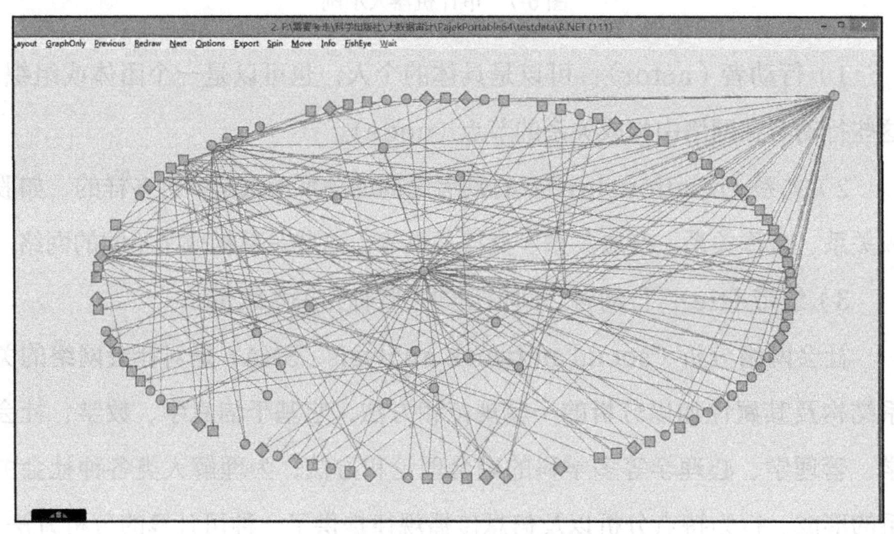

图6-8　基于Pajek的社会网络分析示例

2）Gephi。

Gephi的社会网络分析结果示例如图6-9所示。

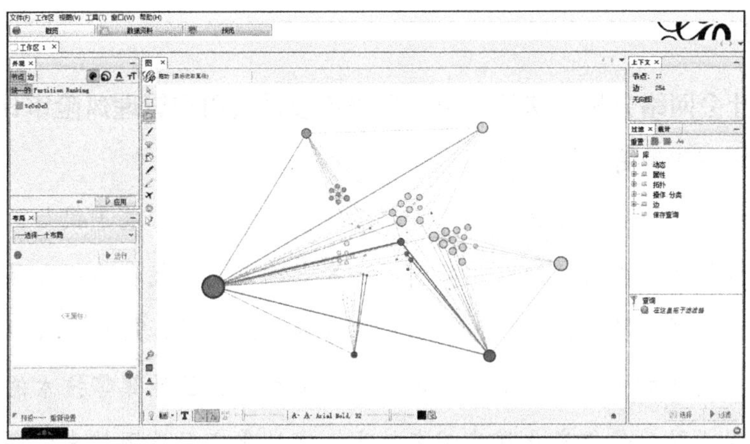

图 6-9 基于 Gephi 的社会网络分析示例

3）R 语言。

除了运用 Pajek、Gephi 等工具实现社会网络分析之外，审计人员也可以运用开源工具 R 语言实现基于社会网络的审计数据分析，其分析结果示例如图 6-10 所示。

图 6-10 基于 R 语言的社会网络分析示例

▶ 案例

社会网络分析方法的应用：金融科技系统用户管理风险审计

1. 案例背景简介

近年来，金融业务和模式不断创新，以网上银行、电子银行、手机银行、直销银行、微信银行以及多种第三方支付方式为代表的新金融业务和模式快速发展。随着金融行业信息化技术的广泛应用，信息科技风险成为金融行业关注的重点。目前，大数据、人工智能、云计算等技术的应用和发展使得金融单位信息化程度越来越高，信息化应用范围越来越广，对信息化的依赖程度越来越高，使用的应用系统越来越多，业务系统也越来越复杂。这些金融科技的快速发展和广泛应用也增加了风险的识别难度，创新审计方法成为必然。在金融科技环境下，目前常用的信息系统（信息科技）审计方法，如访谈、现场观察、文档查看、抽样、穿行测试等已不能完全满足需要，仅靠现有的审计方法很难发现相关潜在的信息系统风险，信息科技风险审计方法需要不断创新。

本案例以金融科技系统用户管理风险审计为例，分析如何应用社会网络分析技术开展金融科技风险审计。

为了审计金融科技系统用户管理风险，需要从被审计单位信息管理部门采集相关操作用户信息等数据。通过审计这些数据，可以掌握目前该被审计单位所有应用系统中的操作用户情况，例如用户状态、用户相关信息等。以某金融科技系统用户管理风险审计为例，假设现已获得相关数据，以该金融科技系统中的用户信息数据为例，其表结构如图 6-11 所示。

2. 常用审计方法的不足

如第 4 章所述，用户及权限管理是信息系统运行管理中的一项重要内容，它要求“应保证只有经授权的用户才能访问，防止非授权访问”。因此，在开展信息系统运行管理审计时，审计人员需要检查业务系统是否能保证只有经授权的用户才能访问，能否防止非授权访问。对于金融科技系统审计来说，审计人员可以通过分析金融科技系统中是否存在操作用户拥有多个账号的情况，以及这些账号是否都可以正常使用等，达到防范相关金融科技风险的目的。

数据库中的表名：Fintech_User.operators	中文表名：金融科技系统用户信息表
数据库中的字段名	字段名内涵
operator_no	用户编号
op_branch_no	操作分支机构
operator_kind	用户类型
operator_name	用户姓名
id_kind	证件类别
id_no	证件号码
operator_card	操作卡号
operator_depart	用户所属部门
registe_date	登记日期
cancel_date	注销日期
oper_status	用户状态
……	……

图 6-11 某金融科技系统用户信息数据示例

在传统环境下，被审计单位信息化程度低，应用系统较少，操作用户较少，因此，对于用户及权限管理审计只需要做简单的访谈或现场查看一下被审计单位的应用系统即可。但随着金融科技的广泛应用，目前被审计单位信息化程度高，应用系统较多，一些单位应用系统多达几百个，甚至上千个。另外，操作用户也较多。因此，金融科技系统的用户及权限管理是一个重要挑战。目前常用的审计方法存在以下不足。

重号分析是数值分析中的一种常用方法，它用来查找审计数据某个字段（或某些字段）中是否存在重复的数据。通过重号分析方法，审计人员可以查找被审计单位应用系统中是否存在用户拥有多个账号的情况。以审计软件 IDEA 举例，重号分析方法应用的示例如图 6-12 所示。

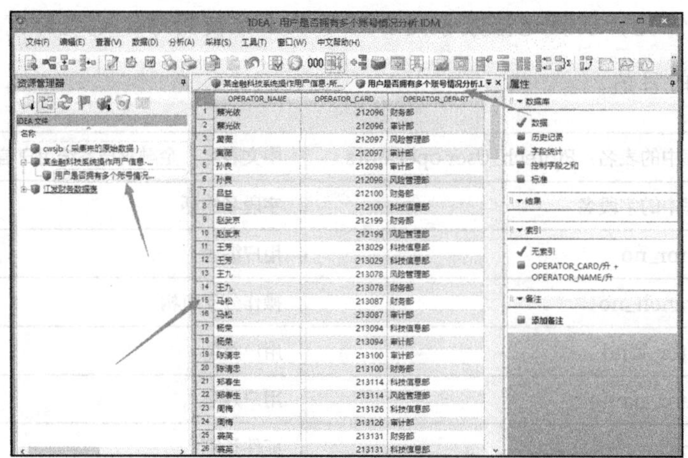

图 6-12 基于 IDEA 的操作用户信息数据重号分析结果示例

对于重号分析方法，也可以运用 SQL 语句实现。以 Microsoft Access 数据库软件为例，运用 SQL 语句进行重号分析的示例如图 6-13 所示。

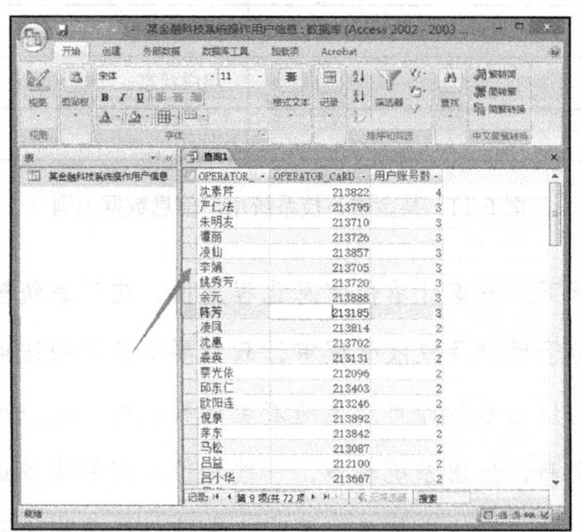

图 6-13 基于数据库工具的操作用户信息数据重号分析结果示例

由图 6-12 和图 6-13 不难看出：常用的重号分析方法虽然能查找被审计单位的信息系统中操作用户是否存在一人拥有多个账号的情况，但不能很清楚、形象地展示出拥有多个账号的操作用户分别分布在哪些部门、操作用户和所在部门的关系，以及对于每一个操作用户，其拥有的多个账号是否都可以正常使用等详细信息。

3. 基于社会网络分析的金融科技系统用户管理风险审计方法原理

基于社会网络分析的金融科技系统用户管理风险审计方法原理可简单描述为：采集被审计金融科技系统的全单位操作用户信息等数据，采用社会网络分析工具对全单位操作用户信息等相关结构化数据进行建模和整体分析，通过对社会网络分析的可视化结果图形和图像进行分析和观察，从总体上发现操作用户与所在部门之间的相互关系，从而发现是否存在用户属于不同部门的审计线索。在此基础上，再进行延伸分析。例如，通过对全单位操作用户信息数据进行分析，了解同时属于不同部门的用户的账号状态，确认其两个或多个账号是否都可以正常使用。通过对以上发现的这些异常数据做进一步的延伸审计和审计事实确认，最终获得审计证据。

综上分析，基于社会网络分析技术的金融科技系统用户管理风险审计方法原理如图 6-14 所示。

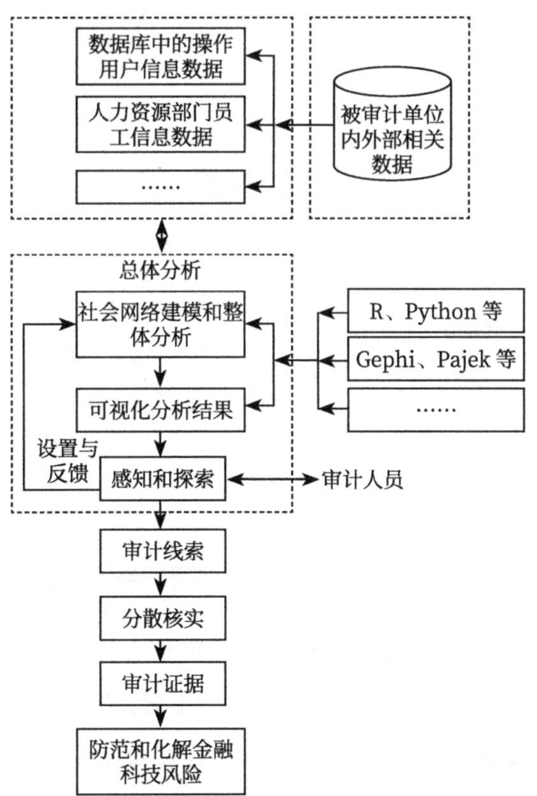

图 6-14　基于社会网络分析技术的金融科技系统用户管理风险审计方法原理

4. 基于社会网络的金融科技系统用户管理风险整体分析

为了从整体上掌握金融科技系统中是否存在操作用户在多个部门拥有用户账号的情况，基于前文的分析，我们采用社会网络分析方法对全单位操作用户信息数据进行分析，整体动态分析结果的一个示例如图 6-15 所示。

由图 6-15 可以清晰地发现：被审计单位的金融科技系统中存在多名操作用户在多个部门拥有用户账号的情况，这对被审计单位金融科技系统的运行管理造成潜在的风险隐患。

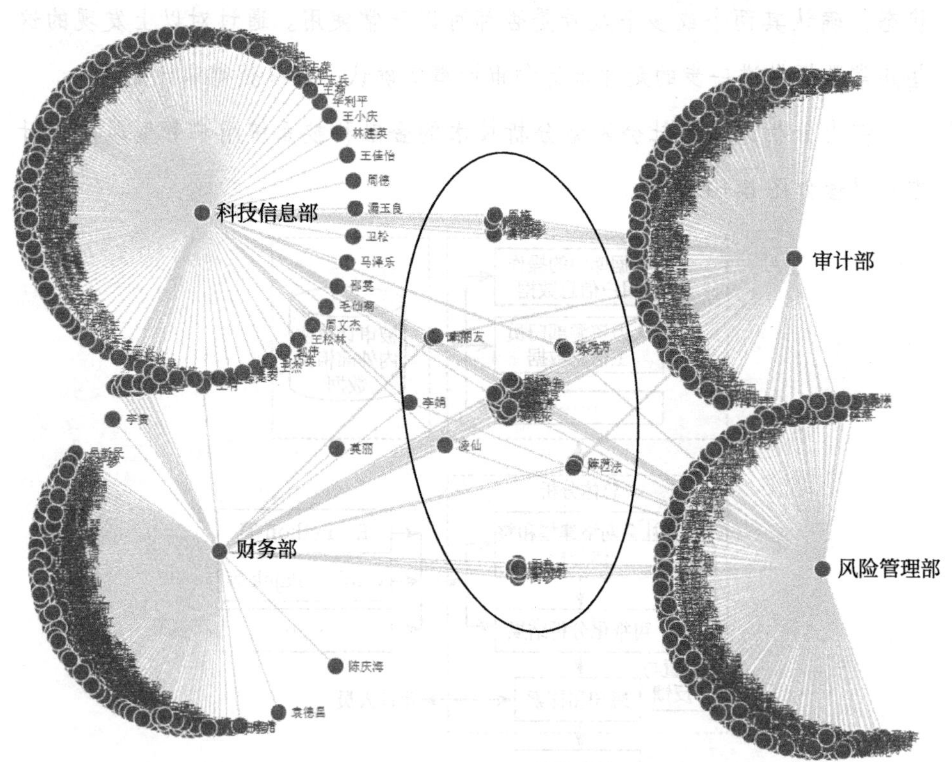

图 6-15　基于社会网络的金融科技系统用户管理风险审计方法分析结果示例

在图 6-15 所示的分析结果的基础上，审计人员可以进一步对拥有多个账号的用户做进一步的动态查看。以用户“朱明友”为例，如图 6-16 所示，可以发现用户“朱明友”在科技信息部、财务部以及审计部三个部门同时拥有用户账号。

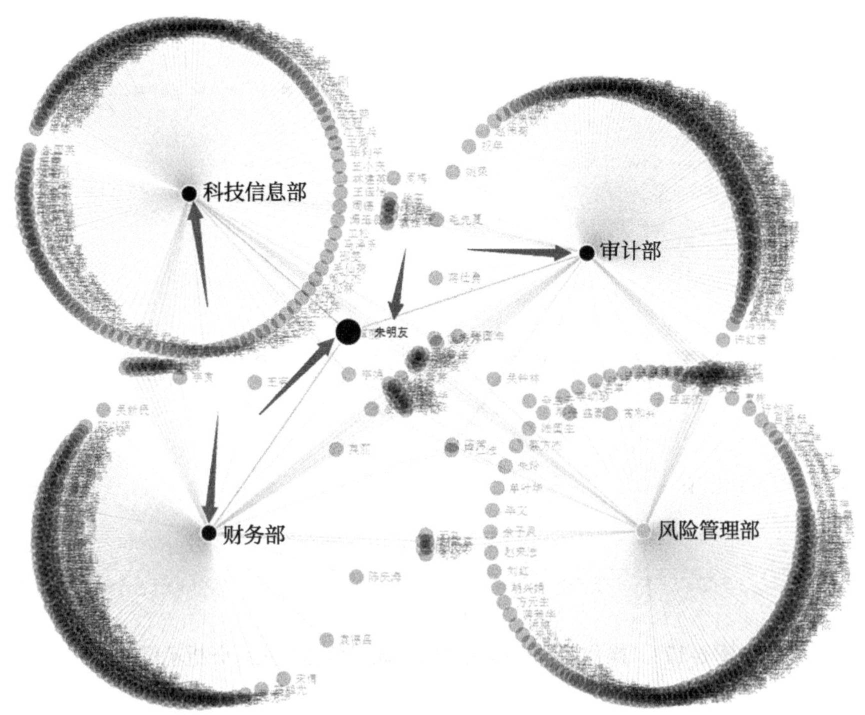

图 6-16　拥有多个账号的用户与所在部门的网络关系进一步察看结果示例

5. 具有多个账号用户的具体状态情况可视化分析

为了进一步分析这些在多个部门拥有账号用户的具体信息，如拥有的多个账号是否都可以正常使用，我们采用散点图可视化分析方法对操作用户信息数据做进一步的分析，了解拥有多个账号的用户账号的状态情况，其中的一个分析结果示例如图 6-17 所示。在图 6-17 中，X 坐标为拥有多个账号的操作用户，Y 坐标为操作用户所在部门，散点的形状表示用户账号的状态：0 表示用户账号可以正常使用，1 表示用户账号已冻结（暂停使用），2 表示用户账号已注销。

由图 6-17 可以清晰地发现：被审计单位金融科技系统中存在多名操作用户在多个部门拥有多个均能正常使用的用户账号的情况（散点为圆形），这对被审计单位金融科技系统的运行管理造成潜在的风险隐患。以用户“朱明友”为例，其在科技信息部、财务部以及审计部三个部门同时拥有用户账号，且三个用户账号的状态均为正常使用（散点为圆形）。

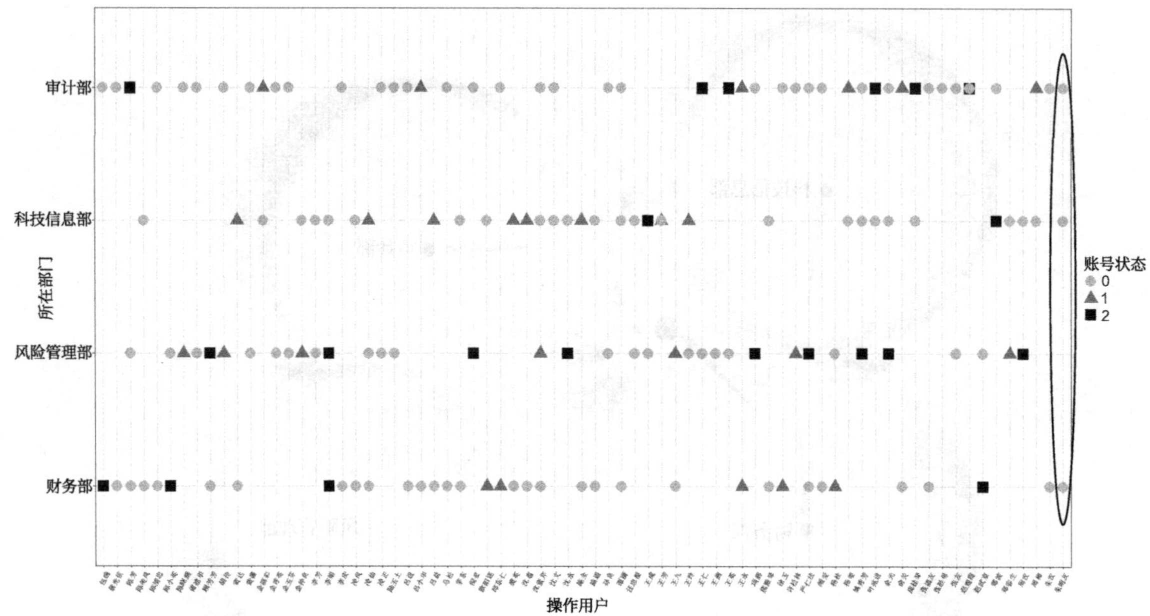

图 6-17 “操作用户—所在部门—账号状态”关系分析示例

☞ 本章结语

近年来，人工智能的研究与应用得到了广泛的重视。大数据、云计算、人工智能等信息技术的发展与应用为审计信息化的发展带来了机遇，利用这些信息技术集成、优化、创新审计流程与审计模式，实现智能审计，成为审计行业发展的必然趋势。本章介绍了人工智能的发展、应用，以及常用人工智能技术及其审计应用。主要内容如下。

人工智能（artificial intelligence，AI）是研究开发能够模拟、延伸和扩展人类智能的理论、方法、技术及应用系统的一门新的技术科学，研究目的是促使智能机器会听（语音识别、机器翻译等）、会看（图像识别、文字识别等）、会说（语音合成、人机对话等）、会思考（人机对弈、定理证明等）、会学习（机器学习、知识表示等）、会行动（机器人、自动驾驶汽车等）。

1956 年 8 月，LISP 语言（当时人工智能领域最主要的编程语言）创始人约翰·麦卡锡（John McCarthy）、人工智能与认知学专家马文·明斯基（Marvin Minsky）、信息论的创始人克劳德·香农（Claude Shannon）、计算机科学家艾伦·纽厄尔（Allen Newell）、诺贝尔经济学奖得主赫伯特·西蒙（Herbert Simon）等科学家聚在美国达特茅斯学院（Dartmouth College），一起研讨“如何用机器模拟人的智能”。这次会议首次提出“人工智能”这一概念，标志着人工智能学科的诞生。因此，1956年也就成为人工智能元年。

随着互联网、大数据、云计算、物联网等信息技术的发展，电子计算能力大大提高，人工智能算法越来越好，大数据为人工智能的机器学习提供了数据基础，这使得人工智能技术与应用得到快速发展。目前，人工智能已在零售、交通、制造、家居、教育、医疗、金融等行业中得到广泛应用。

常用人工智能技术有OCR技术、语音识别技术、语音合成技术、图像识别技术、自然语言处理技术、机器学习、RPA技术、机器人技术、社会网络分析技术等。为了更好地理解智能审计，本章还给出了这些常用人工智能技术的审计应用案例。

通过本章的学习，读者可以了解人工智能的基础知识，从而为后面深入学习智能审计打下基础。

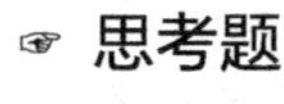

☞ 思考题

1. 谈谈你对人工智能的认识。
2. 人工智能经历了哪些发展阶段？
3. 谈谈你了解的人工智能技术。
4. 列举一些你所知道的人工智能应用案例。
5. 人工智能的发展对审计有什么影响？

第7章

智能审计概述

本章学习目标

- 熟悉智能审计的内涵
- 了解大数据、云计算及其与智能审计的关系
- 借助案例了解智能审计的相关应用情况

在传统审计环境下，审计人员手工检查被审计单位的纸质材料，如账簿、会计凭证以及其他各类财务报表资料等，审计效率低，审计成本高。进入审计信息化时代，无论是开展电子数据审计，还是信息系统审计，审计对象由纸质的材料转变为以电子数据和信息系统为主，采用的审计手段为各类审计软件与工具，这在一定程度上提高了审计效率，降低了审计成本。但审计工作仍然需要大量的人工参与，不能实现审计的自动化与智能化。

近年来，大数据、云计算、人工智能等信息技术的发展与应用为智能审计的研究与应用带来了机遇。本章在上一章的基础上，将介绍智能审计的内涵，大数据、云计算及其与智能审计的关系，以

及智能审计的应用案例。通过本章的学习，可以了解智能审计的基础知识，从而为后文深入学习智能审计打下基础。

7.1　智能审计的内涵

7.1.1　智能审计的内容

由前文分析不难发现，目前人工智能已在相关行业得到广泛应用。近年来，审计范围越来越广，审计业务越来越多，被审计单位的环境也越来越复杂，同时在大数据环境下，被审计单位的数据量快速增长，这些都要求审计人员必须在更短的时间内完成更多的工作，并且要更好地实现审计的目标。人工智能等技术可以减少审计数据采集和分析的时间，降低简单重复的劳动；运用人工智能等技术，对审计大数据进行分析，特别是纸质合同中的信息数字化后，能够让软件自主学习审计的思维模式，使审计人员把更多的精力用于解决关键问题上。随着人工智能技术的发展及其在相关行业的应用，审计、会计等领域也迫切需要应用人工智能技术。

简单地讲，智能审计就是利用大数据、人工智能、云计算、机器人、自动化等先进的信息技术，实现审计作业和审计管理的智能化，从而全面提高审计效率。其主要内容如图 7-1 所示。

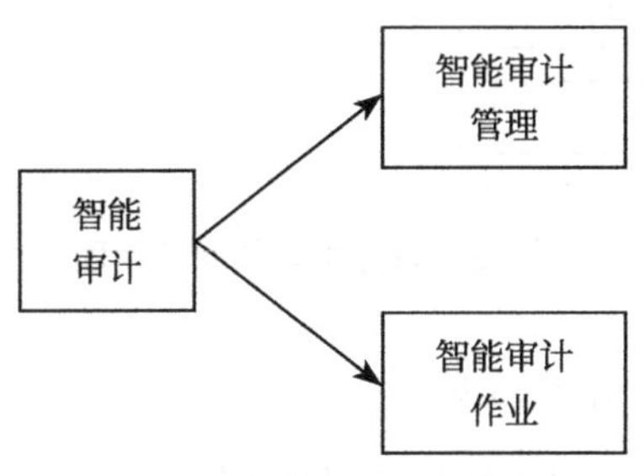

图 7-1　智能审计的主要内容

智能审计是审计信息化发展的高级阶段。在智能审计时代，审计的事务性工作、重复性工作将由“人工”转向“人工智能”，各类智能审计软件自动按审计人员的思路“智能”地完成审计数据采集、审计数据预处理、审计数据分析、审计线索核实、审计报告生成等工作。另外，还可以将审计人员从繁杂的重复性工作中解放出来，实现审计工作流程自动化，从而提高审计效率。

目前，智能审计理论与方法已开始逐步走向应用。

7.1.2 智能审计作业

简单地讲，智能审计作业就是利用大数据、人工智能、云计算、机器人、自动化等先进信息技术开展审计作业，实现审计作业的智能化。智能审计作业的原理如图 7-2 所示。

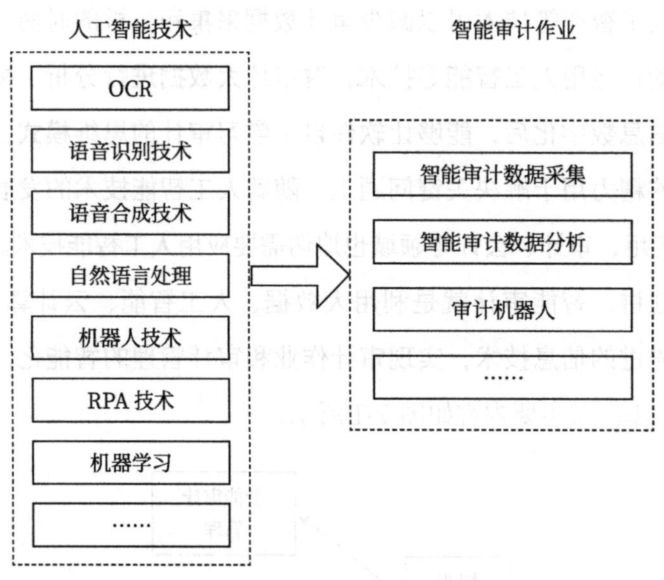

图 7-2 智能审计作业的原理

智能审计作业示例分析如下。

（1）基于 OCR 技术实现智能审计数据采集。

审计人员使用 OCR 技术可以实现纸质材料的智能审计数据采集。通过 OCR 综合使用图像处理、计算机视觉、自然语言处理和深度学习等技术，准确全面地识别扫描件和图片中的文字，并通过语义分析理解抽取出业务所需的关键要素，在识别的同时实现文档的电子化和结构化处理。

（2）基于图像识别技术实现图像智能分析。

审计人员使用图像识别技术可以实现图像数据的智能分析，从而满足大数据环境下非结构化数据分析的需要。

（3）基于 RPA 技术实现智能审计数据采集与分析。

审计人员可以根据审计业务的需要，通过 RPA 技术实现智能审计数据的采集与分析。审计人员使用 RPA 技术可以实现自动采集被审计单位内部相关财务与业务系统中的数据，可以自动抓取与被审计单位相关的外部网站信息，也可以自动扫描采集发票或电子发票中的关键信息，如发票号码、发票代码、开票日期等。

例如，在发票查询验真中，通过 RPA 软件自动采集发票中的关键信息，如发票号码、发票代码、开票日期等信息，然后，自动登录税务机关的查验网站，输入相关发票信息，查验发票真伪。这一应用将在后文做详细介绍。

（4）基于语音识别 / 语音合成技术实现智能审计服务机器人。

审计人员可以根据审计业务的需要，通过语音识别 / 语音合成技术实现相关智能审计服务机器人。例如，设计审计咨询机器人，通过审计咨询机器人，可以实现机器人与审计人员的互动，解答审计人员在审计过程中遇到的相关法律法规等问题；设计审计访谈机器人，通过审计访谈机器人，可以帮助审计人员自动完成审计访谈等工作。

（5）基于机器学习等技术实现智能审计数据分析。

机器学习（machine learning，ML）是实现人工智能的一种方式，是人工智能最前沿的研究领域之一。审计人员可以应用机器学习算法和大数据去训练不同的审计模型，从而实现智能审计数据分析。这一应用将在后文做详细介绍。

（6）实现智能持续审计 / 联网审计。

在未来的审计工作中，审计人员可以利用人工智能技术实现对被审计单位的持续审计，实时监控被审计单位，当发生异常交易时，人工智能软件自动收集相关数据，并做进一步分析和复核，对需要进一步落实的疑点进行分级预警，并将信息推送给相关审计人员进行查证处理。

7.1.3 智能审计管理

目前，审计管理一般包括审计公文与文书处理、被审计单位资料信息管理、审计人员信息管理、项目资料管理、项目计划管理、经费安排、法律法规管理、人员培训等，除审计作业外，都可以归入审计管理系统。

在信息化环境下，为了提高审计管理效率，审计管理信息化和智能化势在必行。大数据、人工智能、云计算、机器人等先进信息技术为实现智能审计管理提供了机遇。

一般来说，审计管理功能示例如图 7-3 所示。

其中，审计工作管理为审计项目管理提供年度计划，审计工作管理主要包括年度计划、审计人员、外聘人员、统计分析等模块，这些模块可以帮助审计单位完成年度计划的管理、本单位审计人员和外聘人员的管理，以及年度计划、本单位审计人员和外聘人员等相关内容的统计分析工作。

审计项目管理为审计作业管理提供审计方案，审计项目管理主要包括项目计划、审计方案、项目文档、项目评价、整改问题、项目模板、项目统计等模块，这些模块可以帮助审计单位完成审计的项目计划、审计方案、项目文档、项目评价、整改问题、项目模板、项目统计等相关内容的管理工作。

审计作业管理为审计项目管理提供各个审计项目的实施方案、审计底稿、审计报告等材料。审计作业管理主要包括实施方案、审计底稿、审计报告、结果评价、模板管理等模块，这些模块可以帮助审计单位完成每个审计项目作业过程中实施方案、审计底稿、审计报告、结果评价等相关内容的管理工作。

审计知识管理为审计作业管理提供审计经验、审计相关法律、法规等审计知识，便于审计人员开展审计工作。审计知识管理主要包括法规库、历史项目、审计知识、审计经验等模块。

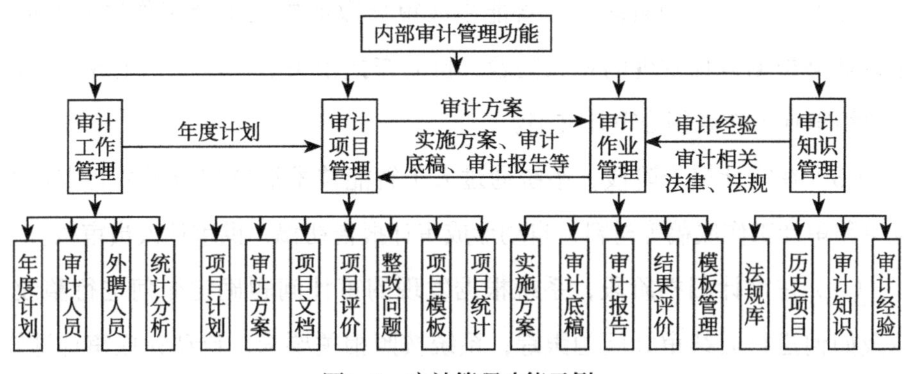

图 7-3 审计管理功能示例

在审计管理中，利用大数据、人工智能、云计算、机器人、自动化等先进信息技术，可以实现对审计工作、审计项目、审计作业、审计知识等功能的集中、统一管理，实现审计管理的智能化。审计管理的智能化示例如下。

1.“审计项目 - 审计人员”智能匹配

在审计项目人员的安排上，根据审计项目的特点，系统会智能分析审计人员库中审计人员的特长和信息，自动匹配出合适的审计人员参加合适的审计项目，实现审计人员和审计项目之间的优化配置。

2. 审计文书智能编写

在审计文书编写方面，系统能够智能生成审计通知书、审计实施方案、审计取证单、审计工作底稿、审计报告等。

（1）在审计准备阶段，根据审计目标，系统通过对采集来的被审计单位的业务介绍、部门年度工作总结、风险分析报告、相关审计报告等相关文本数据进行智能分析，为审计人员提供目前被审计单位的相关业务情况、相关风险等，并能根据相关分析结果和审计单位对该被审计单位的已有审计情况和相关线索，智能筛选可疑的审计事项，自动确定重点审计范围，为自动生成审计实施方案提供决策依据。另外，应用 RPA 技术可以智能生成审计通知书。这一应用将在后文做详细介绍。

（2）在审计实施阶段，在智能生成审计取证单和审计工作底稿方面，系统能够根据审计发现的相关问题，自动查找相关法律法规，生成审计取证单和审计工作底稿等审计文书。

（3）在审计报告阶段，系统通过人工智能技术汇总和分析所有审计取证单和审计工作底稿等材料，自动形成审计报告初稿，供审计人员审核。

（4）在审计归档阶段，系统根据发现的审计问题确定如何进行整改，以及如何进行后续审计问题跟踪；系统按照相关要求，自动完成审计通知书、审计实施方案、审计取证单、审计工作底稿、审计报告等审计文书和相关材料的归档，保证档案规范和材料完整。

3. 智能决策支持

利用大数据、人工智能、云计算、机器人、自动化等先进信息技术，可以帮助审计单位实现智能决策支持。

（1）利用大数据、人工智能、云计算等先进信息技术，系统能够智能记录各级审计部门的基本信息、在审项目和已审项目信息，实时追踪审计人员的计划安排情况及项目工作状态，以及部门人员的工作分布情况，并对审计工作内容及工作量等信息进行智能分析，合理对审计资源进行智能管理和调配，从而为负责人制订审计计划或合理安排项目人员提供智能决策依据。

（2）通过智能统计分析对全部审计项目、审计资源，实现全面、准确、及时的信息统计分析，为合理制订年度审计计划提供依据。

（3）通过智能分析，对审计整改进行关注和跟踪，提高审计结果的利用率。

4. 审计档案智能管理

审计档案管理是对审计项目的相关文档进行电子化归档管理，这些文档包括审计项目开展中形成的各种文件和材料，如审计通知书、审计方案、审计底稿、审计证据和审计报告等。利用大数据、人工智能、云计算、机器人等先进信息技术，可以实现审计档案管理的智能化和项目档案共享利用，例如，通过无线射频识别技术（RFID），审计人员可对审计档案材料进行自动信息登记、档案清点、档案信息查询、档案外借、档案归还等日常管理工作，同时由系统自动进行相关记录。

RFID 简介

无线射频识别技术（radio frequency identification，RFID）是自动识别技术的一种，是通过无线电波快速进行信息交换和存储的技术，实现了非接触式的双向通信，从而达到识别目标和数据交换的目的。

利用智能语音识别技术，实现和审计档案管理系统的智能交互，便于审计人员的智能查阅。

5. 智能绩效考核

绩效考核可以实现对审计项目、审计人员、中介机构的考核评分，并支持对考核评分体系的设置。例如，对审计项目进行评分考核，所有的评分人评分完成之后，系统自动计算出项目的考核平均分，系统通过项目的评分也能自动计算出中介机构的评分，从而实现对审计项目的质量控制，提高审计人员、中介机构的审计项目质量。

利用大数据、人工智能、云计算、机器人、自动化等先进信息技术，可以自动跟踪和记录审计作业与审计管理过程，系统能自动计算出项目的考核分数，实现审计绩效考核的智能化。

6. 审计知识智能管理

审计知识模块是提供审计知识共享的平台，供审计人员查阅和学习。审计知识主要包括法律制度、审计案例等模块，可以方便审计人员快速检索法规制度，借鉴学习优秀的审计案例，满足审计人员的审计业务知识需求，提高审计人员业务能力。

利用大数据、人工智能、云计算、机器人、自动化等先进信息技术，可以根据审计人员的特点和现状，智能、个性化地向审计人员推送所需要的审计知识，实现审计知识管理的智能化。

7.2 大数据、云计算与智能审计

1. 大数据

（1）大数据的内涵。

在2008年9月4日《自然》（*Nature*）杂志上的“Big data special”大数据专题论文中，作者对当时正在制定的、可最为充分地利用海量数据的最新策略进行了探讨，首次提出大数据（big data）的概念（Lynch，2008），认为大数据的来源有三个：

1）天体物理和粒子物理。这些领域的研究产生大量数据，根本来不及处理，连分类都来不及，更谈不上再利用。

2）生物科学。基因、蛋白研究产生的数据。

3）社会社交网。社交网产生巨量的数据，而且非结构化，尚没有较好的数据库存储。

2011年6月，世界著名咨询机构麦肯锡公司发布了报告《大数据：下一个创新、竞争和生产力的前沿》（*Big Data: The Next Frontier for Innovation, Competition, and Productivity*），给出了大数据的定义：大数据指的是大小超出常规数据库工具获取、存储、管理和分析能力的数据集。高德纳咨询公司（Gartner）对大数据的定义为：大数据是具有大容量、快速和（或）多样性等特点的信息资产，为了能提高决策、洞察发现和流程优化，这种信息资产需要新形式的处理方法。

大数据时代的到来为各行业提供了机遇和挑战。目前，大数据的研究和应用已经成为国内外的热点。世界各国均高度重视大数据相关问题的研究与探索，并从国家战略层面提出研究规划以应对大数据带来的机遇和挑战。

（2）大数据的特点。

概括来说，大数据主要具有以下特点。

1）大量（volume）。

数据量大，非结构化数据的超大规模和快速增长，比结构化数据增长快10倍到50倍。

2）多样性（variety）。

大数据的形式多样，有很多不同形式，如文本、图像、视频、机器数据等。

3）快速（velocity）。

一方面数据量增长速度快，另一方面大数据要求实时分析，要求处理速度快。

4）真实性（veracity）。

数据必须是准确的、可靠的、一致的，具有可追溯性。

5）可视化（visualization）。

大数据分析的结果往往难以解释。如果通过可视化分析工具开展大数据审计分析，并生成易于理解的图形和图表，对于用户理解大数据以及大数据分析结果非常重要。另外，通过大数据可视化分析，对大数据以及大数据分析结果还可能有额外的、更好的探索和发现。

国际内部审计师协会在2017年发布的《理解与审计大数据》指南中，也把可视化作为大数据的一个重要特点。

（3）大数据审计简介。

随着信息技术的发展，大数据时代的到来为开展审计信息化提供了机遇和挑战。目前，被审计单位信息化程度越来越高，信息系统越来越复杂，需要采集的数据量越来越大，数据类型较多，不仅仅是数据库中的结构化电子数据，还包括一些与被审计单位相关的会议记录、会议决议、办公会通知、办公文件、业务介绍、部门年度工作总结、风险分析报告、相关审计报告、政策文件、内部控制手册、信息系统使用手册等非结构化数据。因此，审计工作与大数据之间已经密不可分。大数据时代的到来使得审计工作不得不面对被审计单位的大数据环境，如果不研究大数据环境下如何开展审计工作，审计人员将再次面临无法胜任审计工作的挑战。大数据环境对审计工作来说既是机遇，又是挑战，在大数据环境下需要考虑如何利用大数据技术审计电子数据、如何审计大数据环境下的电子数据、如何利用大数据技术审计信息系统、如何审计大数据环境下的信息系统等。

审计署在 2013 年 12 月 27 日的全国审计工作会议上指出：积极跟踪国内外大数据分析技术的新进展、新动态，探索在审计实践中运用大数据技术的途径，为推动大数据背景下的审计信息化建设做好准备。

2015 年 12 月 8 日，中共中央办公厅、国务院办公厅印发了《关于实行审计全覆盖的实施意见》等文件，其中，《关于实行审计全覆盖的实施意见》“七、创新审计技术方法”中指出，“构建大数据审计工作模式，提高审计能力、质量和效率，扩大审计监督的广度和深度”。适应大数据审计需要，构建国家审计数据系统和数字化审计平台，积极运用大数据技术，加大业务数据与财务数据、单位数据与行业数据以及跨行业、跨领域数据的综合比对和关联分析力度，提高运用信息化技术查核问题、评价判断、宏观分析的能力。

2017 年 3 月，中共中央办公厅、国务院办公厅印发的《关于深化国有企业和国有资本审计监督的若干意见》提出，“创新审计理念，完善审计监督体制机制，改进审计方式方法”。2016 年 12 月，世界审计组织大数据审计工作组成立，并于 2017 年 4 月 18 日在南京召开第一次会议。审计署在 2018 年 1 月召开的全国审计工作会议上指出“积极推进大数据审计”。中共中央总书记、国家主席、中央军委主席、中央审计委员会主任习近平 2018 年 5 月 23 日在主持召开的中央审计委员会第一次会议上指出“要坚持科技强审，加强审计信息化建设”。

2019 年 4 月 25 日，审计署办公厅印发了《2019 年度内部审计工作指导意见》，意见提出，“积极创新内部审计方式方法，加强审计信息化建设，强化大数据审计思维，增强大数据审计能力，综合运用现场审计和非现场审计方式，提升内部审计监督效能”。在社会审计方面，中国注册会计师协会 2017 年提出了研究大数据、人工智能等先进信息技术在注册会计师行业的落地应用，以促进会计师事务所的信息化。

综上所述，研究与应用大数据审计越来越重要。

什么是大数据审计（big data auditing）？目前尚无统一定义。根据目前的研究与应用情况，大数据审计是随着大数据时代的到来以及大数据技术的发展而产生的一种新的计算机审计（审计作业信息化）方式，其内容包括大数据环境下的电子数据审计（如何利用大数据技术审计电子数据、如何审计大数据环境下的电子数据）和大数据环境下的计算机信息系统审计（如何利用大数据技术审计信息系统、如何审计大数据环境下的信息系统）两方面的内容。大数据审计包括的主要内容如图 7-4 所示。由此可见，大数据审计伴随着大数据时代的到来而出现，是审计信息化的进一步发展。

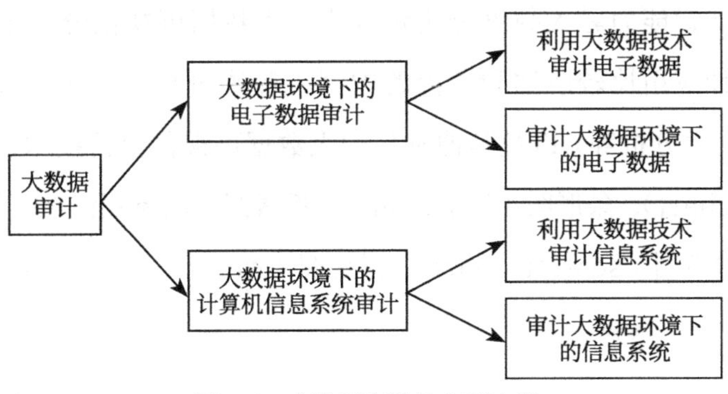

图 7-4 大数据审计的主要内容

（4）大数据审计技术与方法分类。

为了更好地满足大数据环境下开展审计工作的需要，相关的大数据审计技术应运而生，常见的大数据审计技术与方法一般可以概括如下。

1）大数据智能分析技术。

通俗地讲，大数据智能分析技术就是采用各种高性能数据处理算法、人工智能与挖掘算法等手段对被审计大数据进行分析，从而使审计人员能更好地从被审计大数据中获得审计线索。这是目前大数据分析领域的研究主流，它是从计算机的视角出发，强调计算机的计算能力和人工智能。目前关于大数据智能分析技术的研究在审计领域的应用仍不成熟，多是停留在理论研究层面。

2）大数据可视化分析技术。

人类非常擅长通过视觉获取有用信息，现代数据分析也日益依赖通过呈现图形来揭示含义和表达结果。如果通过可视化分析技术与工具将大数据转换成易于理解、易于呈现的图形和图表，对于用户理解大数据以及大数据分析结果非常重要。

通俗地讲，大数据可视化分析技术就是采用可视化分析技术与工具对被审计大数据进行分析，并将分析结果形成易于理解、易于呈现的图形和图表，从而使审计人员能更好地从被审计大数据中获得审计线索。大数据可视化分析技术是从人作为分析主体和需求主体的视角出发，强调基于人机交互的、符合人的认知规律的分析方法，目的是将人所具备的、机器并不擅长的认知能力融入数据分析过程中。大数据可视化分析技术是目前大数据审计应用比较成熟和主流的内容。有效的方法如文本可视化分析技术（标签云分析等）以及其他常见的大数据可视化分析技术，如气泡图（bubble chart）、条形图（bar chart）、折线图（line chart）、饼图（pie chart）、散点图（scatter chart）、雷达图（radar chart）、热力图（heat map）等。

3）大数据多数据源综合分析技术。

大数据多数据源综合分析技术是通过对采集来的各行各业、各类大数据，采用数据查询等常用方法或其他大数据技术方法进行相关数据的综合比对和关联分析，从而可以发现更多隐藏的审计线索。大数据多数据源综合分析技术也是目前审计领域应用大数据比较成熟和主流的内容。

由于大数据环境下数据量较大，所以审计人员一般应用 Oracle 数据库系统开展相关大数据的综合比对和关联分析。另外，在大数据环境下，常用审计数据分析方法，如账表分析、数据查询、统计分析、数值分析等，仍可以根据审计工作的实际情况使用，例如，与大数据技术一起组合使用、对审计大数据中的部分数据进行分析等。

2. 云计算

（1）云计算的内涵。

根据国家标准化管理委员会给出的定义，云计算（cloud computing）是指通过网络访问可扩展的、灵活的物理或虚拟共享资源池，并按需自助获取和管理资源的模式。

云计算三个层次的服务模式如下。

1）软件服务（software as a service，SaaS）。

软件服务为很多用户提供了应用软件服务，用户不需要日常的 IT 操作人员。

2）平台服务（platform as a service，PaaS）。

平台服务为很多用户提供了运行应用软件的环境，用户需要维护自己的应用软件。

3）设施服务（infrastructure as a service，IaaS）。

设施服务为很多用户提供了运行应用软件的环境，用户需要有自己的技术人员，如系统管理员、数据库人员、开发人员等。

（2）云计算的特点。

概括来说，使用云计算主要具有以下优点。

1）可提供动态变化的计算环境。

云计算平台能够按需对服务进行配置和管理，可以支持多种不同类型、不同需求的应用；云计算平台能够根据需要分配资源，具有可伸缩性，对业务具有灵活性。

2）数据存储能力强大。

云计算平台可提供海量存储环境，能够按需进行数据存取，支持海量数据管理和存储业务。

3）减少了相关成本。

使用云计算能够极大地提高硬件利用率，并能够在极短的时间内升级到巨大容量，而不需要用户自己频繁地投资构建新的基础设施、培训新员工，不需要频繁地升级软件，从而减少了相关成本。

4）云计算能够实现强大、高效的数据处理能力。

云计算在进行用户需要的信息计算处理时，可将庞大的计算处理程序拆分成无数个子程序，然后将这些子程序交由多部服务器组成的庞大系统进行搜索及计算分析，最后直接将处理结果回传给用户，这一过程可在极短时间内完成，因此具有强大、高效的数据处理能力。

5）云计算能够提供专业、高效和相对安全的数据存储。

优秀的云计算供应商能够提供专业、高效和相对安全的数据存储，用户运用云计算技术将数据存储在云计算平台中，相对于用户自己管理数据存储，它能在一定程度上消除因各种安全问题导致的数据丢失的顾虑。

（3）主流云计算服务提供商。

目前一些典型的云计算服务供应商有：

1）亚马逊 AWS 云。

亚马逊 AWS（Amazon web services）云是全球最全面、应用最广泛的云平台，通过全球数据中心提供超过 175 项功能齐全的服务，如计算、存储和数据库等基础设施技术，以及机器学习、人工智能、物联网等新兴技术。数百万用户都在使用 AWS 云来降低成本，提高敏捷性并加速创新。

2）微软 Azure 云。

微软 Azure 云是一个灵活的企业级公有云平台，提供数据库、云服务、云存储、人工智能、互联网等高效、稳定、可扩展的云端服务。它可以用来托管应用程序，可以使用关系 SQL 数据库、NoSQL 表存储和非结构化 Blob 存储来存储不同类型数据等。微软 Azure 云可以根据需要快速扩展或缩减，用户只需为使用的功能付费。

3）阿里云。

阿里云创立于 2009 年，是全球领先的云计算及人工智能科技公司，为 200 多个国家和地区的企业、开发者和政府机构提供服务。阿里云致力于以在线公共服务的方式，提供安全、可靠的计算和数据处理能力。阿里云在全球 21 个地域开放了 63 个可用区，为全球数 10 亿用户提供可靠的计算支持。

4）华为云。

华为云成立于 2005 年，是华为的云服务品牌，致力于提供稳定可靠、安全可信、可持续创新的云服务。

3. 智能审计中大数据、云计算、人工智能之间的关系

大数据、云计算与人工智能等技术之间有着密切的联系，例如，云计算的相关技术可以用来完成大数据存储和计算。人工智能和机器学习方法可以用来完成大数据分析（其中机器学习为人工智能的一个重要分支）。人工智能的应用需要大数据的支持，离开大数据，一些人工智能技术无法取得好的应用效果。

对智能审计来说，丰富的审计大数据为应用人工智能技术开展智能审计提供了基础；云计算的相关存储技术为审计大数据存储提供了基础，云计算的相关计算技术为智能审计中审计大数据的分析计算和人工智能算法的实现提供了基础，保证了智能审计的有效实现。概括来说，智能审计中大数据、云计算与人工智能之间的关系如图 7-5 所示。

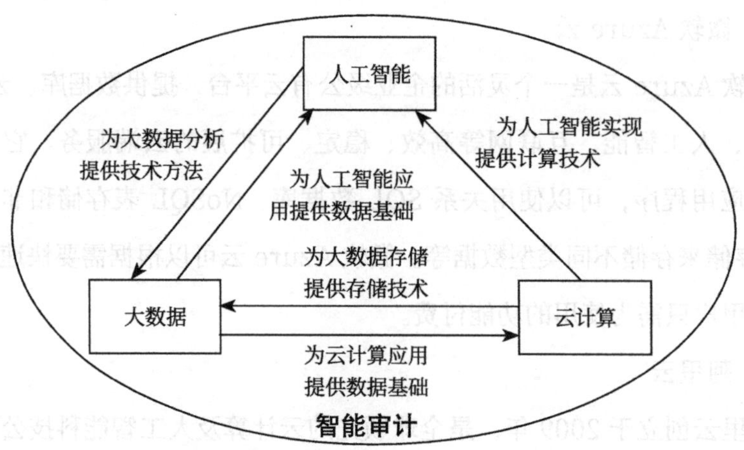

图 7-5　智能审计中大数据、云计算与人工智能之间的关系

4. 大数据审计与智能审计的区别

大数据审计强调如何利用大数据开展审计工作，以及面对大数据环境如何开展审计，强调的是大数据；智能审计强调如何利用人工智能相关技术开展审计，强调的是技术。二者又有密切的联系，例如，大数据审计利用大数据开展审计工作的一些技术方法也需要人工智能相关技术；智能审计在利用人工智能相关技术开展审计时，有些技术也需要大数据的支持，才能更好地发挥人工智能相关技术的优势。

7.3　智能审计应用案例

▶ 案例一

安永在审计过程中使用无人机监控库存

安永在审计过程中使用无人机来统计被审计生产工厂的车辆数量，并将这些数据直接传送到其全球审计数字平台——EYCanvas。另外，使用无人机可以在审计过程中获取更多数据。这使得审计人员不用手动盘点库存，节省的时间可以更专注于其他领域的审计工作。

▶ 案例二

德勤美国创新部门开发文件审查平台

由德勤美国创新部门开发的文件审查平台于2014年正式投入应用。德勤声称该平台已经实现了从合同中自动审查并提取所有重要的相关信息的功能，减少了烦琐费力的人类劳动。该平台有助于减少审查法律合同文件、发票、财务报表和董事会会议记录的时间（可以缩短50%以上）。德勤最近已将人工智能应用于租赁合同的分析。德勤声称，使用人工智能可以更容易地从合同中获取重要的相关信息，例如租赁开始日期、支付金额以及续约或终止选项。

▶ 案例三

德勤的人工智能机器人“小勤人”在银行内审中的应用⊖

银行的内部审计部门每年都需要结合当年的监管热点、行内业务发展情况，更新审计资料需求，向各业务部门发出资料调阅清单。之后，各业务部门将根据资料调阅清单向内部审计部门反馈情况。这些工作周期长、沟通成本高、重复工作量大，长期阻碍着内部审计部门有效发挥监督和查错纠弊的职能，也占用了大量的人力成本。

为了解决这一问题，银行的内部审计部门希望能实现：在工作开始前，按照往年的资料获取方法或逻辑，自动从系统中抽取今年的审计资料，并写入相应底稿。

德勤的人工智能机器人“小勤人”为解决这一问题提供了方案，“小勤人”可以协助内部审计部门实现以下工作。

（1）审计资料自动化、持续采集。

根据预设规则，在每天的非业务时段抓取系统中的各业务流程性文件（例如，业务台账、信贷合同、授信审批文件等多样化的审计调阅资料）。

⊖ http://www.yidianzixun.com/article/0LHFU9q0?s=&appid=oppobrowser.

（2）审计底稿初步填写。

结合既定规则，将审计证据填入审计底稿。

（3）审计项目管理。

记录审计资料获取情况和底稿填写情况，通过邮件和短信向审计经理自动汇报，使审计经理及时更新取数逻辑。

（4）文档初步审阅。

将非结构化数据（如信贷合同、手工单据）与结构化数据（如业务报表）进行智能化勾稽比对，并形成初步的审计结论。

德勤的人工智能机器人“小勤人”的引入使得单个审计证据的获取时间由以前的平均40分钟降低到30秒以下，单个流程的底稿编制由以前的1.5小时降低到30分钟以下，这将极大地节省内审工作中的人力成本耗费，提高审计效率。

☞ 本章结语

目前审计工作仍然需要大量的人工参与，不能完全实现审计的自动化与智能化。近年来，大数据、云计算、人工智能等信息技术的发展与应用为智能审计的研究与应用带来了机遇。本章介绍了智能审计的内涵、大数据、云计算及其与智能审计的关系，以及智能审计的应用案例。主要内容如下。

智能审计就是利用大数据、人工智能、云计算、机器人、自动化等先进信息技术，实现审计作业和审计管理的智能化，从而全面提高审计效率。其内容包括智能审计作业和智能审计管理。

智能审计作业就是利用大数据、人工智能、云计算、机器人、自动化等先进信息技术开展审计作业，实现审计作业的智能化。在审计管理中，利用大数据、人工智能、云计算、机器人、自动化等先进信息技术，可以实现对审计工作、审计项目、审计作业、审计知识等功能的集中、统一管理，实现审计管理的智能化。

根据Gartner（高德纳咨询公司）给出的定义，大数据（big data）是具有大容量、快速和（或）多样性等特点的信息资产，为了能提高决策、洞察发现和流程优化，这种信息资产需要新形式的处理方法。

根据国家标准化管理委员会给出的定义，云计算（cloud computing）是指通过网络访问可扩展的、灵活的物理或虚拟共享资源池，并按需自助获取和管理资源的模式。

大数据、云计算与人工智能等技术之间有着密切的联系，例如，云计算的相关技术可以用来完成大数据存储和计算。人工智能的机器学习等方法可以用来完成大数据分析。人工智能的应用需要大数据的支持，离开大数据，一些人工智能技术无法取得好的应用效果。

对智能审计来说，丰富的审计大数据为应用人工智能技术开展智能审计提供了基础。云计算的相关存储技术为审计大数据存储提供了基础，云计算的相关计算技术为智能审计中审计大数据的分析计算和人工智能算法的实现提供了基础，从而保证智能审计的有效实现。

大数据审计是随着大数据时代的到来以及大数据技术的发展而产生的一种新的计算机审计（审计作业信息化）方式，其内容包括大数据环境下的电子数据审计（如何利用大数据技术审计电子数据、如何审计大数据环境下的电子数据）和大数据环境下的计算机信息系统审计（如何利用大数据技术审计信息系统、如何审计大数据环境下的信息系统）两方面的内容。

大数据审计强调如何利用大数据开展审计工作，以及面对大数据环境如何开展审计，强调的是大数据；智能审计强调如何利用人工智能相关技术开展审计，强调的是技术。二者又有密切的联系，例如，大数据审计利用大数据开展审计工作的一些技术方法也需要人工智能相关技术；智能审计在利用人工智能相关技术开展审计时，有些技术需要大数据的支持，才能更好地发挥人工智能相关技术的优势。

为了更好地理解智能审计，本章还给出了一些智能审计应用案例。

通过本章的学习，读者可以了解智能审计的基础知识，从而为后面深入学习智能审计打下基础。

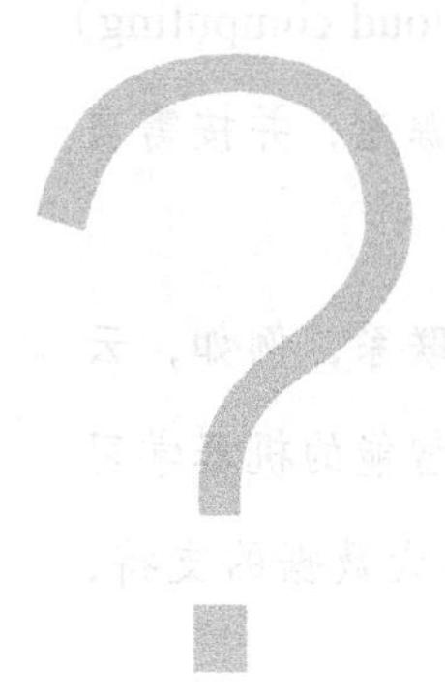

☞ 思考题

1. 谈谈你对智能审计的认识。
2. 人工智能对审计作业有什么影响？
3. 人工智能对审计管理有什么影响？
4. 智能审计中大数据、云计算与人工智能之间有什么关系？
5. 列举一些你所知道的智能审计应用案例。

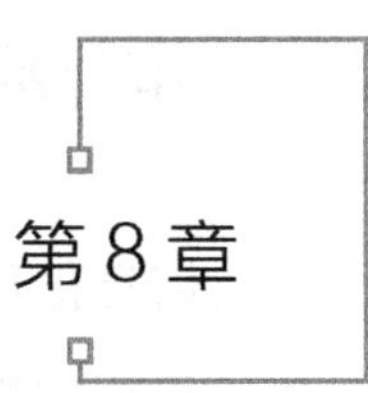

第8章

智能审计数据采集与分析

本章学习目标

- 熟悉实现审计数据智能采集的方法
- 熟悉实现审计数据智能分析的方法
- 了解如何应用 RPA、专家系统、机器学习等开展智能审计

无论是电子数据审计、信息系统审计，还是持续审计、联网审计等，在开展审计的过程中，审计数据的采集与分析是关键步骤。本章根据目前人工智能技术在审计应用中的发展现状，分析人工智能技术在审计数据采集与分析中的可行性应用，介绍如何利用大数据、人工智能、云计算、机器人、自动化等先进信息技术，实现审计数据采集与分析的智能化。通过本章的学习，读者可以加深对互联网、云计算、大数据等技术在智能审计中的应用的理解，从而为今后研究与应用智能审计理论与方法打下基础。

8.1 审计数据智能采集

在信息化环境下，为了更好地完成审计目标，获得充分的审计证据，采集所需要的相关审计数据非常重要。目前审计数据采集方法还存在一定的不足，影响了智能审计、大数据审计的开展。例如，目前审计大数据的全面性尚不够，例如，在大数据环境下，审计单位需要获得第三方数据来源，并将被审计单位数据与外部其他数据进行集成分析以充分发挥大数据的潜力。然而，目前尚未建立起数据访问与数据共享机制，这限制了大数据审计的效果，影响了审计取证的查全率，造成了一定的审计风险；对于地方审计机关或内部审计、社会审计来说，目前很难获得所需要的全部财政、税务、工商等数据；如何对一些纸质材料进行电子化，为大数据审计和智能审计提供数据基础也是目前审计工作的一项重要内容。

人工智能等技术可以用于审计数据采集中，更好地完成审计数据的采集。本节将对相关智能数据采集技术进行分析。

8.1.1 纸质材料智能采集

在审计工作中，审计人员可以通过 OCR 综合使用图像处理、计算机视觉、自然语言处理和深度学习等技术，准确全面地识别扫描件和图片中的文字，并通过语义分析理解抽取出业务所需关键要素，在识别的同时实现文档的电子化和结构化处理。相关应用示例如下。

1. 纸质票据类材料智能采集

（1）发票智能识别。

通过对电子发票、增值税普通发票、增值税专用发票、定额发票、通用机打发票等所有字段进行结构化识别，如发票类型、发票代码、发票号码、开票日期、机打号码、机器编号、销售方名称、购买方名称、购买方纳税人识别号、商品名称、项目、单价、数量、金额、税额、合计金额、校验码等信息，从而为审计人员开展大数据分析打下基础。

（2）火车票智能识别。

通过对红、蓝火车票的关键字段进行结构化识别，如车票号码、始发站、目的站、车次、日期、票价、席别、姓名、座位号、身份证号、售票站、序列号、时间等信息，从而为审计人员开展大数据分析打下基础。

例如，通过分析火车票信息，可以判断相关人员是否经常一起购票、一起外出，他们之间是否存在一定的密切关系，从而可以发现相关审计线索，如股票内幕交易等信息。

（3）出租车票识别。

通过对出租车票进行识别，智能采集出租车票的关键信息字段，如发票号码、代码、车号、日期、时间、金额等信息，从而为审计人员开展大数据分析打下基础。

（4）汽车票识别。

通过对汽车票进行识别，智能采集汽车票中的关键字段信息，如发票代码、发票号码、日期、时间、身份证号、姓名、金额、到达站、出发站等信息，从而为审计人员开展大数据分析打下基础。

（5）行程单识别。

通过对飞机行程单进行识别，智能采集飞机行程单中的关键字段信息，如电子客票号、印刷序号、日期、时间、航班号、姓名、始发站、目的站、票价、身份证号、承运人、保险费、燃油附加费、民航发展基金、其他税费、合计金额、填开日期、订票渠道等信息，从而为审计人员开展大数据分析打下基础。

（6）通行费发票识别。

通过对过路费、过桥费发票进行识别，智能采集过路费、过桥费发票中的关键字段信息，如发票代码、发票号码、入口、出口、日期、时间、金额等信息，从而为审计人员开展大数据分析打下基础。

（7）机动车销售发票识别。

通过对机动车销售发票进行识别，智能采集机动车销售发票中的关键字段信息，如发票代码、发票号码、开票日期、机器编号、购买方身份证号码/组织机构代码、购买方名称、车辆类型、厂牌型号、发动机号码、车架号码、产地、合格证号、限乘人数、销货单位名称、电话、纳税人识别号、账号、开户银行、地址、价税合计、价税合计小写、主管税务机关及代码、不含税价格、税率、税额等信息，从而为审计人员开展大数据分析打下基础。

（8）保单识别。

通过对保险单进行识别，智能采集保险单中的关键字段信息，如投保人、被保人、受益人的各项信息、保费以及保险种类等信息，从而为审计人员开展大数据分析打下基础。

（9）通用票据识别。

通过对通用票据（医疗票据、银行兑票、购物小票等各类票据）的票面内容进行识别，智能采集通用票据中的关键字段信息，从而为审计人员开展大数据分析打下基础。

2. 纸质证件类材料智能采集

结构化识别各类卡片证照，如身份证、银行卡、驾驶证、行驶证、护照、签证、不动产证、税单、名片等。

（1）身份证识别。

通过对居民身份证正反面进行识别，智能采集居民身份证正反面中的关键字段信息，如身份证号、姓名、性别、出生日期、民族、住址、签发机关、有效期限等信息，从而为审计人员开展大数据分析打下基础。

（2）护照识别。

通过对护照个人资料页进行识别，智能采集护照个人资料页中的关键字段信息，如国家码、护照号、姓名、姓名拼音、性别、出生日期、出生地点、签发日期、签发地点、有效期、签发机关等信息，从而为审计人员开展大数据分析打下基础。

（3）户口本识别。

通过对户口本内常住人口登记卡进行识别，智能采集户口本内常住人口登记卡中的关键字段信息，如姓名、与户主关系、性别、身份证号、出生日期、出生地、民族等信息，从而为审计人员开展大数据分析打下基础。

例如，运用社会网络对某户籍数据进行分析的示例如图 8-1 所示。

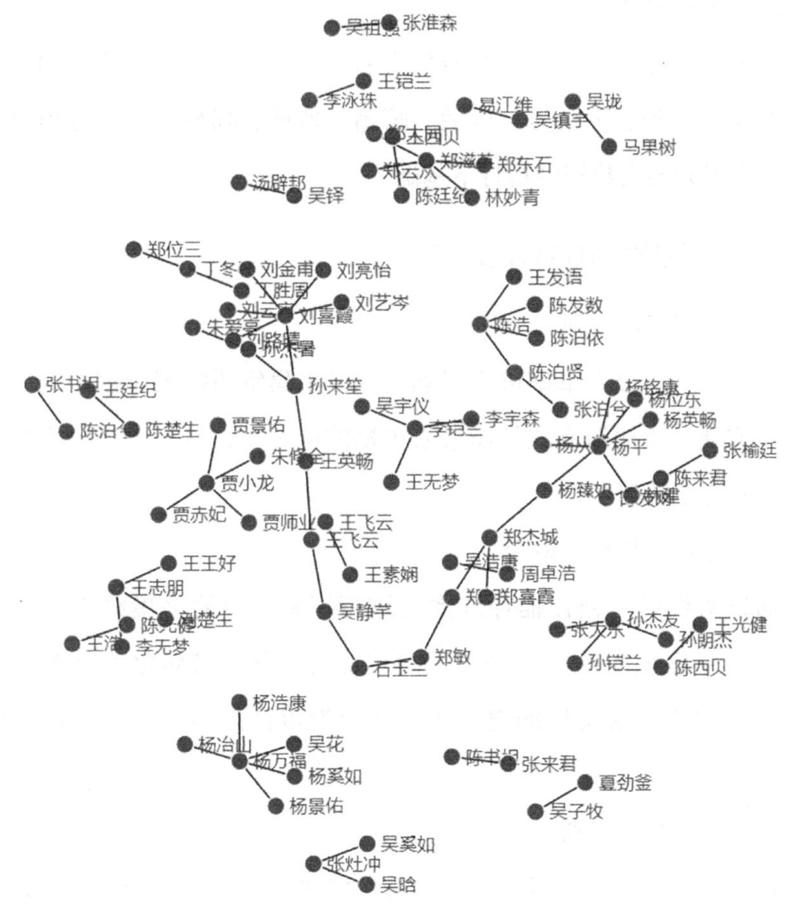

图 8-1　基于社会网络分析的户籍数据分析示例

（4）营业执照识别。

通过对不同版式的营业执照进行识别，智能采集不同版式营业执照中的关键字段信息，如证件编号、社会信用代码、成立日期、有效日期、经营范围、单位名称、地址、法人、类型等信息，从而为审计人员开展大数据分析打下基础。

（5）银行卡识别。

通过对银行卡进行识别，智能采集银行卡上的关键字段信息，如卡号、持卡人姓名、发卡行、有效期、卡片类型等信息，从而为审计人员开展大数据分析打下基础。

（6）名片识别。

通过对名片进行识别，智能采集名片中的关键字段信息，如姓名、单位、职称、职务、手机号、电话、邮箱、地址、邮编、网址等信息，从而为审计人员开展大数据分析打下基础。

3. 其他纸质类材料智能采集

（1）通用表单识别。

通过对纸质报表单据进行识别，智能采集纸质报表单据中的关键内容信息，方便、快捷地完成纸质报表单据的电子化，从而为审计人员开展大数据分析打下基础。

（2）通用文档智能识别。

通过对纸质文档扫描件或图片进行识别，智能采集纸质文档扫描件或图片文字区域中的文字等关键内容信息，并将其转化为计算机可处理的文本，完成纸质文档的电子化，从而为审计人员开展大数据分析打下基础。

（3）手写文字识别。

通过对图片中的手写中文、手写数字进行检测和识别，智能采集通用图片中的手写文字、数字、证件号码、日期等信息，实现带有手写文字的扫描件或图片的结构化、数字化处理，从而为审计人员开展大数据分析打下基础。

（4）印章识别。

通过对文档扫描件或者图片中的印章进行识别，智能采集印章中的相关内容信息，从而为审计人员开展大数据分析打下基础。

8.1.2　仪器仪表数据智能采集

通过对不同品牌、不同型号的仪器仪表（如各类血糖仪、血压仪、燃气表、电表等）读数识别，智能采集仪器仪表中的信息（表盘上的数字、英文、符号），从而为审计人员开展大数据分析打下基础。

例如，在经济责任审计的去产能真实性分析中，需要将电力等数据与环保重点监测企业、淘汰落后产能企业、关停企业名单进行综合分析，通过用电趋势反映企业真实经营状态。在用电数据不能直接从供电部门获得的情况下，审计人员也可以通过智能采集被审计单位电表中的用电数据，获得被审计单位的用电情况。

8.1.3　基于网络爬虫技术的审计数据采集

1. 基于网络爬虫技术的审计数据采集原理

为了更多地获得外部公开数据，审计人员还可以通过一些软件工具抓取网上的数据，或者可以实现自动搜索网上关于被审计单位一些公开报道的风险信息。网络爬虫技术为智能数据采集提供了条件。

网络爬虫（web crawler）是一种按照一定的规则，自动地抓取万维网信息的程序或者脚本。开展大数据审计需要各类相关数据，因此，网络爬虫技术对获得开展大数据审计的相关数据非常有帮助。网络爬虫技术在大数据审计数据采集中的应用示例如图 8-2 所示。

通过网络爬虫技术可以充分利用被审计单位外部的公共数据，通过对这些数据和从被审计单位获得以及从其他相关单位获得的相关数据进行对比分析，从而更充分地发现相关审计线索，相比目前常用的方法，应用网络爬虫技术能扩展数据分析范围，更充分地发现相关审计线索。

应用网络爬虫技术获取相关数据的过程如下。

（1）确定目的。

用于确定抓取目标网站哪些网页上的哪些数据。

（2）分析页面结构。

为了抓取上述数据，需要对相应的网页页面进行分析。

（3）实现爬虫，获得所需数据。

根据以上分析，应用相关网络爬虫软件，如 R 语言、Python 等，实现以上数据的抓取功能。

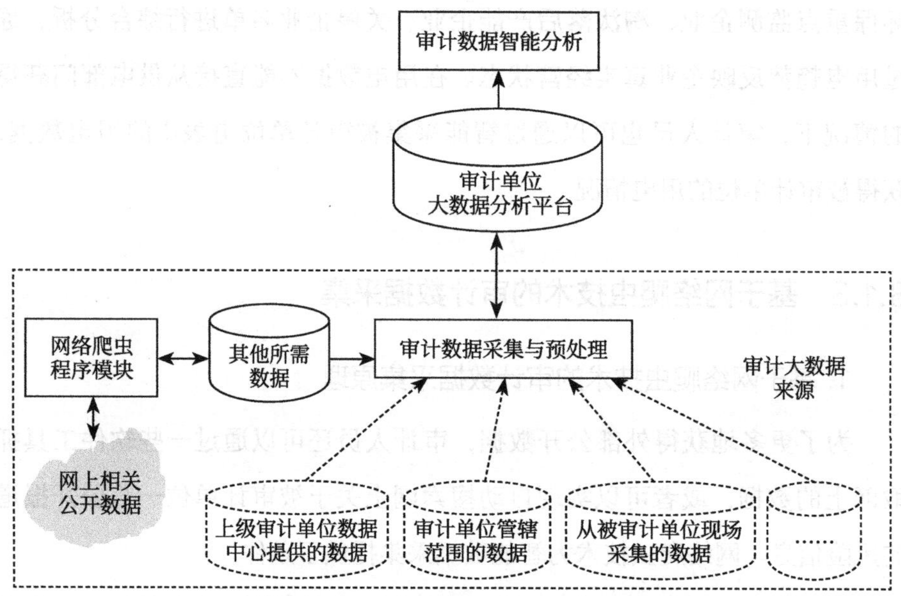

图 8-2　基于网络爬虫技术的审计数据采集应用示例

2. 基于网络爬虫技术的外部数据采集示例

现有某扶贫审计公告数据，其中某一数据如图 8-3 所示。

该扶贫审计公告数据的网址分别为：

http://www.audit.gov.cn/n5/n25/c123562/content.html.

http://www.audit.gov.cn/n5/n25/c97001/content.html.

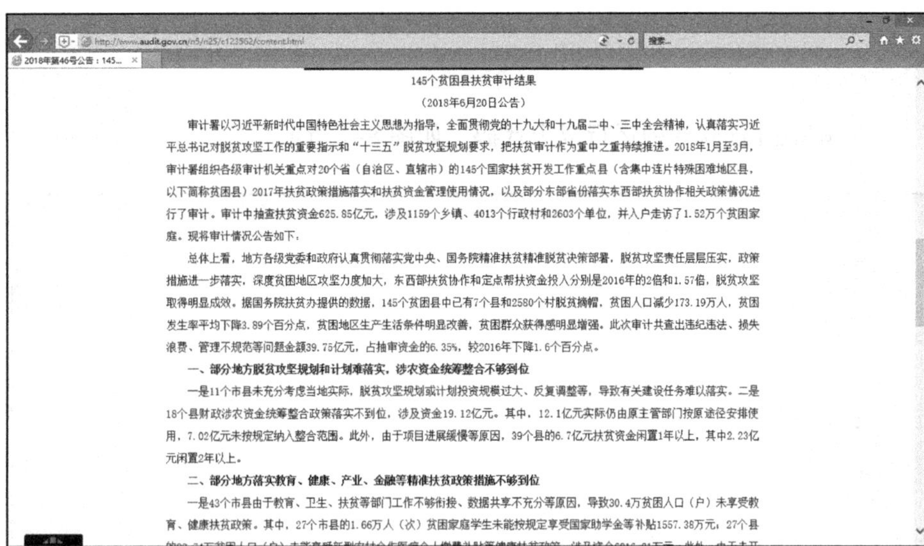

145个贫困县扶贫审计结果

（2018年6月20日公告）

审计署以习近平新时代中国特色社会主义思想为指导，全面贯彻党的十九大和十九届二中、三中全会精神，认真落实习近平总书记对脱贫攻坚工作的重要指示和“十三五”脱贫攻坚规划要求，把扶贫审计作为重中之重持续推进。2018年1月至3月，审计署组织各级审计机关重点对20个省（自治区、直辖市）的145个国家扶贫开发工作重点县（含集中连片特殊困难地区县，以下简称贫困县）2017年扶贫政策措施落实和扶贫资金管理使用情况，以及部分东部省份落实东西部扶贫协作相关政策情况进行了审计。审计中抽查扶贫资金625.85亿元，涉及1159个乡镇、4013个行政村和2603个单位，并入户走访了1.52万个贫困家庭。现将审计情况公告如下：

总体上看，地方各级党委和政府认真贯彻落实党中央、国务院精准扶贫精准脱贫决策部署，脱贫攻坚责任层层压实，政策措施进一步落实，深度贫困地区攻坚力度加大，东西部扶贫协作和定点帮扶资金投入分别是2016年的2倍和1.57倍，脱贫攻坚取得明显成效。据国务院扶贫办提供的数据，145个贫困县中已有7个县和2580个村脱贫摘帽，贫困人口减少173.19万人，贫困发生率平均下降3.89个百分点，贫困地区生产生活条件明显改善，贫困群众获得感明显增强。此次审计共查出违纪违法、损失浪费、管理不规范等问题金额39.75亿元，占抽审资金的6.35%，较2016年下降1.6个百分点。

一、部分地方脱贫攻坚规划和计划难落实，涉农资金统筹整合不够到位

一是11个市县未充分考虑当地实际，脱贫攻坚规划或计划投资规模过大、反复调整等，导致有关建设任务难以落实。二是18个县财政涉农资金统筹整合政策落实不到位，涉及资金19.12亿元。其中，12.1亿元实际仍由原主管部门按原途径安排使用，7.02亿元未按规定纳入整合范围。此外，由于项目进展缓慢等原因，39个县的6.7亿元扶贫资金闲置1年以上，其中2.23亿元闲置2年以上。

二、部分地方落实教育、健康、产业、金融等精准扶贫政策措施不够到位

一是43个市县由于教育、卫生、扶贫等部门工作不够衔接、数据共享不充分等原因，导致30.4万贫困人口（户）未享受教育、健康扶贫政策。其中，27个市县的1.66万人（次）贫困家庭学生未能按规定享受国家助学金等补贴1557.38万元；27个县

图 8-3 某一扶贫审计公告数据示例

http://www.audit.gov.cn/n5/n25/c84959/content.html.

现需要将该数据采集到电脑 E 盘“扶贫数据”文件夹中，并把采集来的文本文件命名为“扶贫资金审计结果采集示例 .txt”(要求将以上三个扶贫审计公告数据采集到同一个文本文件中)。

假设以 RStudio 为网络爬虫软件，实现以上数据的抓取功能。

基于 RStudio 软件，可以编写网络爬虫抓取以上扶贫审计公告数据，其代码如下：

```
install.packages("rvest")# 若已安装 rvest 包，则可以省略该行代码
library(rvest)
url1<-'http://www.audit.gov.cn/n5/n25/c123562/content.html'
url2<-'http://www.audit.gov.cn/n5/n25/c97001/content.html'
url3<-'http://www.audit.gov.cn/n5/n25/c84959/content.html'
web1<-read_html(url1)
web2<-read_html(url2)
web3<-read_html(url3)
title1<-web1%>%html_nodes('tr>td')%>%html_text()
title2<-web2%>%html_nodes('tr>td')%>%html_text()
title3<-web3%>%html_nodes('tr>td')%>%html_text()
text_data<-data.frame(title1[29],title2[29],title3[29])
```

write.csv(text_data,file = |E:\\扶贫数据\\扶贫资金审计结果采集示例.txt|)

在 RStudio 软件中运行以上代码，如图 8-4 所示。

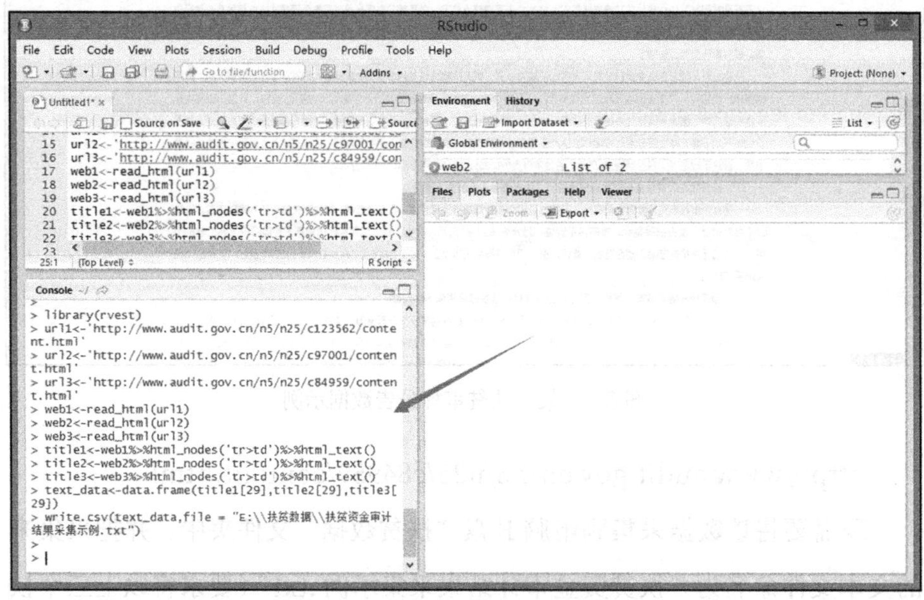

图 8-4　基于 RStudio 网络爬虫运行情况示例

抓取的结果如图 8-5 和图 8-6 所示。

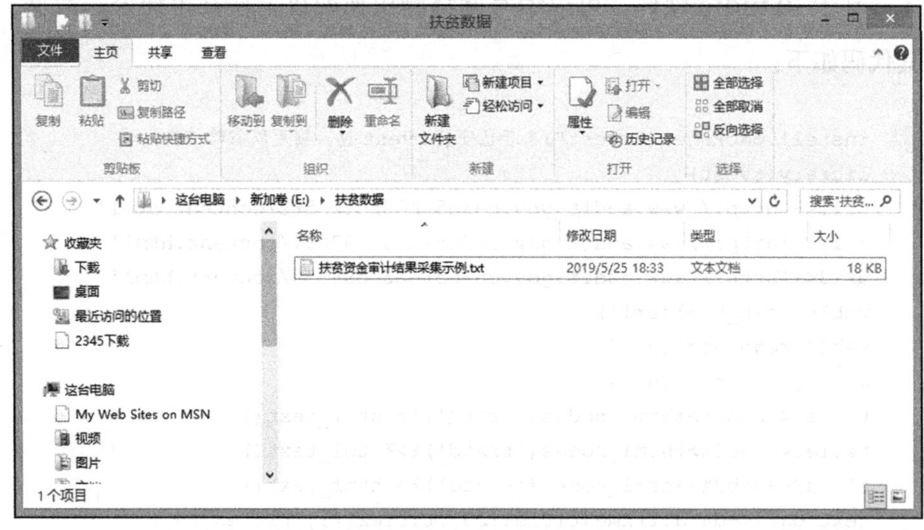

图 8-5　基于网络爬虫的数据抓取结果示例

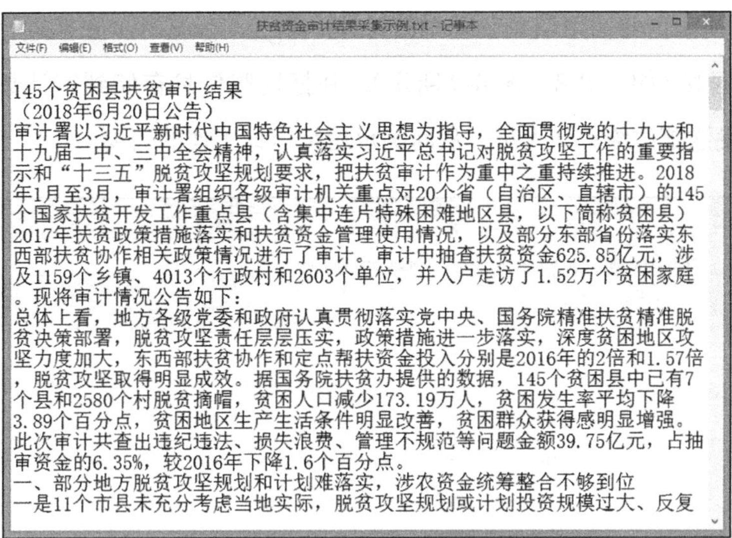
扶贫资金审计结果采集示例.txt - 记事本
文件(F) 编辑(E) 格式(O) 查看(V) 帮助(H)

145个贫困县扶贫审计结果
（2018年6月20日公告）
审计署以习近平新时代中国特色社会主义思想为指导，全面贯彻党的十九大和十九届二中、三中全会精神，认真落实习近平总书记对脱贫攻坚工作的重要指示和“十三五”脱贫攻坚规划要求，把扶贫审计作为重中之重持续推进。2018年1月至3月，审计署组织各级审计机关重点对20个省（自治区、直辖市）的145个国家扶贫开发工作重点县（含集中连片特殊困难地区县，以下简称贫困县）2017年扶贫政策措施落实和扶贫资金管理使用情况，以及部分东部省份落实东西部扶贫协作相关政策情况进行了审计。审计中抽查扶贫资金625.85亿元，涉及1159个乡镇、4013个行政村和2603个单位，并入户走访了1.52万个贫困家庭。现将审计情况公告如下：
总体上看，地方各级党委和政府认真贯彻落实党中央、国务院精准扶贫精准脱贫决策部署，脱贫攻坚责任层层压实，政策措施进一步落实，深度贫困地区攻坚力度加大，东西部扶贫协作和定点帮扶资金投入分别是2016年的2倍和1.57倍，脱贫攻坚取得明显成效。据国务院扶贫办提供的数据，145个贫困县中已有7个县和2580个村脱贫摘帽，贫困人口减少173.19万人，贫困发生率平均下降3.89个百分点，贫困地区生产生活条件明显改善，贫困群众获得感明显增强。
此次审计共查出违纪违法、损失浪费、管理不规范等问题金额39.75亿元，占抽审资金的6.35%，较2016年下降1.6个百分点。
一、部分地方脱贫攻坚规划和计划难落实，涉农资金统筹整合不够到位
一是11个市县未充分考虑当地实际，脱贫攻坚规划或计划投资规模过大、反复

图 8-6　基于网络爬虫的数据抓取结果示例

8.1.4　基于 RPA 技术的审计数据自动采集

目前的审计数据采集工作仍然需要大量的人工参与，不能实现审计数据采集的自动化与智能化。

审计人员应用相关软件（如 R 语言软件、Python 软件等）开发网络爬虫程序，实现数据的自动抓取功能时，需要审计人员具有一定的编程能力。为了更容易地实现数据采集，RPA 技术的发展给审计数据智能采集带来了机遇。例如，应用 RPA 技术可以实现以下数据采集功能。

（1）自动采集被审计单位内部相关财务与业务系统中的数据。

应用 RPA 软件可以容易地实现并自动完成这样的流程：按照审计人员的要求，自动登录相关业务系统，自动抓取相关财务数据、业务台账、合同数据、审批文件等多样化的审计资料，并把这些信息存储到审计数据中心中，或发送邮件给审计人员，从而满足后续审计工作的需要。

（2）自动抓取与被审计单位相关的外部网站信息。

通过 RPA 技术，可以定期到各类网站，如“中国银行保险监督管理委员会”网站（www.cbirc.gov.cn）上抓取相关行政处罚信息（如图 8-7 所

示)，到国家企业信用信息公示系统（www.gsxt.gov.cn）去抓取相关工商信息数据等（如图 8-8、图 8-9 所示)，并把这些信息存储到审计数据中心中，或发送邮件给审计人员，从而满足后续审计工作的需要。

图 8-7　中国银行保险监督管理委员会行政处罚信息示例

图 8-8　国家企业信用信息公示系统

图 8-9 国家企业信用信息公示系统工商信息数据示例

（3）自动抓取与被审计单位相关的纸质材料中的数据。

借助 RPA 技术，可以通过 OCR 技术自动批量采集纸质材料中的关键信息。例如，在发票验真时，通过 OCR 技术，智能采集发票中的关键信息，然后登录国家税务总局网站（https://inv-veri.chinatax.gov.cn/）（见图 8-10），输入发票信息，查验发票真伪，整个操作过程由 RPA 软件自动完成。

图 8-10 国家税务总局发票查验平台

8.1.5 远程联网智能采集

如前文所述，联网审计是实现远程审计自动化的一种审计方法，其在技术实现上主要包括审计数据采集、审计数据传输、审计数据存储以及审计数据分析四个部分。随着目前人工智能技术的发展与应用，可以把人工智能技术应用于联网审计之中，从而实现被审计单位的远程联网数据智能采集。

如前文所述，要实现联网审计，必须研究如何采集被审计单位的电子数据。一般来说，联网审计数据采集的实现是通过在被审计单位数据服务器端放置一台称之为“数据采集前置机”的服务器，通过在“数据采集前置机”上安装数据采集软件，把审计需要的相关数据采集到部署在本地的审计数据采集服务器（前置机）中，从而完成联网审计的审计数据采集工作。

通过应用人工智能相关技术，可以让智能数据采集软件根据审计人员设置的访问权限，自动、自主地到被审计单位的相关系统中远程采集相关数据。在此基础上，根据审计人员设置的相关条件和命令，自动把采集来的相关数据按照一定的加密方式传输到审计单位中去，在此基础上，审计人员可以应用人工智能相关技术，开展审计数据智能分析。

8.2 审计数据智能分析

8.2.1 文本文件数据智能分析

由于目前被审计单位信息化程度高，信息系统复杂，需要采集和审计的各类数据较多，且不仅仅是数据库中的结构化电子数据，还包括一些政策文件、项目信息、董事会会议记录、董事会会议决议、总经理办公会记录、会议决议单、办公会通知、办公文件，以及一些内部控制手册、信息系统使用手册等非结构化材料。传统的人工审阅方法已不能适应大数据环境的需要，例如，审计人员在审计过程中需要审阅大量的文件，如办公文件、会议决议文件、贷款合同、租赁协议、财务报表等。这些文档的审阅和分析需要花费审计人员大量的时间和精力。

因此，如何应用人工智能技术对文本格式的非结构化数据进行文本文件智能审计越来越重要。根据目前的人工智能技术的发展现状和审计业务的实际需要，文本文件智能审计示例如下。

（1）文档智能对比。

在纸质材料文字识别的基础上，通过在不同版本、纸质和电子版被审计材料之间自动完成材料内容智能对比，发现相关差异，并自动生成智能对比结果分析报告，供审计人员进行专业判断。

（2）文档智能审核。

根据不同行业特点，通过个性化设置相关规则，智能识别文档中的错误，以及文档中潜在的法律风险，并自动生成智能识别结果分析报告，供审计人员进行专业判断。通过智能提取被审计单位文档内容的关键信息，协助审计人员完成内容一致性检查等工作，让审计过程更高效。

（3）印章智能分析。

通过对文档扫描件或者图片中的印章内容信息进行检测和一致性比对等智能分析，自动发现相关舞弊信息，并自动生成智能分析结果报告，供审计人员进行专业判断。

8.2.2　基于可视化分析技术的审计数据分析

1. 可视化分析技术简介

人类非常擅长通过视觉获取有用信息，一图胜千言。现代数据分析也日益依赖通过呈现图形来揭示含义和表达结果。智能分析的结果通过可视化方式提供的多窗口、交互式、可视化图形界面，可以直观、简洁地展现大量的审计信息，这有助于定位重要的数据，从而减小审计人员的工作强度，提高审计效率，帮助审计人员更轻松地发现审计线索。

一般来说，可视化分析技术包括文本可视化分析技术、多维数据可视化分析技术、网络可视化分析技术、时空可视化分析技术等。以文本可视化分析技术为例，文本数据是大数据时代非结构化数据的典型代表。文本可视化分析的意义在于能够将文本中蕴含的语义特征（例如词频、重要程度、动态演化规律、逻辑结构等）直观地展示出来，标签云就是一种典型的文本可视化分析技术。常见的其他大数据可视化分析技术还有：条形图（bar chart）、折线图（line chart）、饼图（pie chart）、散点图（scatter chart）、气泡图（bubble chart）、雷达图（radar chart）、地区分布图（choropleth map）、树地图（tree map）、热力图（heat map）等。在不同的情况下应用不同的可视化分析方法，从而让审计数据分析达到最佳的效果。

2. 标签云分析

大数据环境下大量的文本数据使审计人员分析的难度越来越大，传统的浏览和筛选等方法无法满足大数据环境下非结构化数据审计的需要。将文本中的内容或规律以视觉符号的形式展示给审计人员，有助于审计人员利用视觉感知的优势来快速获取大数据中蕴含的重要信息，从而发现审计线索。

标签云（tag cloud）是常用的可视化分析方法之一，它由一组相关的标签以及与标签相对应的权重组成，这些标签按字母顺序或其他顺序，或者再结合颜色深浅进行排列，呈现出供用户浏览的文本可视化方法。其中，权重值的大小决定标签的字体大小、颜色或其他视觉效果。

通过对被审计文本数据进行标签云可视化分析，可以整体把握被审计文本数据的主要内容。实现标签云分析的主要步骤包括：①分词；②统计词频；③根据词频自动设置颜色深浅、字体大小并进行可视化展示。

以中国银行保险监督管理委员会发布的“关于防范金融直播营销有关风险的提示”数据为例（见图 8-11），其标签云分析结果示例如图 8-12 所示。

关于防范金融直播营销有关风险的提示 - 记事本

文件(F)　编辑(E)　格式(O)　查看(V)　帮助(H)

关于防范金融直播营销有关风险的提示

直播带货这一新媒体购物形式出现以来，受到消费者，尤其是年轻消费者的青睐。其中，有些金融产品相关的直播营销行为存在风险隐患。为此，中国银保监会消费者权益保护局发布2020年第5号风险提示，提醒社会公众：应注意甄别金融直播营销广告主体资质，选择正规金融机构和渠道购买金融产品；认真了解金融产品或服务重要信息和风险等级，防范直播营销中可能隐藏的销售误导等风险；树立科学理性的金融投资、消费观念。

一、当前金融直播营销存在两方面主要风险

（一）金融直播营销主体混乱，或隐藏诈骗风险

一是无资质主体“鱼目混珠”。由于直播平台开设账号基本无门槛限制，一些无资质主体擅自开展金融产品直播营销，涉嫌非法或超范围开展金融营销宣传活动。甚至有所谓的“科技公司”“咨询公司”以投资虚拟货币、外汇、网络理财为名进行诈骗。还有直播平台为吸引用户，承诺在平台充值后有高额收益并可随时提现，存在异化为非法集资的风险。

二是直播平台信息设置混乱。有的直播平台信息设置混乱，没有清晰展示分期、借贷等金融产品实际提供者，平台用户可能被营销氛围带动，在主体不清、风险不明的情况下冲动消费。

三是非专业人士误导或欺骗。有些并不具备专业素养的人士自我包装为“理财专家”“保险专家”，对金融产品进行不当解读、不当类比。加之直播平台受众广泛，金融知识薄弱、风险防范能力差的用户易受误导或欺骗。

（二）直播营销行为存在销售误导风险

一是虚假或夸大宣传。有的直播营销为博眼球，对借贷产品、保险产品、理财产品等搞夸大宣传、噱头宣传：如“最快x分钟放款”“最长免息xx天”“免息”“首月仅需几元，最高几百万保障”“限时限量”等，但实际上多数消费者难以符合广告宣称的免息条件、放贷条件或产品销售范围，亦或是“免息不免费”、隐含保费逐月递增等。

二是偷换概念、简单比价。有的直播营销广告以万元借款需支付的日利息来强调息费低，易导致消费者对借款成本产生错误认识，但实际的综合年化利率水平相当高。有的仅对保险产品价格进行简单比较，却不详细介绍保险责任，故意隐瞒除外责任、分红收益不确定等重要信息，甚至曲解保险产品条款，宣称“什么都保”，容易引发消费者误解。

三是信息披露、风险告知或提示不到位。有的直播营销行为未能向观众充分提示金融产品存在的风险、免责条款等，或者没有用引起消费者注意的方式对权利义务、风险等级等重要信息进行说明，消费者可能在未充分知悉风险的情况下被带动，购买了不适当的金融产品或服务。

根据《关于进一步规范金融营销宣传行为的通知》规定，金融营销宣传是经营活动的重要环节，未取得相应金融业务资质的市场主体，不得开展与该金融业务相关的营销宣传活动。相关主体应在取得相应金融业务经营资质的前提下自行开展或委托他人开展金融营销宣传活动。各金融机构应当落实金融营销宣传行为的主体责任，切实规范本机构及合作方的金融营销宣传行为。

二、消费者可从三方面提高风险防范意识

（一）辨明直播主体资质

目前，大部分直播营销更倾向于发挥流量引导作用，通过直播吸引消费者兴趣后，以提供购买链接或线下引流的方式，促使消费者购买金融产品或服务。消费者如有意购买，应弄清发布营销广告、提供金融产品或服务的主体，注意相应的金融机构、中介机构或人员是否具备从业资质，选择正规金融机构和渠道。不随意点击不明链接，不在正规金融机构销售渠道以外的页面随意提供个人重要金融信息、身份信息，防范欺诈风险和个人信息泄露风险。

（二）看清直播内容

金融营销在直播场景下，容易出现由于直播时间限制或消费者中途观看等原因导致的信息披露不足、消费者信息获取不全等情况。建议理性对待直播营销行为，在购买前充分了解金融产品或服务的重要信息，如借贷产品的息费标准、实际年化利率，保险产品的保险责任、除外责任、缴费要求，理财产品的投资风险等，树立量入为出的消费观，坚持科学理性的投资观。警惕一些金融直播营销中信息披露不足、风险提示不到位、明示或暗示保本无风险、保收益等销售误导问题，避免自身权益受到侵害。

（三）知悉金融消费或投资风险

金融产品与普通商品有所不同，一般需要根据消费者或投资者的风险承受能力进行针对性推介，而直播带货模式下无法有效识别每个人的风险承受能力，也做不到一对一地充分沟通。公众应对此有理性、清醒的认知，不被直播营销所营造的氛围煽动而盲目消费或冲动投资，在了解金融产品或服务的合同内容、息费标准、免责条款、风险等级等重要信息后，审慎评估自身是否能够承担或接受，根据自身实际需求和风险承受能力选择适当的金融产品。

Windows (CRLF)　第 19 行、第 199 列　100%

图 8-11 “关于防范金融直播营销有关风险的提示”数据

图 8-12 “关于防范金融直播营销有关风险的提示”数据的标签云分析结果示例

通过对以上标签云分析代码做进一步的优化，也可以生成其他图形样式的标签云。例如生成五角星图形的标签云分析结果（见图 8-13）。

图 8-13 五角星图形样式的标签云分析结果示例

3. 散点图分析

（1）散点图分析方法简介。

散点图可以用于表示 X、Y 轴坐标之间数据的变化关系，借助可视化分析工具，X、Y 轴坐标之间数据的变化关系可以被可视化地分析并展示出来。

（2）散点图分析方法的实现。

散点图分析方法在审计工作中具有一定的用途，例如，在金融审计中，通过散点图分析，审计人员可以分析客户购买股票的情况，从而判断客户购买股票的类型是否比较单一。以某一股票交易数据的散点图分析方法为例，其分析结果示例如图 8-14 所示。在图 8-14 中，X 轴表示被分析客户的编号，Y 轴表示被分析客户购买股票的代码。

由图 8-14 不难发现：客户编号为 C024、C038、C046、C064 的客户购买股票的类型比较单一。

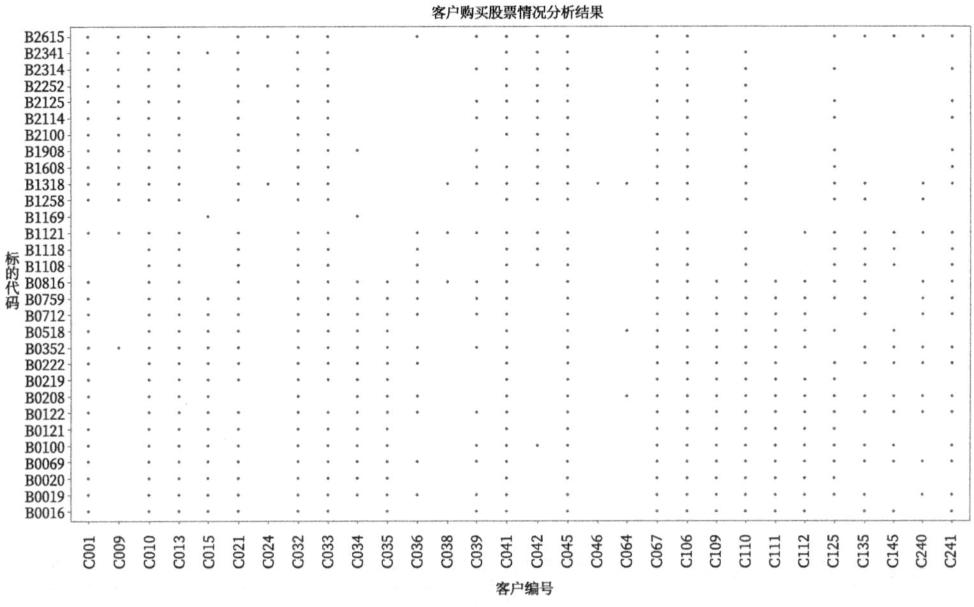

图 8-14　股票交易数据散点图分析方法示例

4. 条形图分析

（1）条形图分析方法简介。

条形图是数据分析中常用的图形之一。审计人员可以把数据表中列数据或行数据生成条形图，从而可以直观地显示各个项目之间的比较情况。条形图的主要特点是：方便审计人员很容易地看出各个项目数据的大小；容易比较各个项目数据之间的差别。

（2）条形图分析方法的实现。

条形图分析方法在审计工作中具有一定的用途，例如，在金融审计中，通过条形图分析，审计人员可以分析客户购买股票的情况，从而判断客户购买股票的类型是否比较单一。以某一股票交易数据的条形图分析方法为例，其分析结果示例如图 8-15 所示。横轴表示被分析客户的编号，纵轴表示被分析客户所购买股票的总数。

由图 8-15 不难发现：客户编号为 C024、C038、C046、C064 的客户购买股票的类型比较单一，这些客户是审计人员关注的重点。

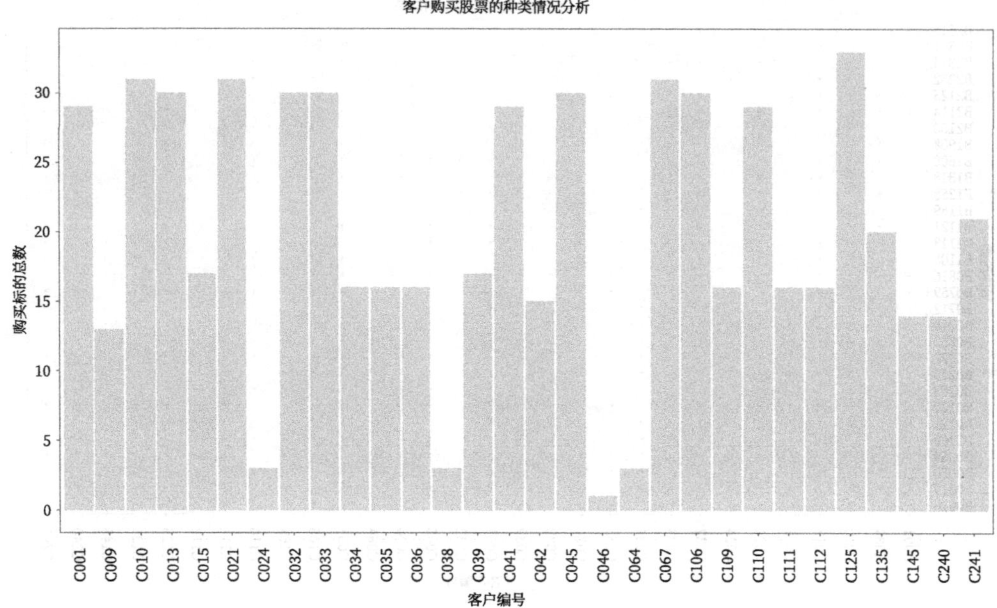

图 8-15 股票交易数据条形图分析方法示例

5. 折线图分析

（1）折线图分析方法简介。

折线图是数据分析中常用的图形之一。审计人员可以把数据表中列数据或行数据生成折线图，从而可以直观地显示各个项目数据之间的比较情况。折线图的主要特点是：方便审计人员很容易地看出各个项目数据的大小，容易比较各个项目数据之间的差别。折线图可以显示随时间（根据常用比例设置）而变化的连续数据，因此非常适用于显示在相等时间间隔下数据的趋势。

（2）折线图分析方法的实现。

折线图分析方法在审计工作中具有一定的用途，例如，在金融审计中，通过折线图分析，审计人员可以分析客户购买股票的情况，从而判断客户购买股票的类型是否比较单一。以某一股票交易数据的折线图分析方法为例，其分析结果示例如图 8-16 所示。在图 8-16 中，X 轴表示被分析的客户编号，Y 轴表示被分析的客户所购买的股票的总数。

由图 8-16 不难发现：客户编号为 C024、C038、C046、C064 的客户购买股票的类型比较单一，这些客户是审计人员关注的重点。

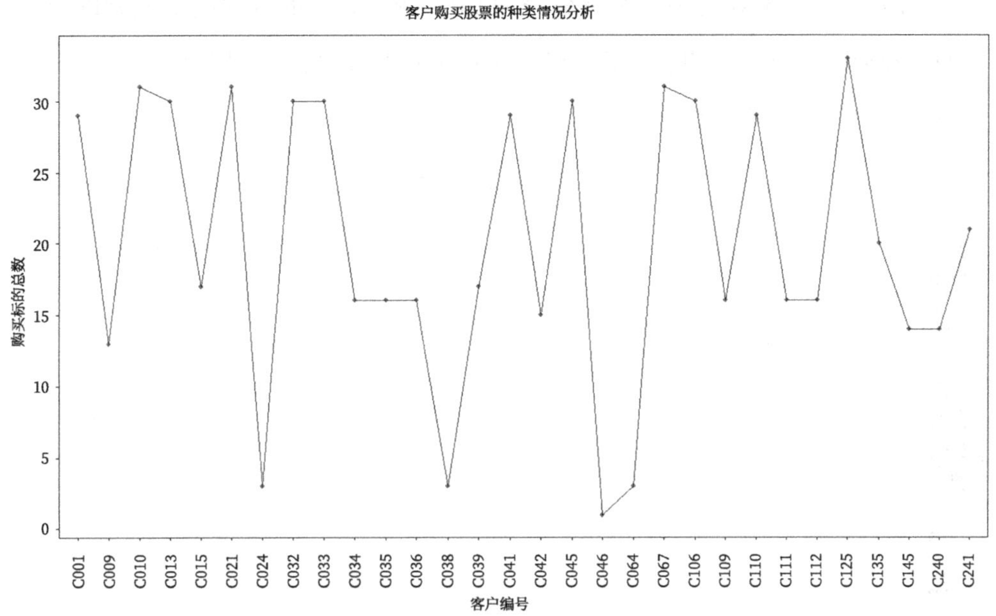

图 8-16　股票交易数据折线图分析方法示例

6. 气泡图分析

（1）气泡图分析方法原理分析。

气泡图可以用于表示 X、Y 轴坐标之间数据的变化关系，并可以通过图中散点的大小来直观感受其所表示的数值大小。气泡图类似散点图，可以像彩色散点图给点上色，不同之处是气泡图允许在图表中额外加入一个表示大小的变量进行对比。

（2）气泡图分析方法的实现。

气泡图分析方法在审计工作中具有一定的用途，气泡图可以帮助审计人员分析客户购买股票的类型是否比较单一，但不能整体了解客户购买股票的获利情况。通过气泡图，审计人员可以整体了解客户购买股票的获利情况。

以某一股票交易数据的气泡图分析方法为例，客户购买股票及获利金额规模情况分析结果示例如图 8-17 所示。在图 8-17 中，X 轴表示被分析客户的编号，Y 轴表示被分析客户所购买股票的代码。

由图 8-17 不难发现：客户编号为 C024 和 C064 的客户购买股票的类型比较单一，且购买的股票获利较大（如标的为 B1318 的股票），这些客户数据是审计人员关注的重点。

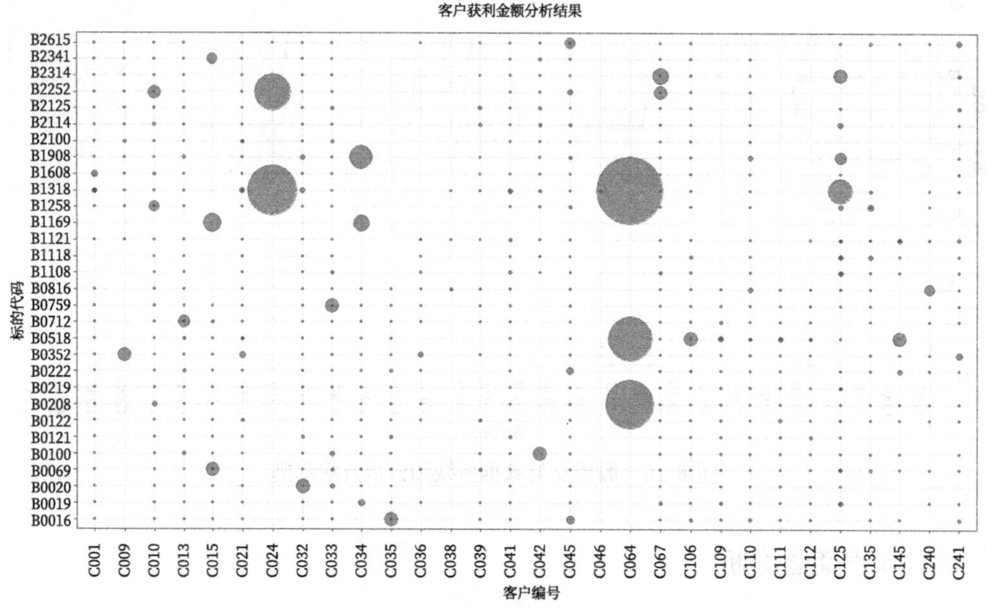

图 8-17 股票交易数据气泡图分析方法示例

7. 热力图

（1）热力图分析方法简介。

热力图（heat map）是一种可将变量值用不同的颜色或高亮形式描绘出来的数据可视化分析技术，它可以非常直观地呈现一些不易理解或表达的数据，如频率、密度、温度等。

（2）热力图分析方法的实现。

热力图分析方法在审计工作中具有一定的用途，例如，在金融审计中，通过对客户的股票交易数据进行热力图分析，审计人员可以整体了解客户所购买股票的获利情况，从而为下一步的审计工作打下基础。以某一股票交易数据的热力图分析为例，其客户获利金额情况分析结果示例如图 8-18 所示。其中，X 轴表示被分析客户的编号，Y 轴表示被分析客户所购买股票的代码（标的代码）。在图 8-18 中，颜色的深浅可以清晰地表示每个客户获利金额的大小。由图 8-18 不难发现：客户编号为 C024 和 C064 的客户购买的股票获利较大（如标的为 B1318 的股票），这些客户数据是审计人员关注的重点。

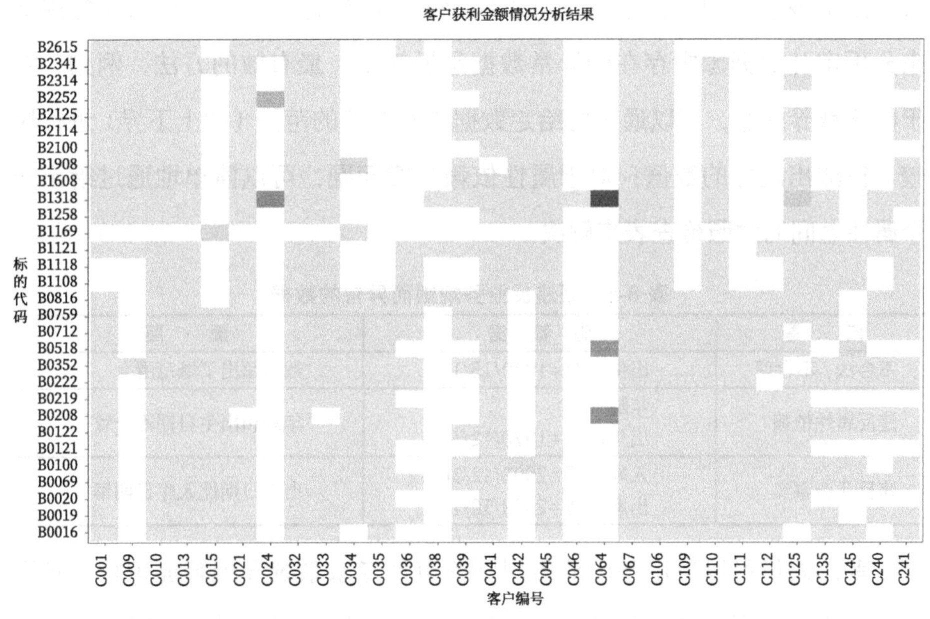

图 8-18　股票交易数据热力图分析方法示例

8.2.3　基于业务规则的审计专家系统

1. 基于业务规则的审计专家系统原理

专家系统是人工智能应用的一个重要内容。目前，审计数据分析的目的之一是查找审计数据中的异常数据。简单地说，数据异常是指数据源中记录字段的值和实际的值不相符。对于异常数据的检测，一般有两种相联系的方法。

（1）通过检测审计数据表中单个字段的值来发现异常数据。这种方法主要是根据审计数据表中单个字段值的数据类型、长度、取值范围等，来发现其中的异常数据。

（2）通过检测字段之间以及数据记录之间的关系来发现异常数据。

在进行审计数据分析，查找审计证据时，如果能利用具体的业务知识，则能更好地完成审计数据分析。如表 8-1 所示，异常数据的出现是因为数据违反了业务规则。通过检测记录中各字段的值是否符合业务规则，例如是否超出了该字段的数值范围，可以判断该字段值是否异常。使用业务规则来分析审计数据源中存在的异常数据是最简单、最有效的方法，例如，对于数值越界问题，可以通过将给定数据和其数值的范围（即上下界）进行比较，检测出越界的数值；对于属性依赖冲突问题，可以简单地通过给出一个属性之间的对照检查表来解决。

表 8-1 因违反业务规则而异常的数据

问　　题	脏　数　据	原　　因
不合法 / 不合理	出生日期 =1970/13/12	数值超出了域范围
违反属性依赖	年龄 =22 出生日期 =1970/12/12	年龄和出生日期不一致
违反业务事实	入库日期 =2003/12/10 出库日期 =2003/10/12	出库日期比入库日期早

审计人员可以应用基于业务规则的审计专家系统开展智能审计。基于以上分析，为了查找审计数据中不符合业务规则的异常数据，可以设计一种基于业务规则的审计专家系统，其原理如图 8-19 所示，即通过在规则库中定义业务规则来检测数据是否满足业务规则，从而发现审计线索，获得审计证据。

基于业务规则的审计专家系统简要描述如下。

1）根据对审计对象的具体分析，在规则库中定义相应的业务规则。

2）对审计数据执行自动审计。规则库检索模块检索规则库中的业务规则，根据所定义的业务规则，对每条数据记录做以下检测。

①根据字段的域范围来检测一条记录的每个字段。

②根据同一数据记录中字段之间的关系来检测，例如利用函数依赖关

系等，对每条数据记录的多个字段进行检测。

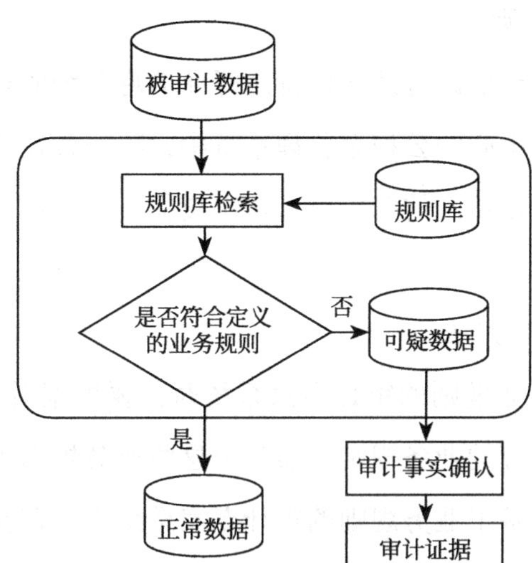

图 8-19　基于业务规则的审计专家系统

3）通过以上过程可以判定每条数据记录是否符合所定义的业务规则。如果数据记录不符合所定义的业务规则，则将该数据记录“记入”到“可疑数据”数据库中。然后，审计人员对这些可疑数据进行审计事实确认，从而发现审计线索，获得审计证据。

在大数据环境下，审计人员也可以依据相关业务规则，对不同数据源之间数据的关系进行检测，从而发现审计线索，获得审计证据。

由以上分析可以看出，这种方法的检测效果取决于对审计对象的具体分析以及所定义的业务规则的数目。

2. 业务规则简介

（1）业务规则的定义与分类。

在本节中，业务规则是指符合业务的某一数值范围、某个有效值的集合，或者是指某种数据模式，例如地址或日期。业务规则根据其规则内容，可分成通用业务规则和特定业务规则。

1）通用业务规则。

通用业务规则是指对多数信息系统都适用的业务规则，例如工资必须大于或等于零，如果在数据表中 Salary=“-3 500”，则表示无效的工资。

2）特定业务规则。

特定业务规则是指针对某一种特定行业信息系统的业务规则，例如在某住房公积金管理中心的公积金管理系统中，同一人在前一笔贷款未全部偿还的情况下不能以不同的购房交易再次贷款，这种规则就属于特定业务规则。

（2）规则的表示方法。

在应用基于业务规则的审计专家系统时，要根据对具体业务的分析，在规则库中定义相应的业务规则，然后用这些业务规则来完成相应的异常数据检测工作。在基于业务规则的审计专家系统中，存在确定性业务规则和不确定性业务规则。因此，在规则库中，业务规则的表示也相应地分成确定性业务规则表示和不确定性业务规则表示，分别说明如下。

1）确定性业务规则的表示。

```
R#: IF  (AND (OR {<CONDITION>}))  THEN
({<ACTION>})
END IF
```

2）不确定性业务规则的表示。

```
R#: IF  (AND (OR {<CONDITION>  WITH  <CF_CONDITION>}))  THEN
({<ACTION>})  WITH  <CF_ACTION>
END IF
```

其中，R# 表示规则号；“IF”“THEN”“AND”“OR”均为关键字；“AND”表示它所联系的条件必须同时满足，即为“与”的组合；“OR”表示它所联系的条件必须有一个满足，即为“或”的组合；{ } 表示可有一个或多个，但至少有一个；CF_CONDITION 和 CF_ACTION 分别表示规则的可信度和事实的可信度，取值范围如下：

$$0<CF\_CONDITION<1$$

$$0<CF\_ACTION<1$$

在以上规则中，当满足条件<CONDITION>时，就会触发动作<ACTION>。

（3）规则的表示方法实例。

确定性业务规则和不确定性业务规则表示方法的实例如下。

1）确定性业务规则。

R1: IF R_i (salary) < 0 THEN

该字段值为异常数据；

END IF;

其中，R_i (salary) 表示记录 R_i 中“工资”字段的值。

规则 R1 表示如果记录 R_i 中“工资”字段的值小于 0，则表示该数值为异常数据。

2）不确定性业务规则。

R2: IF $\mu_i + \varepsilon\sigma_i < R_i$ (salary) 0R R_i (salary) $< \mu_i - \varepsilon\sigma_i$ THEN

该字段值为错误数据 WITH 0.9;

END IF;

其中，μ_i 表示“工资”字段的平均值，σ_i 表示“工资”字段的标准差，R_i (salary) 表示记录 R_i 中“工资”字段的值。

规则 R2 表示如果满足条件：

$\mu_i + \varepsilon\sigma_i < R_i$ (salary) 或者 R_i (salary) $< \mu_i - \varepsilon\sigma_i$

则该字段为异常数据的可信度为 0.9。

3. 基于业务规则的审计专家系统应用案例

以某医疗保险信息系统中“参保单位”数据表为例，来说明基于业务规则的审计专家系统的应用。通过对该医疗保险信息系统业务的分析，针对“参保单位”数据表定义的主要业务规则的伪码描述如下：

R1: IF *RTRIM* (R_i(CODE),4) $\neq$ 2254 THEN

该字段值为异常数据；

END IF;

规则 R1 表示如果记录 R_i 中“邮政编码”字段值的前四位不是“2254”，则表示该数值为错误数据，因为该城市的邮政编码前四位为“2254”。其中，R_i（CODE）表示记录 R_i 中“邮政编码”字段的值，*RTRIM*（R_i（CODE），4）表示取 R_i（CODE）的前四位数值。

R2：IF @ not in R_i(EMAIL) THEN

该字段值为异常数据；

END IF；

规则 R2 表示如果记录 R_i 中“电子邮件”字段的值中没有“@”符号，则表示该数值为异常数据。其中，R_i（EMAIL）表示记录 R_i 中“电子邮件”字段的值。

R3：IF R_i(IFPUBLIC) $\neq$ 1 OR R_i(IFPUBLIC) $\neq$ 2 THEN

该字段值为异常数据；

END IF；

规则 R3 表示如果记录 R_i 中“企业事业”字段的值不是“1”或“2”，则表示该数值为异常数据，因为“企业事业”字段的值只有两个：“1”和“2”，“1”表示该单位的性质为“企业”，“2”表示该单位的性质为“事业”。其中，R_i（IFPUBLIC）表示记录 R_i 中“企业事业”字段的值。

R4：IF R_i(REGISTDATE) < R_i(PASSCHECKDATE) THEN

该字段值为异常数据；

END IF；

规则 R4 表示如果记录 R_i 中“参保日期”字段的值小于“批准日期”字段的值，则表示该数值为异常数据。其中，R_i（REGISTDATE）表示记录 R_i 中“参保日期”字段的值，R_i（PASSCHECKDATE）表示记录 R_i 中“批准日期”字段的值。

R5：IF R_i(PASSCHECKDATE) < R_i(CHECKDATE) THEN

该字段值为异常数据；

END IF；

规则 R5 表示如果记录 R_i 中“批准日期”字段的值小于“审批日期”字段的值，则表示该数值为异常数据。其中，R_i（CHECKDATE）表示记录 R_i 中“审批日期”字段的值。

通过运行以上规则，可有效地检测出审计数据源中不符合业务规则的异常数据。通过对这些检测出的异常数据进行审计判断，最终获得审计证据。

4. 优缺点分析

基于业务规则的审计专家系统具有简单、易用、准确度高等优点。这种智能审计实现方法的审计效果取决于对具体业务的分析以及定义规则的数目，但同时这种方法又具有一定的局限性。

（1）需要审计人员非常熟悉具体的业务，而且审计数据的业务规则也比较容易获得。

（2）基于业务规则的审计专家系统的工作过程就是不断搜索规则库，并对数据源中的数据记录进行检查，看数据记录是否符合所定义的业务规则，从而检测出异常数据。由于整个规则库中所包含的规则数目较多，搜索空间较大，势必会降低检测效率。为了提高检测效率和系统运行的可靠性，云计算技术为基于业务规则的审计专家系统提供了机遇。

总之，从某种程度上来说，基于业务规则的审计专家系统也不失为一种好的智能审计实现方法。

8.2.4　基于机器学习的智能数据分析

1. 什么是机器学习

学习能力是人类智能的根本特征，人类通过学习来提高和改进自己的能力。机器学习（machine learning，ML）是实现人工智能的一种方式，是人工智能最前沿的研究领域之一，它是研究如何使用计算机模拟或实现人类学习活动的科学。简单地讲，机器学习就是让机器通过从大量的训练数据中学习，建立一个更加准确的模型，通过这个模型可以对新的数据进行预测。

人工智能与机器学习之间的关系如图 8-20 所示。

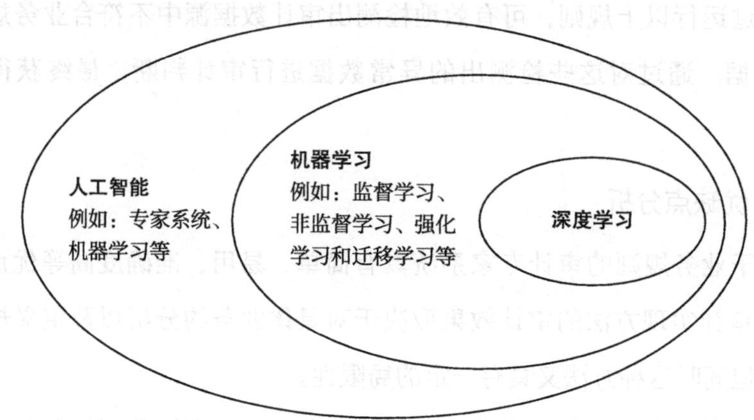

图 8-20 人工智能与机器学习之间的关系

例如，在对江发制造集团有限公司开展企业领导人经济责任审计的项目中，审计人员审计该公司领导人 2013 ～ 2016 年落实廉洁从业规定情况（江发制造集团有限公司与江汉省为假设的某被审计单位及其所在省份），怎么审呢？根据相关规定，去查餐费、高尔夫、购物、酒、烟、会议、补贴、保险、中介、咨询等方面的经费使用情况。所以我们有了一个简单的判断标准：在餐费、高尔夫、购物、酒、烟、会议、补贴、保险、中介、咨询等方面的相关费用是违反廉洁从业规定的。

2. 一般计算机审计方法

如果审计人员利用计算机进行分析，会写下这样的规则：

```
IF（被审计单位财务数据摘要中包含餐费）THEN
    违反廉洁从业规定
ELSE
    没有违反廉洁从业规定
```

其原理如图 8-21 所示。

审计人员会用这样的规则来查找违反廉洁从业规定的情况。

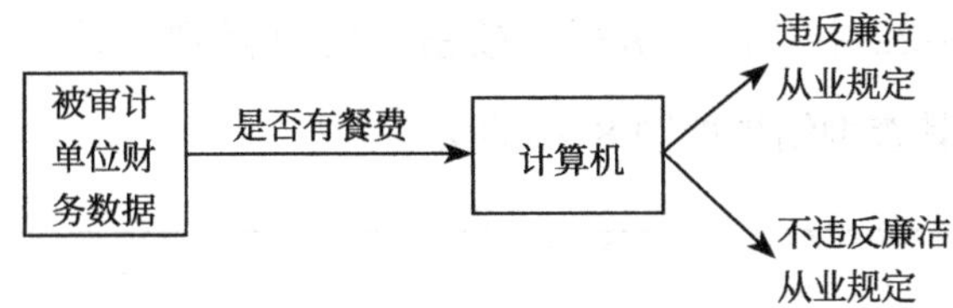

图 8-21 违反廉洁从业规定审计的一般审计方法示例

假设利用数据库工具分析江发财务数据表（从江发制造集团采集来的财务数据）电子数据中有无关于“餐费”方面的数据，审计人员会写下这样的 SQL 分析语句：

```
SELECT  *
FROM 江发财务数据表
WHERE  摘要 like "*餐费*"
```

通过在 SQL Server 数据库中运行以上 SQL 语句，可以很容易地查找出财务数据中有无关于“餐费”方面的数据。其操作过程如下：

（1）在 SQL Server 数据库管理工具中，单击“新建查询”，在“查询窗口”中输入相应的 SQL 语句，如图 8-22 所示。

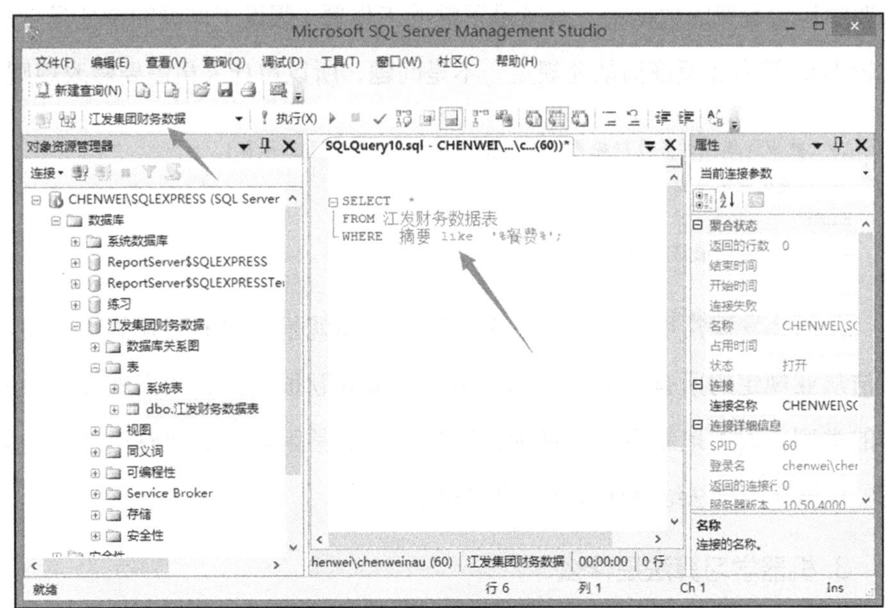

图 8-22 输入 SQL 语句之后的 SQL Server 查询视图

（2）在图8-22中单击“执行”按钮，便可得到审计人员所要查找的“餐费”数据，其查询结果如图8-23所示。

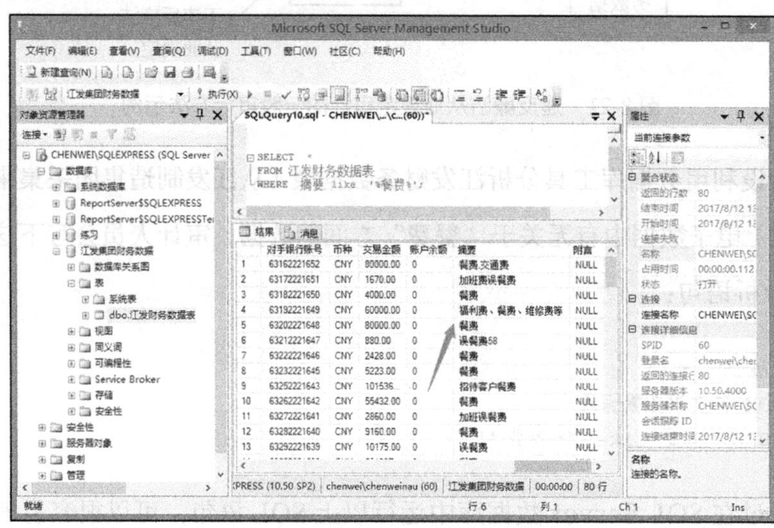

图8-23　“餐费”方面的数据查询结果界面

如果在查找违反廉洁从业规定的过程中有了新的发现，审计人员就不得不人工修改这个规则。例如，审计人员发现查出的被审计单位财务数据摘要中包含餐费的数据中，有些是正常的工作餐（假设工作餐的特征是金额比较小），没有违反廉洁从业规定，不是问题，所以审计人员需要修改规则：

```
IF（被审计单位财务数据摘要中包含餐费 and 餐费不是工作餐）
    违反廉洁从业规定
ELSE
    没有违反廉洁从业规定
```

我们会发现常用的审计方法有个缺点，那就是：我们必须搞清楚违反廉洁从业规定的所有因素复杂的细节。如果问题很复杂，我们就要针对所有的类型，人工地制定查询规则，这就变得非常困难。如何解决这个问题呢？机器学习算法给审计人员提供了机遇。

3. 机器学习算法是什么

机器学习方法由前面的一般方法演化而来。通过自动地从提供的训练数据中学习，让审计方法变得更“智能”。

例如，审计人员从被审计单位采集来的财务数据中随机地抽取一定的数据（在机器学习里称为训练数据），制作成一张如图 8-24 所示的表格，上面记着每个财务数据的属性，例如用途、金额等（这些数据的属性称之为特征）。同时记录下每个数据是不是违反廉洁从业规定的数据（称之为标签）。

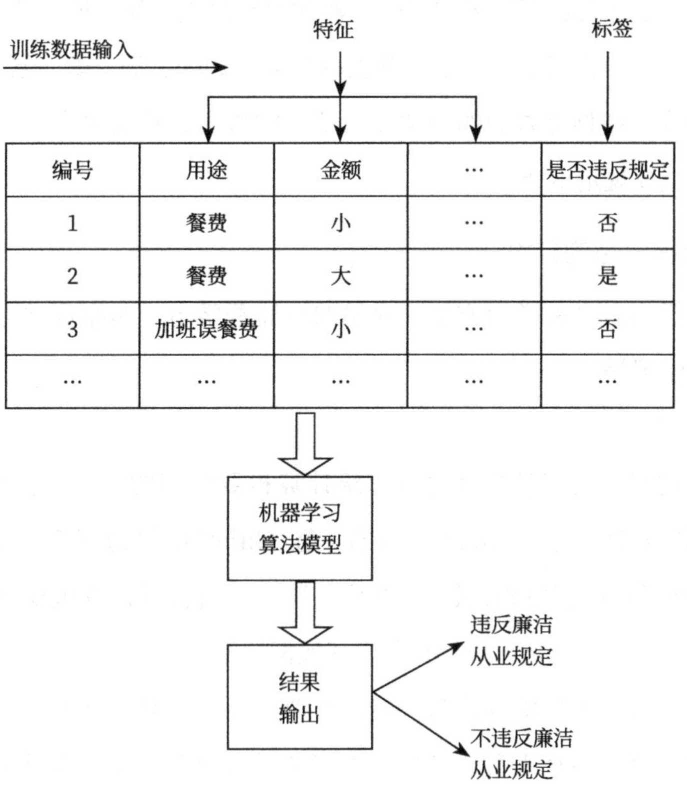

编号	用途	金额	…	是否违反规定
1	餐费	小	…	否
2	餐费	大	…	是
3	加班误餐费	小	…	否
…	…	…	…	…

图 8-24 基于机器学习算法的智能审计方法

审计人员将训练数据提供给一个机器学习算法，然后它就会学习出一个关于财务数据的特征和它是不是违反廉洁从业规定的数据之间关系的模型。

审计人员在开展廉洁从业规定审计时，将新的数据输入这个训练好的模型，模型会直接输出这个数据是不是违反廉洁从业规定的数据。

有了这个机器学习模型，审计人员在开展廉洁从业规定审计时，根本不用考虑那些数据分析规则的具体细节。只需要将审计数据的物理属性输入这个模型就直接可以知道这个数据是不是违反廉洁从业规定的数据。

更重要的是，审计人员可以让这个模型随着应用时间越变越好（称之为增强学习），也就是说当这个模型读入更多的训练数据时，它就会更加准确，并且在做了错误的预测之后进行自我修正。

另外，审计人员可以用同样的机器学习算法去训练不同的模型，例如，可以使用同样的机器学习算法来预测高尔夫、购物、酒、烟、会议、补贴、保险、中介、咨询等方面的经费使用情况的模型，从而更全面、更准确地完成廉洁从业规定审计。

4. 机器学习的分类

机器学习有多种学习方法，常见的有监督学习、非监督学习、强化学习和迁移学习等。

（1）监督学习。

简单地讲，监督学习就是预先给计算机要学习的训练数据进行分类，训练数据中既有特征（feature）又有标签（label），通过训练，让计算机可以找到特征和标签之间的联系，在此基础上，当告诉计算机要分析的新数据的特征时，计算机自己可以判断出该数据标签。

例如，审计人员想教计算机如何识别一条财务数据是不是违反廉洁从业规定的数据，审计人员先拿出几十万条财务数据，凡是违反廉洁从业规定的数据，就告诉计算机是违反廉洁从业规定的数据；凡是没有违反廉洁从业规定的，就告诉计算机没有违反廉洁从业规定。经过一段监督学习的过程之后，如果审计人员再给计算机分析审计数据，它就能识别出该数据是不是违反廉洁从业规定的数据。

我们可以把监督学习定义为：

根据已有的数据集，已知输入和输出结果之间的关系，利用这个训练数据集根据这种已知的关系进行训练，从而得到一个最优的模型。

监督学习常用的算法有以下几种。

1）决策树。

决策树（decision tree model）又称判定树，是一种机器学习中的监督学习方法。简单地讲，就是给出一组训练数据，每个训练数据都有一组属性（特征）和一个分类结果（标签），也就是分类结果（标签）已知，那么通过学习这些训练数据，就可以得到一个决策树，然后使用这个决策树能够对新的数据做出正确的分类。

概括来说，可以把决策树定义为：

决策树是一种类似二叉树或多叉树的树形结构，用于对离散和连续属性进行预测性建模。决策树用样本的属性作为结点，用属性的取值作为分支，其中每个内部节点表示一个属性上的判断，每个分支代表一个判断结果的输出，最后每个叶节点代表一种分类结果。

常见的决策树算法有 ID3、C4.5 和 C5.0 等。

2）K- 近邻算法。

物以类聚，人以群分，判别一个人是一个什么品质特征的人，常常可以从他 / 她身边的朋友入手，所谓观其友，而识其人。

K- 近邻算法（K-nearest neighbor，KNN）是由科弗（Cover）和哈特（Hart）于 1968 年提出的。通俗地讲，K- 近邻算法就是给定一个训练数据集，对新的输入实例，在训练数据集中找到与该实例最邻近的 K 个实例，这 K 个实例的多数属于某个类，就把该输入实例分类到这个类中。

具体来说，它的工作原理如下。

- 第一，给定一个测试数据。
- 第二，计算它到训练数据的距离。
- 第三，选取离测试数据最近的 K 个训练数据。
- 第四，选出在这 K 个数据中出现最多的类别，就是对测试数据预测的类别。

例如，在图 8-25 中，假设五角图形和三角图形为训练数据，正方形为测试数据。

计算正方形到其他图形的距离，选取离正方形最近的 *K* 个图形。

选取 *K* 个图形中同种图形最多的类。如：*K*=1 时，*K* 个图形全是三角图形，那么预测结果就是和三角图形是一类；*K*=4 时，*K* 个点中 3 个五角图形 1 个三角图形，那么预测结果就是和五角图形是一类；*K*=12 时，*K* 个点中 5 个五角图形 7 个三角图形，那么预测结果就是和三角图形是一类。

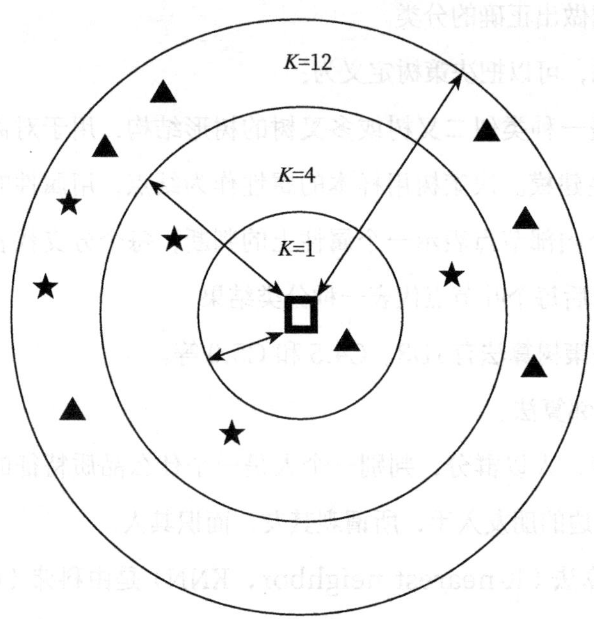

图 8-25　K- 近邻算法示例

3）朴素贝叶斯。

朴素贝叶斯（naive bayesian model，NBM）是一种基于概率论的算法，在做决策时要求分类器给出一个最优的类别猜测结果，同时给出这个猜测结果的概率估计值。

通过已给定的训练数据集，以特征词之间独立作为前提假设，学习从输入到输出的联合概率分布，再基于学习到的模型，输入 *X* 求出使得后验概率最大的输出值 *Y*。

朴素贝叶斯算法已被广泛应用于文字识别、图像识别等方面。采用朴素贝叶斯算法可以将未知的一种文字或图像，根据已有的分类规则来进行分类，最终达到分类的目的。

（2）非监督学习。

简单地讲，非监督学习就是没有预先对计算机要学习的训练数据进行分类，没有监督计算机的学习过程。

例如，审计人员想教计算机区分正常的财务数据和违反廉洁从业规定的财务数据，审计人员先拿出几十万条正常的财务数据和违反廉洁从业规定的财务数据，审计人员并不告诉计算机哪些是正常的财务数据，哪些是违反廉洁从业规定的财务数据。

经过一段非监督学习的过程之后，计算机就能把输入的数据按照相似性分成两个大类（正常的财务数据和违反廉洁从业规定的财务数据，这就区分了正常的财务数据和违反廉洁从业规定的财务数据）。计算机进行分类是按照财务数据特征进行的分类。

我们可以把非监督学习定义为：

非监督学习就是让计算机根据类别未知（没有被标记，没有标签）的训练样本数据解决模式识别中的各种问题。通俗地讲，我们不知道数据集中数据和特征之间的关系，而是让计算机根据聚类或一定的模型得到数据之间的关系。相比监督学习，非监督学习就像是自学，让机器学会自己做事情。

非监督学习可以广泛地应用于智能审计数据分析过程中。例如，在反"洗钱"审计中，审计人员可以通过用户行为的特征对这些用户进行分类，发现那些行为异常的用户，然后再深入分析他们的行为到底哪里不一样，是否属于违法洗钱的范畴。通过非监督学习对用户行为进行分类，虽然我们不知道这些分类意味着什么，但是通过这种分类，可以快速排除正常行为的用户，更有针对性地对异常行为进行深入分析。

非监督学习常用的算法列举如下：

1）聚类算法。

简单说，聚类（clustering）就是一种自动分类的方法，聚类的目的是把相似的东西聚在一起。在监督学习中，我们很清楚每一个分类是什么，但聚类则不同，我们并不清楚聚类后的每个分类分别代表什么意思。

以 K- 均值聚类算法（K-means clustering algorithm）为例，其内涵如下：

K- 均值聚类是最简单也最常用的聚类算法之一。K- 均值聚类算法就是首先随机选取 K 个对象作为初始的聚类中心；然后计算每个对象与各个初始聚类中心之间的距离，并把每个对象分配给距离它最近的聚类中心。聚类中心以及分配给它们的对象就形成一个聚类。当全部对象都被分配到各个聚类中心之后，每个聚类中心会根据聚类中现有的对象重新计算。这个过程将不断重复直到满足某个终止条件。终止条件可以是没有（或最小数目）对象被重新分配给不同的聚类，没有（或最小数目）聚类中心再发生变化等。

非监督学习中的聚类算法应用非常广泛，例如，Google 新闻按照内容结构的不同分成财经、娱乐、体育等不同的标签。

在智能审计中，审计人员可以采用聚类算法，按照财务数据摘要字段的内容，把财务数据分成高尔夫、购物、酒、烟、会议、补贴、保险、中介、咨询等不同的标签。

2）降维算法。

降维（demensionality reduction）是为了在尽可能保存相关结构的同时降低数据的复杂度。

以主成分分析（principal component analysis，PCA）为例，它是一种经典的降维算法。它通过将一个矩阵中的样本数据投影到一个新的空间中，使原来多个变量的复杂因素归结为几个主要成分，从而使问题变得简单化，得到的结果更加科学有效。PCA 在 1901 年由卡尔·皮尔逊（Karl Pearson）提出，1933 年霍特林（Hotelling）对 PCA 做了改进推广。

（3）强化学习。

什么是强化学习？例如，审计人员想教计算机去识别财务数据是不是违反廉洁从业规定的数据，一开始，计算机不知道怎么去查找，只是随机地乱找。但是，一旦计算机准确识别出被审计财务数据中的一条违反廉洁从业规定的数据，审计人员就给计算机一个奖励；一旦计算机错误识别出被审计财务数据中的一条违反廉洁从业规定的数据，审计人员就给计算机一个惩罚。这样一来，经过大量的训练之后，计算机便学会了如何识别财务数据是不是违反廉洁从业规定的数据。

（4）迁移学习。

比方说，审计人员让计算机学会了识别财务数据是不是违反廉洁从业规定的数据之后，又教它识别类似的业务。这个时候，审计人员不需要让计算机从零开始重新学，计算机可以将之前学到的动作迁移过来。这种学习被称为迁移学习。

☞ 本章结语

无论是电子数据审计、信息系统审计，还是持续审计与联网审计等，在开展审计的过程，审计数据的采集与分析是关键步骤。目前审计数据采集与分析方法还存在一定的不足，影响了审计工作的开展。人工智能等技术可以用于审计数据采集与分析中，更好地完成审计数据采集与分析。本章根据目前人工智能技术的发展现状，分析了人工智能技术在审计数据采集与分析中的可行性应用。主要内容如下。

针对纸质材料数据智能采集，通过OCR综合使用图像识别、自然语言处理和机器学习等技术，准确全面地识别扫描文件和图片中的文字，并通过语义分析理解抽取出业务所需关键要素，在文档识别的同时实现文档的电子化和结构化处理。

可以采用人工智能技术智能采集仪器仪表中的信息（表盘上的数字、英文、符号），为审计人员开展大数据分析打下基础。

网络爬虫技术为智能数据采集提供了条件。网络爬虫（web crawler）

是一种按照一定的规则，自动地抓取万维网信息的程序或者脚本。为了更多地获得外部公开数据，审计人员可以通过一些网络爬虫技术抓取网上的数据。

目前的审计数据采集工作仍然需要大量的人工参与，不能实现审计数据采集的自动化与智能化。为了更容易地实现数据采集，RPA 技术的发展给审计数据智能采集带来了机遇。

联网审计是实现远程审计自动化的一种审计方法，随着目前人工智能技术的发展与应用，它可以把人工智能技术应用于联网审计之中，从而实现对被审计单位的远程联网数据智能采集。

如何采用人工智能技术对文本格式的非结构化数据进行审计越来越重要。根据目前人工智能技术的发展现状和审计业务的实际需要，本章给出了一些文本文件智能分析应用示例，如文档智能对比、文档智能审核、印章智能分析等。

人类非常擅长通过视觉获取有用信息，一图胜千言。现代数据分析也日益依赖通过呈现图形来揭示含义和表达结果。智能分析的结果通过可视化的方式提供的多窗口、交互式、可视化图形界面，可以直观、简洁地表示大量的审计信息，这有助于定位重要的数据，从而减小审计人员的工作强度，提高审计效率。本章介绍了标签云、散点图、条形图、折线图、气泡图、热力图等可视化分析技术及其在审计数据分析中的应用。

专家系统是人工智能应用的一个重要内容，审计人员可以采用审计专家系统开展智能审计数据分析。本章给出了一个基于业务规则的审计专家系统应用示例。

机器学习（machine learning，ML）是实现人工智能的一种方式，是人工智能最前沿的研究领域之一，它是研究如何使用计算机模拟或实现人类学习活动的科学。简单地讲，机器学习就是让机器通过从大量的训练数据中学习，建立一个更加准确的模型，通过这个模型可以对新的数据进行预测。机器学习有多种学习方法，常见的有：监督学习、非监督学习、强化学习和迁移学习等。在介绍机器学习相关知识的基础上，本章给出了基于机器学习的智能数据分析应用示例。

通过本章的学习，读者可以加深对互联网、云计算、大数据、人工智能等技术在智能审计中的应用的理解，从而为今后研究与应用智能审计理论与方法打下了基础。

☞ 思考题

1. 相比常用的审计数据采集方法，智能审计数据采集方法有什么优点？
2. 相比常用的审计数据分析方法，智能审计数据分析方法有什么优点？
3. 什么是专家系统？如何将其应用于智能审计之中？
4. 什么是机器学习？如何将其应用于智能审计之中？
5. 除了本章提到的这些智能审计数据采集与分析方法，还有哪些智能审计方法？

第9章

审计机器人

本章学习目标

- 熟悉 RPA 技术的研究与应用背景
- 熟悉常用的 RPA 工具
- 熟悉基于 RPA 的审计机器人实现方法
- 了解基于 RPA 的审计机器人发展

目前，审计人员已广泛应用信息技术开展审计管理工作，实现审计管理信息化，同时应用信息技术开展审计作业，实现审计作业信息化。随着信息技术的广泛应用和被审计单位信息化程度的快速发展，常用的审计方法不能很好地满足目前审计工作的需要，创新审计技术方法越来越重要。探索与应用审计机器人技术成为开展智能审计的一项重要内容。从目前的审计应用来看，审计机器人还没有设计成一种自动执行审计工作的机器装置，设计与实现审计机器人还面临一定的挑战，RPA 技术的出现为实现审计机器人带来了机遇。本章根据这一需要，结合目前 RPA 技术的研究与应用现状，介绍基于 RPA 技术的审计机器人原理、实现与应用，从而为今后开展智能审计打下基础。

9.1 审计机器人与 RPA

9.1.1 研发审计机器人的重要性及可行性

目前，在信息化环境下实施审计项目的流程一般包括审计准备、审计实施、审计报告和审计结果执行四个阶段。其中，在审计实施阶段，审计数据采集、审计数据预处理、审计数据分析是三个关键步骤。尽管在审计过程中审计人员通过运用相关软件工具辅助审计电子数据，提高了审计效率。然而在审计过程中，不同阶段的审计工作，特别是跨多个系统的审计数据采集与审计数据分析工作仍然需要审计人员花费很多的时间和精力去完成，特别是在一个审计项目中，审计人员可能需要花费很多时间去做一些重复性的工作。尽管这些重复性的工作可以应用相关软件进行分析，但仍然会占用审计人员大量的时间。如何应用自动化与智能化技术取代劳动密集型审计工作，实现审计工作的自动化与智能化成为审计人员近年来追求的目标。研究与应用审计机器人是一种有效的解决方案，但这一方案仍处于起步阶段。RPA（robotic process automation，机器人流程自动化）技术的出现为解决这一问题提供了机遇。

RPA 技术目前已得到实务界的广泛关注。普华永道（PwC）对丹麦 18 家较大企业的调查发现：有 45% 的人认为 RPA 技术将发展成为丹麦商界最具革命性的技术，RPA 技术易于使用，企业已经取得了预期的成果；在会计领域，一些大型会计师事务所正在应用 RPA 技术，如毕马威会计师事务所与 Automation Anywhere 公司合作，应用 RPA 技术来提高税务咨询服务的运作效率。学术界也在积极探索 RPA 技术的理论与应用，但总的来说，目前关于如何把 RPA 技术应用于审计工作的研究与应用仍然较少。

9.1.2 RPA 技术的研究与应用背景

1. 审计自动化技术的发展

自动化的想法很早就产生了，两个多世纪前纺织行业为了提高生产效率，开始广泛应用自动化技术。在工业生产装配线技术方面也早已应用自动化技术。审计业务流程自动化方面的研究与应用一直是审计领域研究与应用的一个热点问题，审计领域已经使用自动化技术超过30年，这些应用于审计领域的自动化技术如第5章分析的持续审计等。第5章谈到的嵌入审计模块（embedded audit module，EAM）技术也是一种实现审计自动化的方法，其原理如图9-1所示。嵌入审计模块技术是指在一个应用系统中长久驻存一个审计模块，该模块检查输入系统中的每一笔事务数据，并识别出其中不符合预定规则的事务数据，审计人员可以对这些识别出的事务数据进行实时或定期的审查。

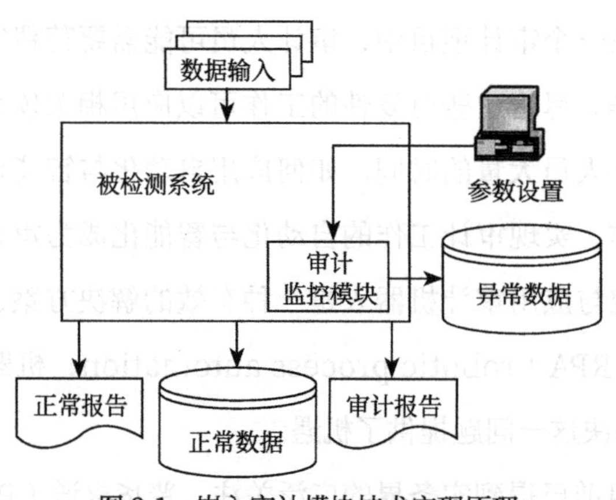

图9-1 嵌入审计模块技术实现原理

在我国，广泛应用的联网审计也是实现审计自动化的一种重要方式，联网审计的相关内容已在第5章做了详细分析。

这些审计自动化技术极大地提高了审计的有效性和效率。然而，这些技术主要关注于特定审计任务或审计测试的自动化，不同单位、不同系统或应用程序之间的协调和集成工作方面，目前仍然不能实现审计流程的自动化，主要还是要依赖审计人员来完成，这使得实际的审计工作仍然是劳动密集型的。RPA技术的发展与应用有助于解决这一问题。

2. RPA的内涵

RPA是近年出现的一种自动化技术，很多文献给出了RPA的定义，具有代表性的几个定义如下。

2017年，IEEE战略咨询机构（IEEE Corporate Advisory Group）把RPA定义为“一种预先配置的软件，它能使用业务规则和预定义的活动设计，自动执行完成一个或多个不相关软件系统中的流程、活动、事务和任务的组合。人可以参与管理其中某些异常的结果或服务”。

德勤（Deloitte，2017）认为RPA是一种执行常规业务流程的方法，它能通过一个用户界面层实现用户与多个应用程序或系统交互方式的自动化，并通过遵循简单的规则做出决策。

科基纳（Kokina，2019）认为RPA是一种新兴的技术，它通过使用软件机器人来实现基于规则的业务流程和任务的自动化。

综上所述，RPA是指一种新的软件技术，它能根据预先设定的程序和规划，模拟人类与计算机系统的交互过程，自动执行大批量、重复性的任务，并通过遵循简单的规则来做出决策，从而实现工作流程自动化。

3. RPA的主要特点

RPA主要具有以下特点。

（1）它是一种软件技术。

RPA是为实现自动化而设计和开发的一种软件技术，这种软件技术可以用来帮助用户很容易地、快速地设计出针对所需要业务流程操作的自动化实现方法及实现软件。

（2）可模仿人的操作。

RPA主要是能模拟人的手工操作与计算机系统进行交互，如复制、粘贴、鼠标点击、键盘输入、数据的转换、数据的分析、自动收发邮件、自动打开检验网页链接、文献检索、收集资料等重复操作。

（3）基于预定的规则。

RPA主要是代替人工进行重复机械性操作，研发RPA需要基于明确规则去编写脚本。因此，RPA适用的流程必须有明确的、可被数字化的触发指令和输入。

（4）用于执行重复的、工作量大的工作。

RPA 根据预先编写的脚本进行重复、机械式的运行，用自动化处理代替人工任务处理。因此，RPA 可以 7×24 小时不间断地工作，提高了工作效率。越是重复的、工作量大的工作，越能体现出 RPA 的优势。

（5）能跨多个应用系统进行操作。

RPA 能模拟人实现跨多个应用系统进行操作，从而实现不同应用系统之间业务操作的流程自动化。

9.1.3　RPA 在审计工作中应用的机遇与挑战

1. RPA 给审计带来的机遇

（1）提高审计工作效率。

审计机器人可以 7×24 小时进行审计工作，在工作时间方面比审计人员灵活得多。因此，通过实现基于 RPA 的审计机器人可以减少审计项目实施时间和所需人力资源。另外，审计单位应用基于 RPA 的审计机器人之后，从重复读取邮件和系统、进行烦琐的计算、大批量生成文件和报告、枯燥的文件检查等重复、枯燥的审计任务中解脱出来的审计人员可以将时间分配到其他更有创造性的审计任务中，并可以有更多的精力和时间去处理需要专业判断的工作，从而提高审计工作效率。这也为更好地实现审计全覆盖打下了基础。

（2）提高审计质量，降低审计风险。

审计人员在开展审计过程中，由于精力、时间、职业道德、能力水平或其他原因，可能会出现一些失误，产生一定的审计检查风险。审计机器人与审计人员不同的是，只要正确地设定好相关程序和参数，就没有必要担心审计机器人会犯审计人员可能出现的错误，且不会出现职业道德、能力水平等因素造成的失误。另外，基于 RPA 的审计机器人不像审计人员那样存在审计处理能力的限制，审计工作的规模不仅可以增加，而且可以更全面地收集证据，从而可以得到更低错误率和更高质量的审计相关材料。因此，应用基于 RPA 技术的审计机器人可以提高审计质量，降低审计风险。

（3）容易实现不同平台和软件之间的自动化操作。

与一些改变现有系统的传统 IT 实现和业务再造不同，应用 RPA 技术并不需要改动被审计系统的底层 IT 系统，只需要通过表示层将现有的手工流程替换为自动化流程。例如，应用 RPA 技术可以从一个系统自动检索信息，并将相同的信息输入另一个系统中，而不是需要通过系统改造，把两个系统集成在一起实现两个系统之间数据的交换。因此，RPA 技术特别适用于需要将许多不同系统结合在一起的工作场景，以及那些拥有许多遗留系统的单位。通过 RPA 技术能很容易地实现不同平台和软件之间的自动化操作。

（4）实施技术要求低。

在应用 RPA 技术设计与实现审计机器人时，不要求审计人员具有较高的软件编程技术水平，只需要应用相关 RPA 软件通过简单的配置（使用流程图操作创建审计机器人的操作流程和图形化的界面设置相关参数），就可以很容易地完成审计机器人的开发与应用。

（5）实施成本低。

传统的流程自动化实现需要集成不同的系统，在集成不同的系统时，开发人员必须很好地理解系统 / 应用程序是如何工作的。应用 RPA 技术并不需要改变 IT 系统或与它所操作的 IT 系统集成在一起，只是在应用层面上实现交互。因此，应用 RPA 技术可以较低的成本实现审计流程操作的自动化。

（6）降低审计成本。

RPA 软件的运行成本大约是雇用一个人成本的九分之一，而基于 RPA 的审计机器人可以 7×24 小时进行审计工作。因此，应用 RPA 技术开展审计能够大幅降低人力成本和时间的投入，有效提高现有的审计效率，准确、稳定、快捷地完成工作。

2. 审计工作应用 RPA 面临的挑战

（1）智能化程度低。

尽管 RPA 至今在低代码智能流程自动化方面已经取得了可观的成果，并为普通开发人员提供了功能强大的用户友好型任务自动化工具。但由于 RPA 技术的限制，目前基于 RPA 的审计机器人仅仅能处理流程化的审计工作，尚不能很好地处理需要专业判断的审计业务。因此，基于 RPA 的审计机器人在智能化方面还较弱。

（2）灵活性低。

尽管基于 RPA 的审计机器人在审计过程中比审计人员操作更安全和可靠，但使用 RPA 技术需要为每一种可能性预定一个规则，且这个规则必须是明确的。在审计过程中，当审计机器人遇到一些预定规则之外的情况时，例如在数据本身或判断模糊的情况下，机器人可能会无法自动运行，仍需要人工处理。

（3）自适应性差。

在应用基于 RPA 的审计机器人时，当审计对象的用户界面、数据或应用程序的任何方面发生变化时，基于 RPA 的审计机器人都无法进行自动调整来适应相应的变化，需要相关人员对其进行调整，这意味着审计对象的 IT 项目频繁升级或者变更将会导致基于 RPA 的审计机器人维护难度直线上升。因此，基于 RPA 的审计机器人较适合那些功能和内容不常变化的系统，不适合应用到经常变化的系统中去。

（4）可靠性需要验证。

为了保证 RPA 的可靠性，减少审计风险，在应用 RPA 技术时，审计单位应该考虑如何验证基于 RPA 的审计机器人的可靠性。例如，可以通过审查 RPA 软件的设置，或者通过运行模拟数据，观察 RPA 软件的输入和预期输出来验证其可靠性。其中，基于 RPA 的审计机器人验证的频率是一个值得思考的问题，应该每年验证一次？每季度验证一次？还是每个审计项目验证一次？

9.2　基于 RPA 的审计机器人实现方法

由以上分析可知，由于审计是一种劳动密集型的工作，大量、重复的工作占用了审计人员大量的时间。大多审计工作是成熟、稳定、高重复性的任务，以及标准化程度较高的流程，这些任务和流程不需要太多的人工干预，因此审计工作自动化成为一种理想的选择。特别是在大数据环境下，被审计单位具有多个应用系统，审计人员在审计时需要与多个系统进行交互。当审计人员需要频繁访问多个系统时，一些人工操作可能会导致较高的人为错误。RPA 的优势就是能实现多个应用系统之间的交互，使得这些审计过程适合于 RPA。综上分析，RPA 适合于审计工作。本节就是介绍如何应用 RPA 技术实现审计机器人。

1. 基于 RPA 的审计机器人原理

基于 RPA 的审计机器人原理就是创建一个程序机器人，并让它模仿审计人员的操作来完成一些重复、单调、程序化的审计工作，其原理如图 9-2 所示。

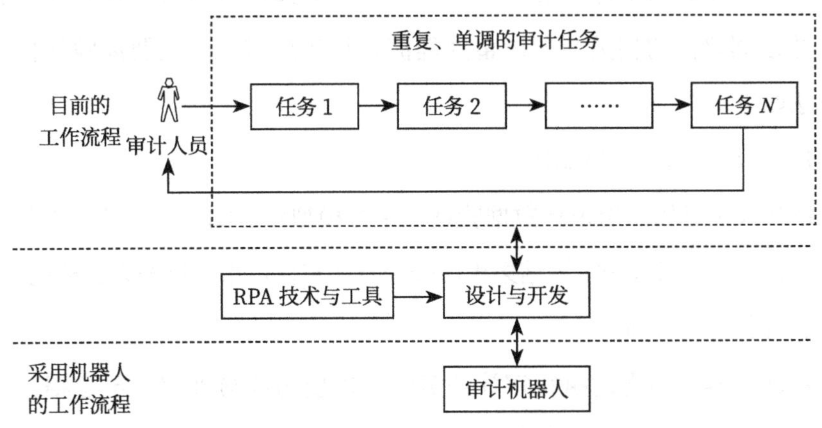

图 9-2　基于 RPA 的审计机器人原理

2. 基于RPA的审计机器人实施过程

根据以上基于RPA的审计机器人的设计原理，针对目前审计业务的需要以及RPA技术的现状与特点，我们将其实施过程概括如下。

（1）审计任务选择。

针对审计对象设计审计机器人时，要选择合适的审计任务，这些任务应该是流程固定、工作量大、重复单调、跨多个系统、多步骤的任务，而且不需要专业判断，被审计单位及相关业务信息化程度高，相关数据已经电子化，比较适合自动处理。对于需要专业判断的审计任务，今后可以采用相关人工智能算法来完善基于RPA的审计机器人的功能。

（2）审计项目流程优化。

对选择的审计任务，参照人工审计的流程，根据需要进行流程优化和数据预处理，使其更适合RPA处理。例如，对于电子发票等非结构化数据，可以应用OCR技术进行识别处理，转化成结构化数据。

（3）审计机器人设计。

在以上内容的基础上，应用相关RPA商品化软件（如UiPath、Automation Anywhere、Blue Prism、UiBot、达观RPA等），或自行开发的相关自动化软件，设计基于RPA的审计机器人，实现审计任务的自动化处理。

（4）审计机器人风险评估。

针对设计好的审计机器人，审计人员评估其执行效果以及相关实施风险，并根据评估的相关情况调整处理流程和实施过程。主要风险评估内容及方法如下。

1）审计机器人的检测风险。

审计人员可以采用审计数据验证、平行模拟法、测试数据法、人工审计的结果和审计机器人的审计结果相比较等方法来评估审计机器人的检测风险。

2）访问控制风险。

审计机器人在自动执行审计任务时，需要访问与被审计单位相关的信息系统，采集和分析被审计单位的相关数据，在这一过程中，会产生一定的风险，特别是访问控制风险。因此，设计的审计机器人需要遵照安全标准、防范入侵漏洞、具有可靠的登录和密码策略等。另外，为了保护相关系统中的数据不被非法访问，确保审计数据的私密性，必要时审计机器人还应该具备在锁定屏幕后运行的能力。

（5）审计机器人执行。

在完成审计机器人的设计和风险评估之后，审计人员就可以运用基于 RPA 的审计机器人自动完成相关审计工作。

综上分析，基于 RPA 的审计机器人实施过程如图 9-3 所示。

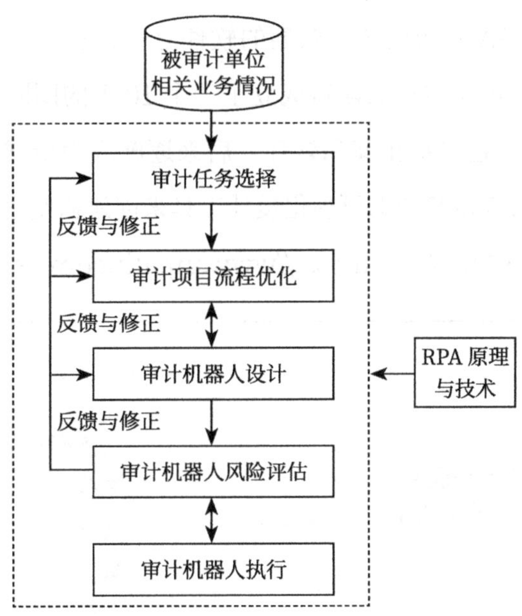

图 9-3　基于 RPA 的审计机器人实施过程

9.3　RPA 工具简介

9.3.1　国内外 RPA 工具比较分析

为了实现 RPA 技术，一些软件平台被开发出来。目前，国外常见的 RPA 软件平台包括 UiPath、Automation Anywhere、Blue Prism、

WinAutomation、WorkFusion、Kryon Systems、IBM RPA，以及Softomotive等；国内常用的RPA软件平台包括UiBot、达观RPA等。

1. 常见国外RPA工具简介

根据Gartner的数据，2018年排名前三名的供应商分别是Uipath、Automation Anywherehe和Blue Prism，其中Uipath和Blue Prism分别占据了13.57%和8.39%的市场份额。国外主要RPA软件简单介绍如下。

（1）UiPath。

UiPath是RPA领域比较受欢迎的软件之一，它专注于打造全球优质RPA软件。2005年在布加勒斯特成立了一个10人的团队，起初给一些世界上的大型公司外包自动化库和软件，后来逐渐成为全球RPA软件公司。借助UiPath能够使用简单的可视化设计工具来创建和使用机器人。

UiPath公司中文网站（https://www.uipath.com.cn）如图9-4所示。

图9-4 UiPath公司中文网站

（2）Automation Anywhere。

Automation Anywhere 成立于 2003 年，是美国的一家 RPA 公司。Automation Anywhere 主要提供针对商业及 IT 的任务自动执行工具，用户不需要编程就可以在几分钟内设定复杂的任务安排。

Automation Anywhere 公司中文网站（https://www.automationanywhere.cn）如图 9-5 所示。

图 9-5　Automation Anywhere 公司中文网站

（3）Blue Prism。

Blue Prism 是一家位于英国的机器人流程自动化领域的软件开发公司。该公司是 RPA 软件开发的先驱。该公司的 RPA 软件提供了具有拖放功能的类似于设计师的流程图，以自动化业务流程的每个步骤，可以自动执行与人一样工作的后台办公流程。

Blue Prism 公司中文网站（https://www.blueprism.com）如图 9-6 所示。

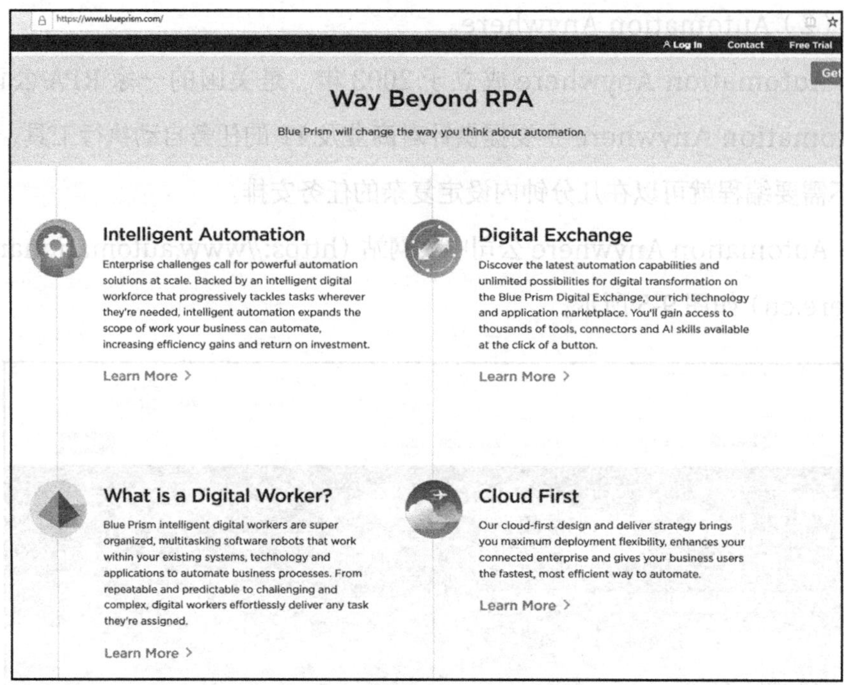

图 9-6 Blue Prism 公司网站

2. 常见国内 RPA 工具简介

国内也非常重视 RPA 软件的研究与应用。主要 RPA 软件简单介绍如下。

（1）UiBot。

来也科技创办于 2015 年，致力于成为人机共生时代具备全球影响力的智能机器人公司。核心技术涵盖机器人流程自动化（RPA）、流程挖掘、自然语言处理（NLP）、智能对话交互、文字识别与图像识别等。2019 年，来也科技与奥森科技合并，携手机器人流程自动化平台“UiBot”，进军 RPA+AI 市场。

UiBot 产品主要包含创造者、劳动者、指挥官、魔法师四大模块，为机器人的生产、执行、分配、智能化提供相应的工具和平台。

创造者（Creator）为机器人开发工具，用于搭建机器人或建立软件机器人的配置。

劳动者（Worker）为机器人运行工具，用于运行搭建好的机器人。

指挥官（Commander）为控制中心，用于多个软件机器人的部署与管理。

魔法师（Mage）为AI能力平台，为机器人提供执行流程自动化所需的各种AI能力。

UiBot公司中文网站（https://www.uibot.com.cn）如图9-7所示。

图9-7　UiBot公司网站

（2）达观RPA。

达观数据是一家专注于文本智能处理技术的国家高新技术企业。达观数据利用先进的自然语言理解、自然语言生成、知识图谱等技术，为大型企业和政府客户提供文本自动抽取、审核、纠错、搜索、推荐、写作等智能软件系统，让计算机代替人工完成业务流程自动化。

达观RPA可将重复性劳动进行自动化处理，高效、低门槛连接不同业务系统，让财务、税务、金融、人力资源、信息技术、保险、客服、运营商、制造等行业在业务流程上实现自动化智能升级。

达观数据公司中文网站（http://www.datagrand.com）如图9-8所示。

图 9-8　达观数据公司网站

9.3.2　RPA 工具功能示例

本节先以 UiBot 为例，简要介绍一下 RPA 工具的部分功能。后文中将以 UiBot 为例介绍基于 RPA 的审计机器人应用。

打开 UiBot，新建一个名为“审计机器人”的流程，如图 9-9 所示，进入 UiBot 主界面，如图 9-10 所示。

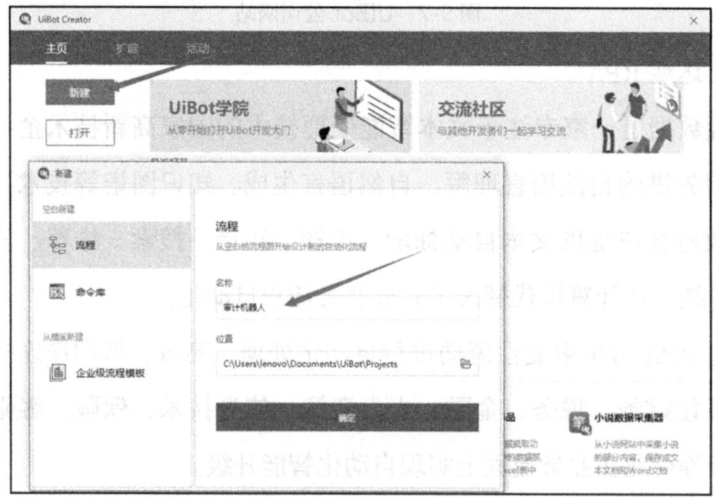

图 9-9　新建流程示例

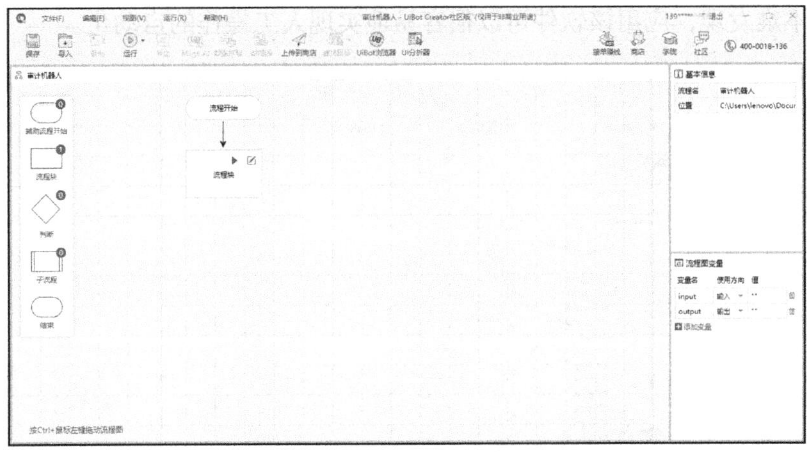

图 9-10　RPA 商品化软件 UiBot 主界面示例

在图 9-10 中点击“流程编辑”（详见图 9-23），便可对相关流程块进行可视化编辑，其可视化操作命令功能界面如图 9-11 所示。

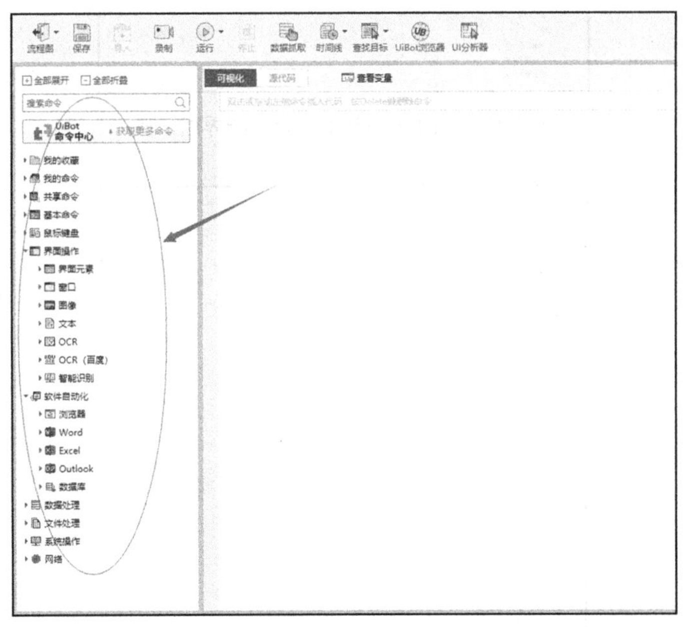

图 9-11　UiBot 可视化操作命令功能界面示例

由图 9-11 可以看出，UiBot 的可视化操作命令功能主要包括：基本命令、鼠标键盘、界面操作、软件自动化、数据处理、文件处理、系统操作、网络等功能，各功能的主要子功能分别如图 9-12 ～图 9-19 所示。

不难发现，应用该软件可以很容易地实现人工操作的自动化。

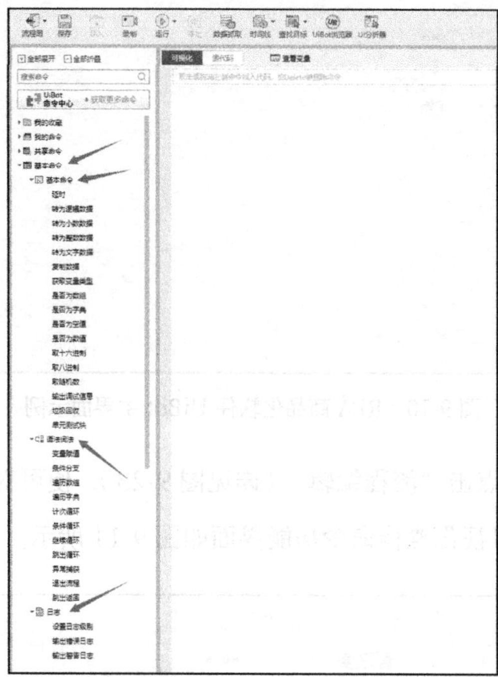

图 9-12　UiBot 的基本命令功能界面示例

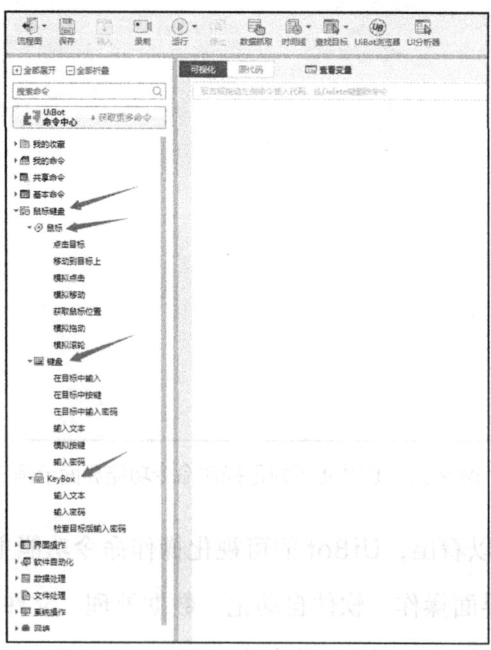

图 9-13　UiBot 的鼠标键盘功能界面示例

图 9-14　UiBot 的界面操作功能界面示例

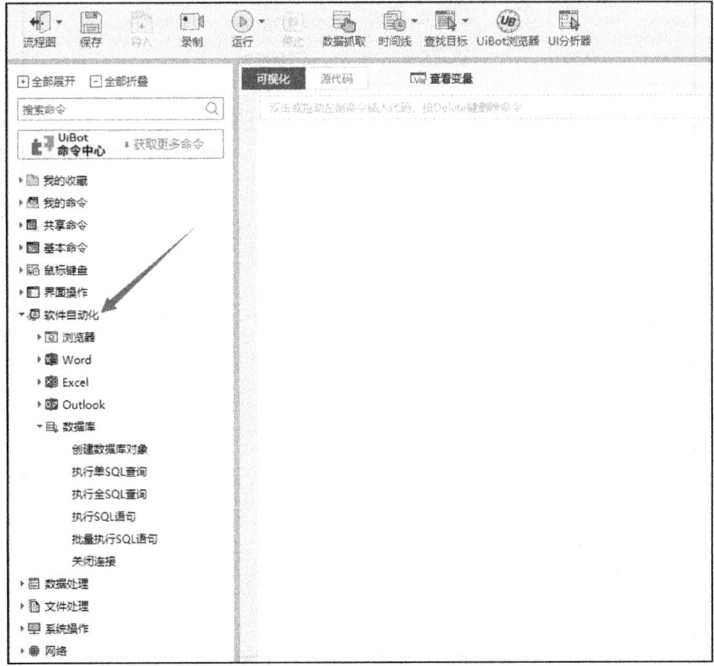

图 9-15　UiBot 的软件自动化功能界面示例

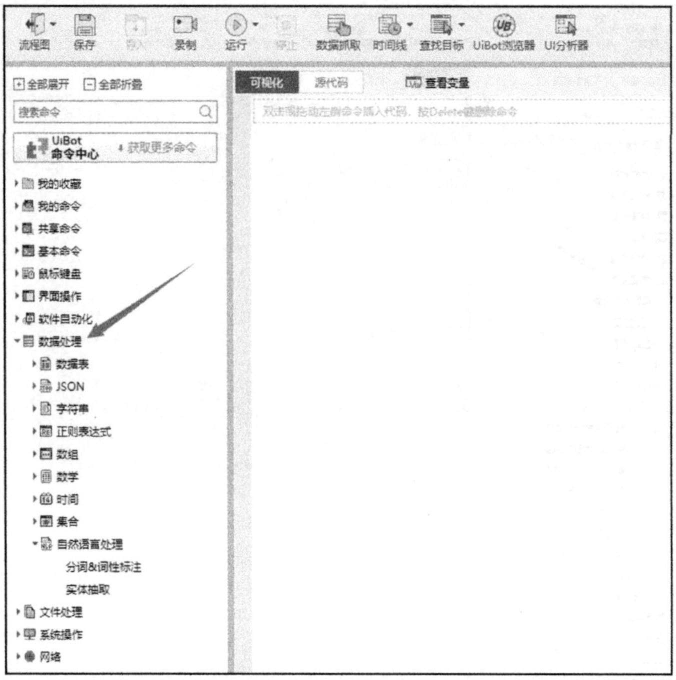

图 9-16 UiBot 的数据处理功能界面示例

图 9-17 UiBot 的文件处理功能界面示例

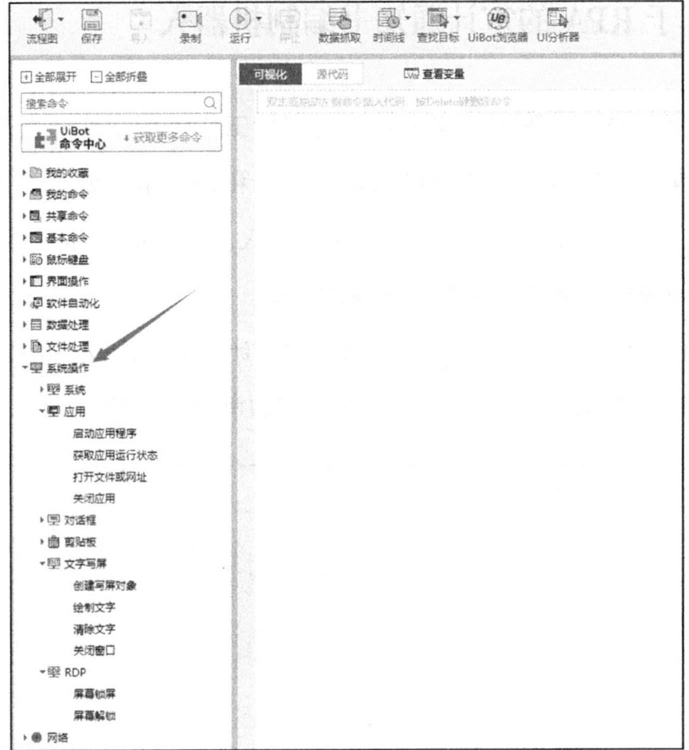

图 9-18　UiBot 的系统操作功能界面示例

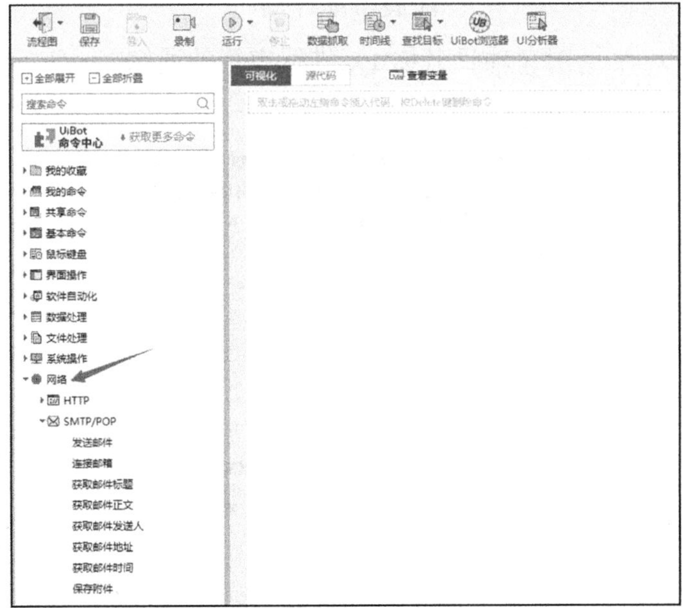

图 9-19　UiBot 的网络功能界面示例

9.4 基于 RPA 的审计通知书编制机器人

编制审计通知书等审计文书是开展审计工作过程中的一项重要内容，一般来说都是由审计人员根据国家审计准则和相关审计要求手工完成的。本节介绍如何运用 RPA 工具设计审计机器人，实现审计通知书的自动编制，从而加深对智能审计和 RPA 工具的理解。

假设有如图 9-20 所示的 Word 格式的审计通知书模板，现需要通过设计自动编制生成如图 9-21 所示的 PDF 格式的审计通知书。

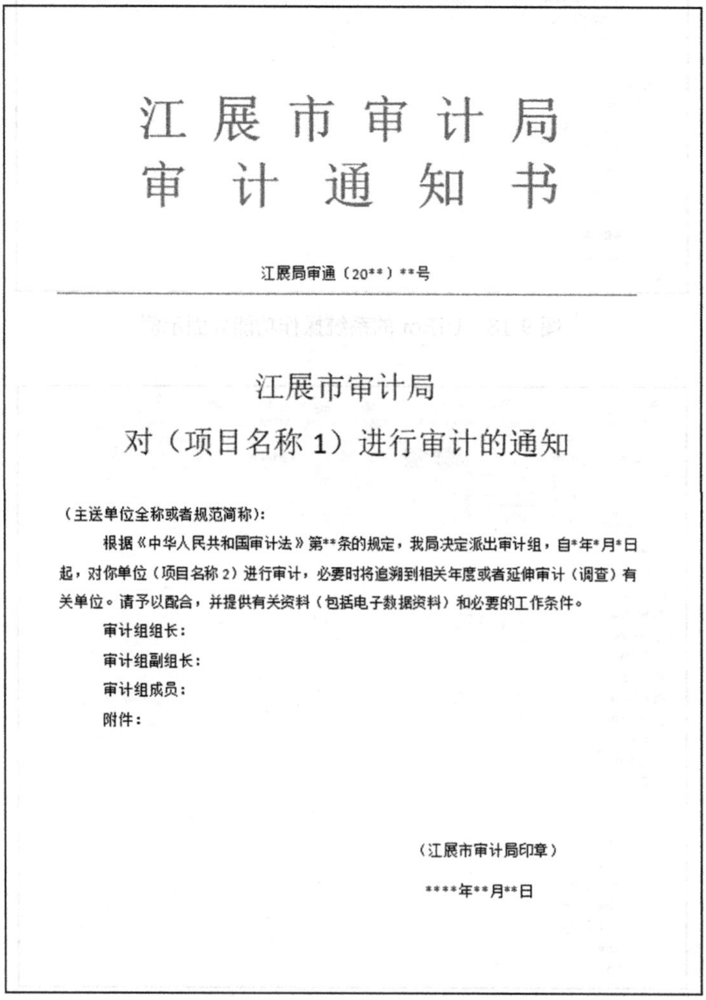

江 展 市 审 计 局
审 计 通 知 书

江展局审通（20**）**号

江展市审计局
对（项目名称 1）进行审计的通知

（主送单位全称或者规范简称）：

根据《中华人民共和国审计法》第**条的规定，我局决定派出审计组，自*年*月*日起，对你单位（项目名称 2）进行审计，必要时将追溯到相关年度或者延伸审计（调查）有关单位。请予以配合，并提供有关资料（包括电子数据资料）和必要的工作条件。

审计组组长：

审计组副组长：

审计组成员：

附件：

（江展市审计局印章）

****年**月**日

图 9-20 审计通知书模板示例（一）

江展市审计局
审计通知书

江展局审通〔2021〕1号

江展市审计局
对企业经济责任进行审计的通知

江发制造集团有限公司：

根据《中华人民共和国审计法》第二十条、第二十五条的规定，我局决定派出审计组，自2021年1月16日起，对你单位企业经济责任进行审计，必要时将追溯到相关年度或者延伸审计（调查）有关单位。请予以配合，并提供有关资料（包括电子数据资料）和必要的工作条件。

审计组组长：张林顿

审计组副组长：刘布什

审计组成员：李巴马（主审），王朗普，赵瑾慧，孙拉里，钱林肯

附件：审计署关于加强审计纪律的八项规定

（江展市审计局印章）

2021年1月8日

图 9-21　审计通知书模板示例（二）

该设计的操作过程如下：

（1）打开 UiBot，新建一个名为“自动生成审计通知书”的流程，进入 UiBot 主界面，设计如图 9-22 所示的流程块。

（2）在图 9-22 中点击“流程编辑”，如图 9-23 所示，对“自动生成审计通知书”流程块进行编辑，便可进入如图 9-24 所示的界面。

（3）在图 9-24 中，打开命令中心的“软件自动化→ Word”，把“打开文档”命令拖拉到“可视化”界面中，并在该界面中选中该功能。然后，在该“属性”界面中选择“文件路径”，设置所需要打开的 Word 文件（假

设“审计通知书模板”保存在“ E:\ 审计通知书编制审计机器人案例 \ 审计通知书模板 .docx”)，从而完成读取 Word 格式的“审计通知书模板”的设置，如图 9-24 所示。审计通知书模板读取可视化操作自动生成的程序源代码如图 9-25 所示。也可以不采用可视化操作进行设置，在“源代码”界面中直接编写程序代码进行操作设置。

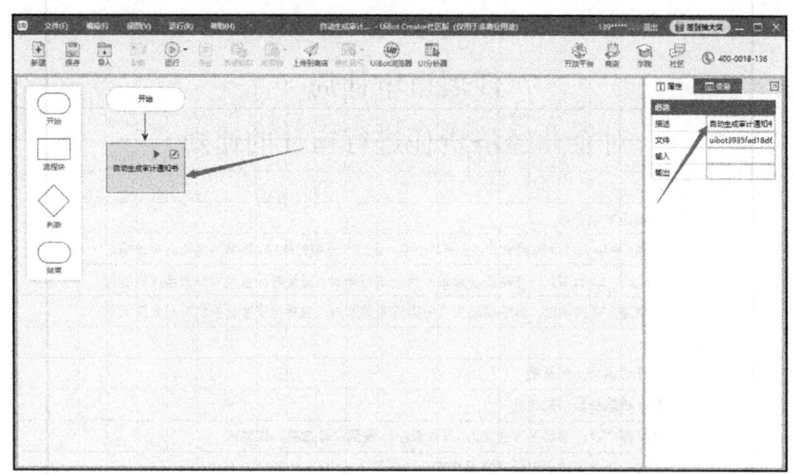

图 9-22　“自动生成审计通知书”流程块设计示例

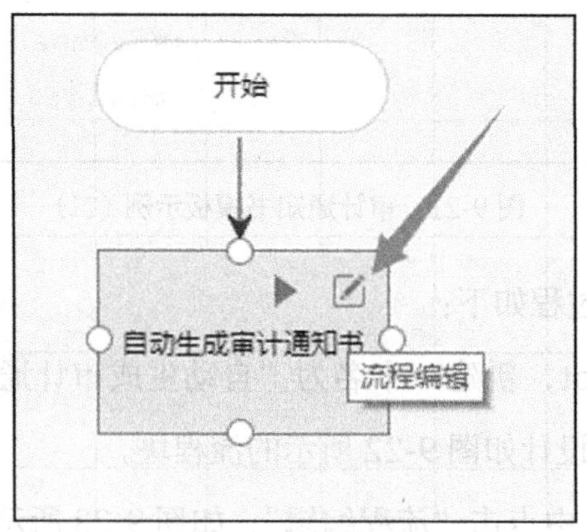

图 9-23　流程块编辑示例

（4）在图 9-24 中，打开命令中心的“软件自动化→ Word”，把“查找文本后设置光标位置”命令拖拉到“可视化”界面中，并在该界面中选中该功能。然后，在“属性”界面中选择“文本内容”，设置所需要在“审计通知书模板”查找的文本内容。然后，在“属性”界面中选择“相对位置”，设置对所在“审计通知书模板”查找的文本内容的处理方式为“选中文本”，从而完成对所查找文本内容的处理，如图 9-26 所示。审计通知书模板中内容更改设置操作自动生成的程序源代码如图 9-27 所示。

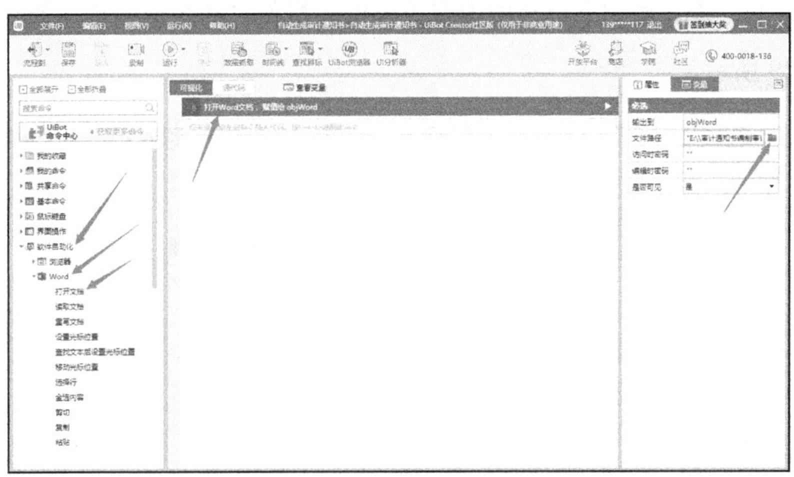

图 9-24 审计通知书模板读取可视化操作示例

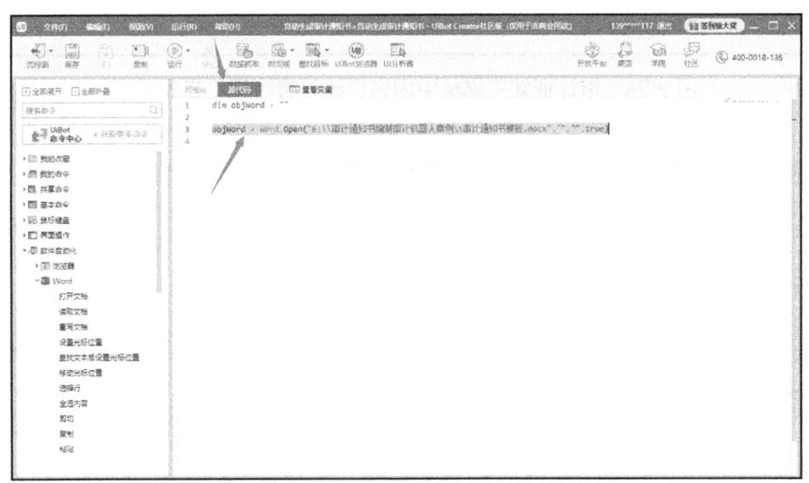

图 9-25 审计通知书模板读取程序源代码示例

（5）在图 9-26 中，打开命令中心的“软件自动化→ Word”，把“写入文字”命令拖拉到“可视化”界面中，并在该界面中选中该功能。然后，在“属性”界面中选择“写入内容”，设置需要把上一步在“审计通知书模板”查找的文本内容修改成什么内容，如图 9-28 所示。这样设置成功后，机器人在运行时就会把上一步在“审计通知书模板”查找的文本内容“**〕”修改成“21〕”，从而把“江展局审通〔20**〕**号”中的“〔20**〕”修改成“〔2021〕”，达到根据“审计通知书模板”自动编制生成所需审计通知书的目的。审计通知书模板中内容更改设置操作自动生成的程序源代码如图 9-29 所示。

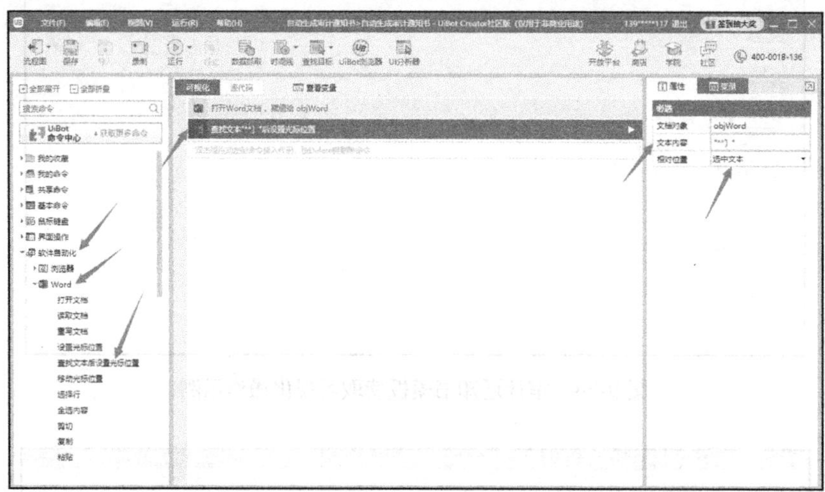

图 9-26　审计通知书模板中内容更改设置可视化操作示例

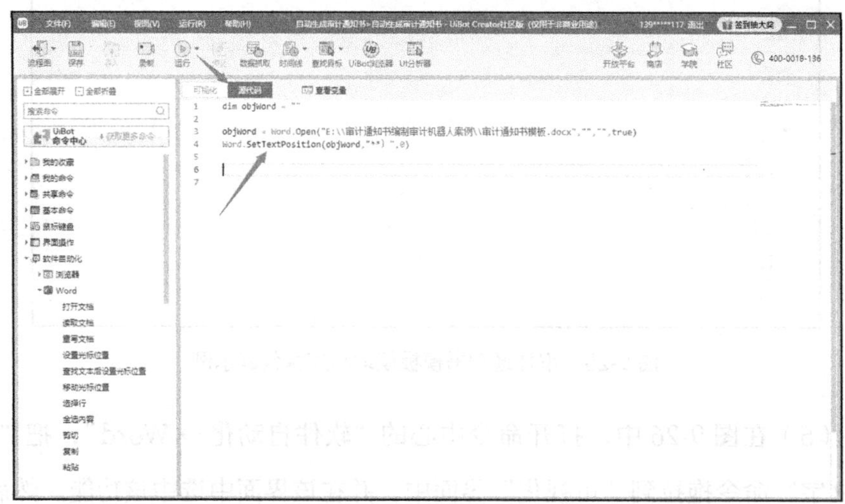

图 9-27　审计通知书模板中内容更改设置程序源代码示例

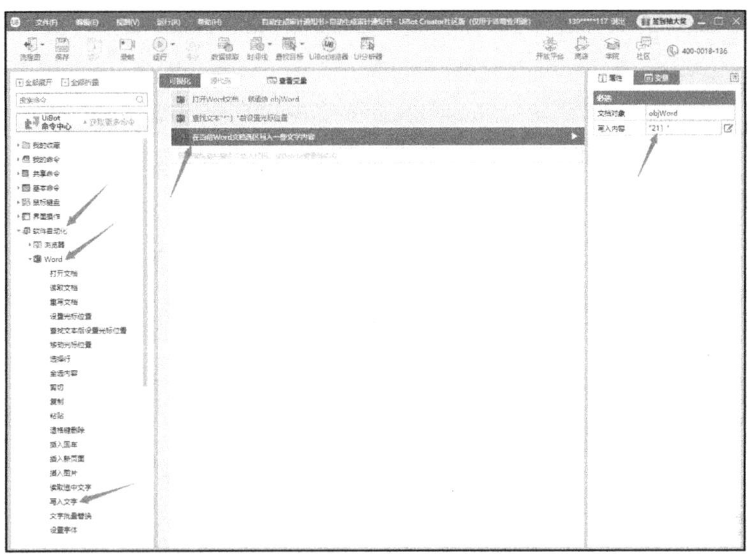

图 9-28　审计通知书模板中内容写入设置可视化操作示例

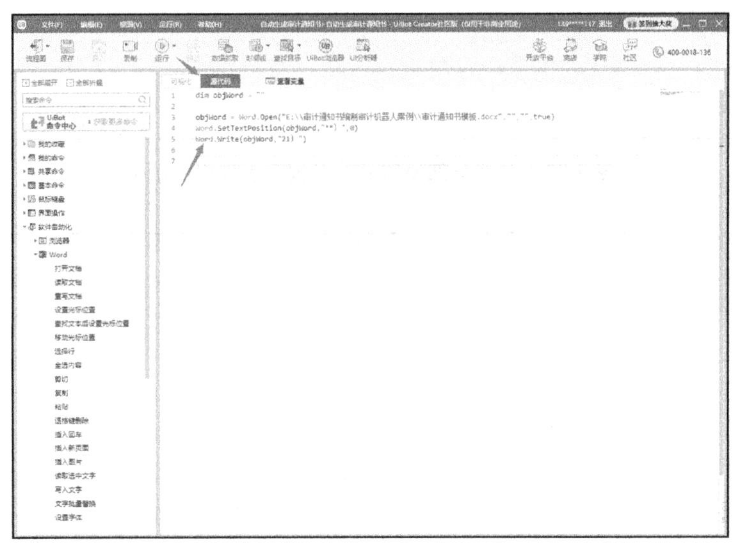

图 9-29　审计通知书模板中内容写入设置程序源代码示例

（6）在图 9-28 中按“审计通知书模板”中需要更改的内容的顺序，按以上操作依次进行设置，从而完成对所查找全部内容的处理，如图 9-30 所示。通过这些操作，可以完成“审计通知书模板”中相关内容的设置，从而完成所需审计通知书的编制。审计通知书模板中全部内容更改设置操作完成后自动生成的程序源代码如图 9-31 所示。

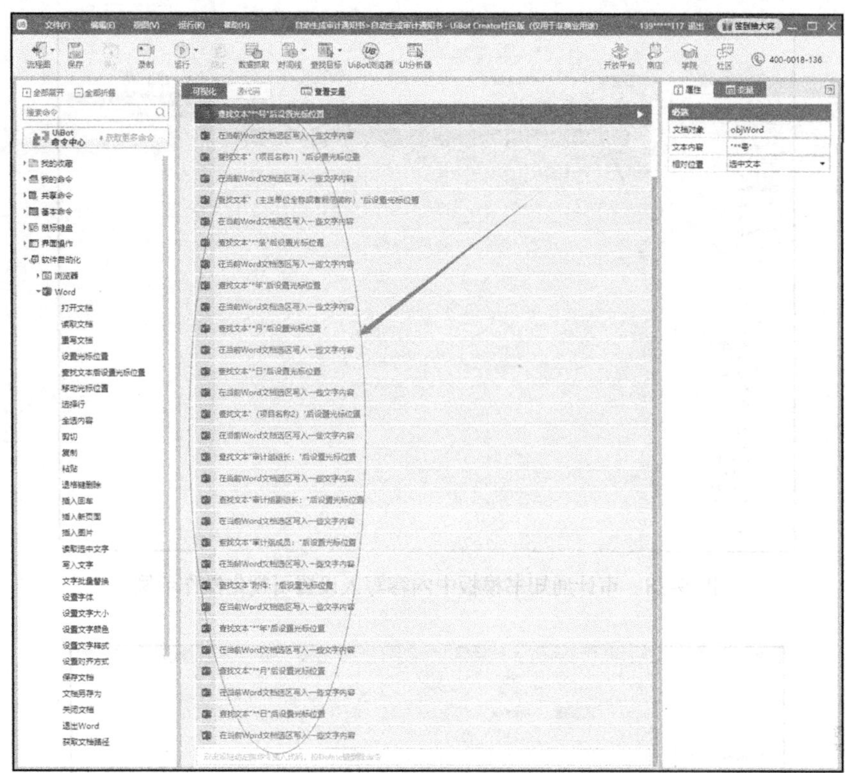

图 9-30　完成全部设置后的可视化操作界面示例

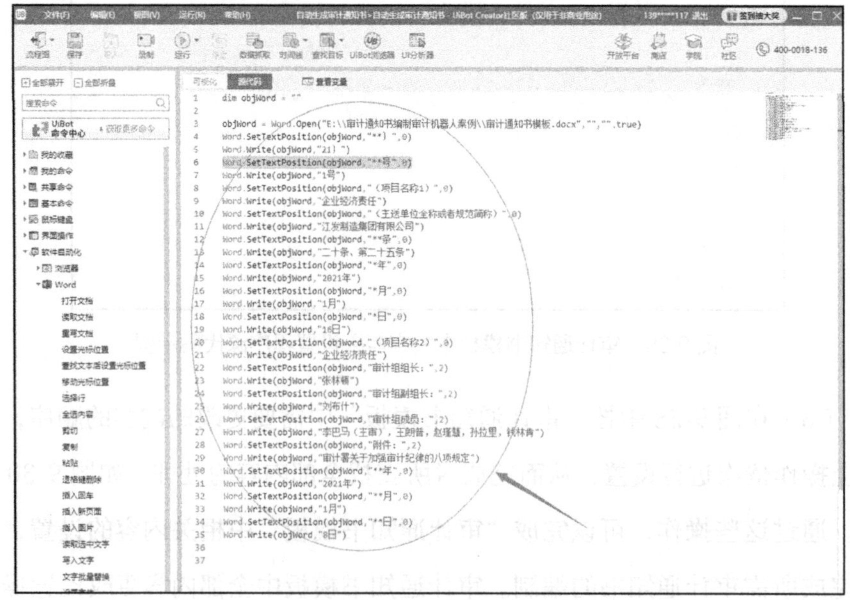

图 9-31　完成全部设置后的程序源代码示例

（7）生成 PDF 文件设置。在图 9-30 中，打开命令中心的“软件自动化→ Word”，把“文档另存为”命令拖拉到“可视化”界面中，并在该界面中选中该功能。然后，在“属性”界面中选择“文件路径”，设置生成的审计通知书的文件名以及保存的位置。如果需要保存成 PDF 文件格式，则在“属性”界面中选择“文档”格式，设置所生成审计通知书的文件格式为“ PDF 格式”，从而完成对生成 PDF 文件的处理，如图 9-32 所示。自动生成的程序源代码如图 9-33 所示。

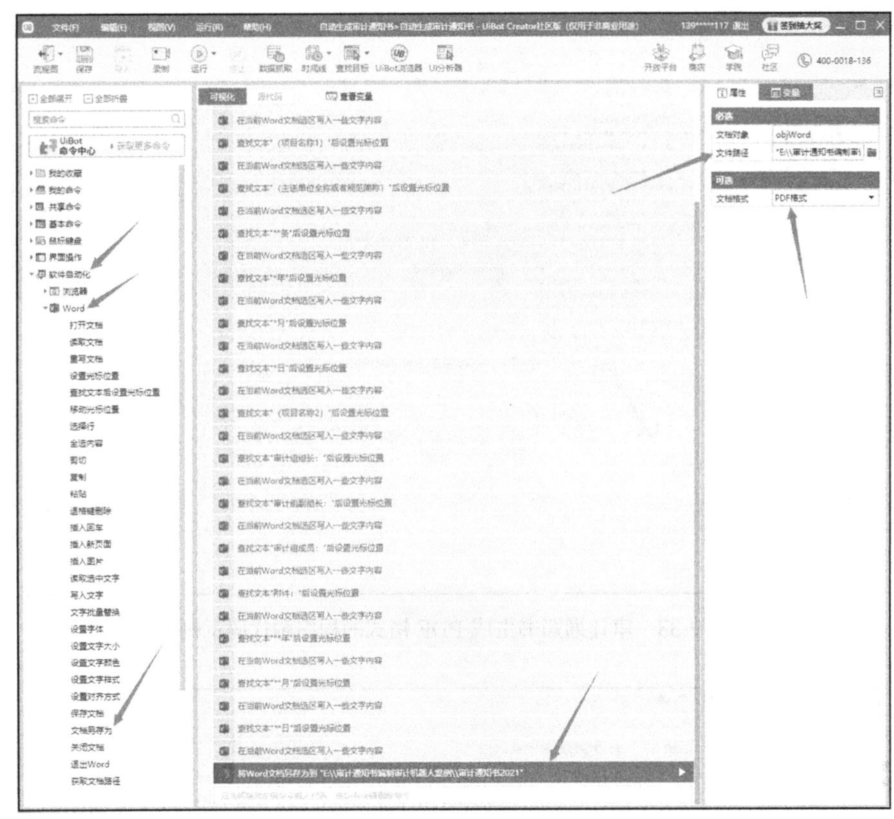

图 9-32　审计通知书生成 PDF 格式示例

（8）运行机器人。完成全部操作设置后，在图 9-32 中，或返回图 9-22 所示的“自动生成审计通知书”流程块设计示例界面，运行该机器人，便可以自动生成所需要的 PDF 格式的审计通知书，并保存在设定的文件夹中，如图 9-34 所示。

以上仅仅介绍了如何自动编制生成审计通知书，审计人员也可以设计更多的流程块，以实现更多的审计程序，如生成审计通知书后自动把所生成的审计通知书发送给相关人员等。

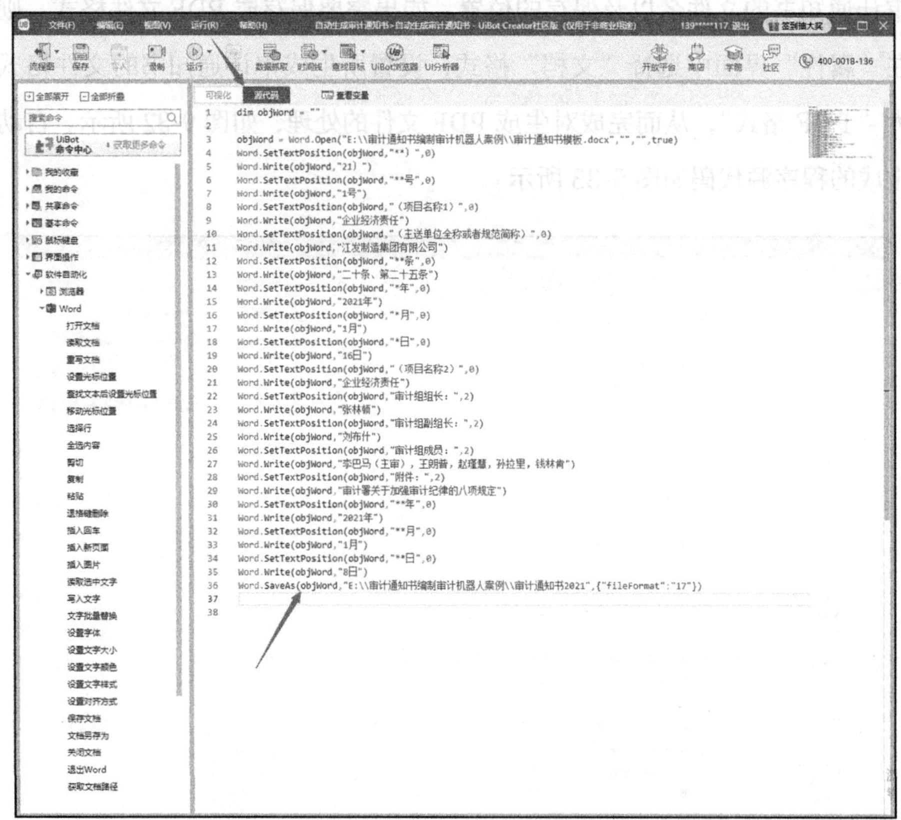

图 9-33　审计通知书生成 PDF 格式的程序源代码示例

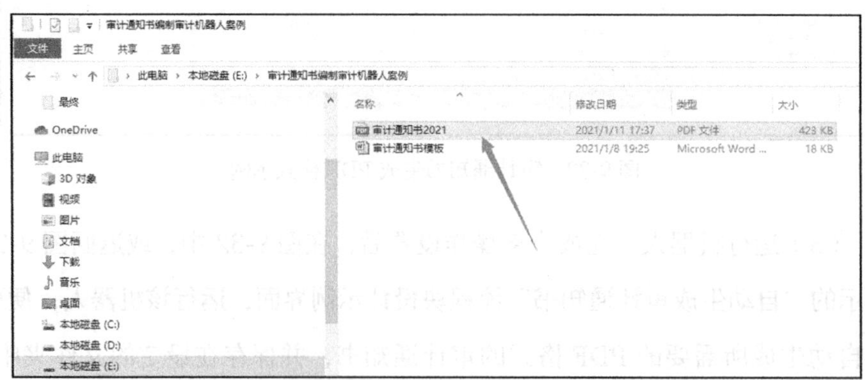

图 9-34　保存在设定的文件夹中的 PDF 格式审计通知书示例

9.5 基于 RPA 的发票审计机器人

9.5.1 基于 RPA 的发票审计机器人设计与分析

随着审计信息化的普及，目前计算机在审计中的广泛应用大大提高了审计工作效率，但当审计人员审计财务时，有时仍然需要查看大量的原始发票。根据《中华人民共和国发票管理办法》，发票是指在购销商品、提供或者接受服务以及从事其他经营活动中，开具、收取的收付款凭证。发票内容一般包括票头、字轨号码、联次及用途、客户名称、银行开户账号、商（产）品名称或经营项目、计量单位、数量、单价、金额以及大小写金额、经手人、单位印章、开票日期等。当需要对原始发票进行分析时，相关发票有时还是需要大量的时间进行手工录入，然后才能进行分析。这严重影响了审计工作效率。大数据和 RPA 技术的发展为解决这一问题提供了机遇。把 RPA 技术应用于发票审计具有重要的意义。本节结合目前大数据与 RPA 技术的研究与应用现状，介绍如何应用 RPA 技术实现发票审计机器人，从而实现发票相关数据的自动化与智能化审计。

针对发票审计的实际需要，结合 RPA 技术的原理和目前的审计方法，可以设计基于 RPA 的发票审计机器人。概括来说，基于 RPA 的发票审计机器人实现原理可简单描述为：从被审计单位内外部采集相关原始发票数据（扫描各类原始纸质发票，或采集相关原始电子发票，特别是在财务共享的环境下，被审计单位目前已经完成了相关原始纸质发票的电子化，这为审计工作提供了方便）；应用 RPA 软件中的 OCR 识别技术自动对发票进行识别，然后把识别的发票数据自动保存到指定的数据库或电子表格软件中，RPA 软件可以以同样的方法依次循环处理完全部的发票，从而实现对采集来的电子发票或纸质发票扫描件等非结构化数据的自动化处理；在此基础上，应用 RPA 软件进行设计，实现自动采用常用方法或大数据审计方法对数据库或电子表格软件中的相关结构化发票数据进行建模和整体分析的发票审计流程，从而发现相关审计线索。可实现的发票数据自动化分析方法有：把原始的发票和被审计单位财务软件中的数据进行比较分析，把增值税发票信息输入“国家税务总局全国增值税发票查验平台”以辨别发票真伪，同时根据公司规章制度查找违规报销（如重复报销、超额报销等）。整个发票审计流程由发票审计机器人自动完成。在此基础上，审计人员对发票审计机器人发现的相关审计线索进行延伸分析。通过对发现的这些异常数据做进一步的延伸审计和审计事实确认，最终获得审计证据。

综上分析，大数据环境下基于 RPA 技术的发票审计机器人的工作原理如图 9-35 所示。

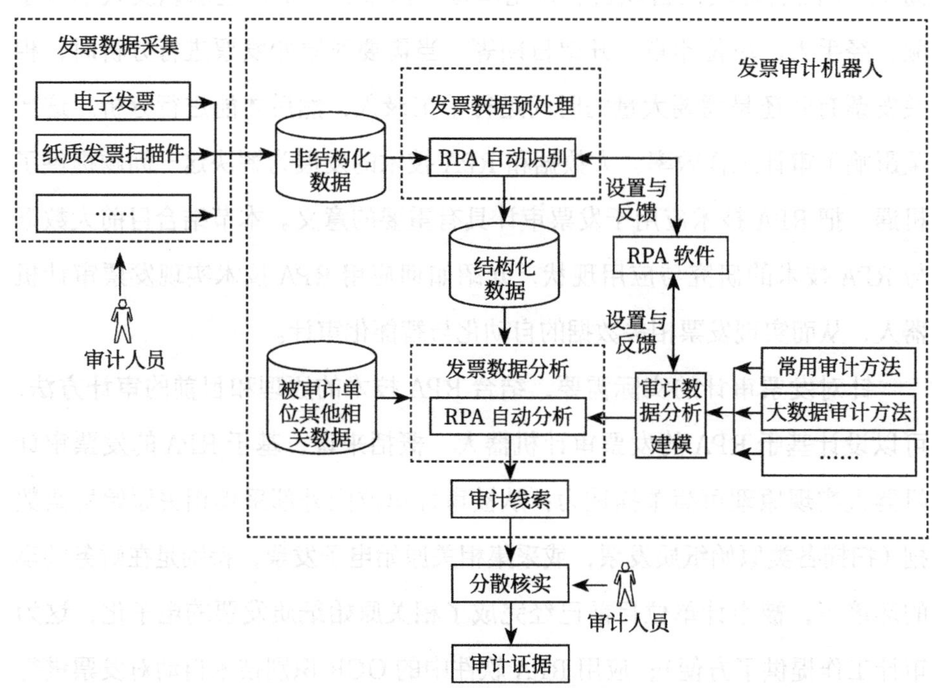

图 9-35 大数据下环境基于 RPA 技术的发票审计机器人工作原理

不难发现：基于 RPA 技术的发票审计机器人可以有效地提高审计效率。概括来说，目前常用的审计模式与审计机器人审计模式的比较如图 9-36 所示。

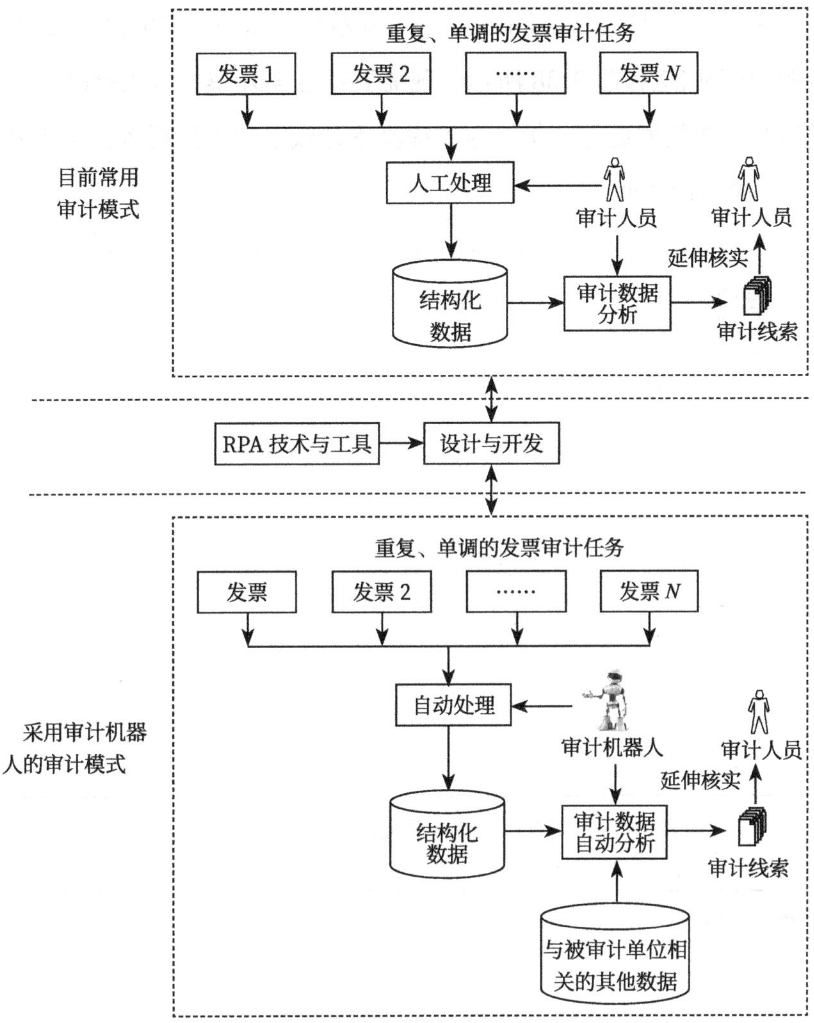

图 9-36　目前常用的审计模式与审计机器人审计模式的比较

9.5.2　基于 RPA 的发票审计机器人应用案例

1. 案例背景简介

为了对财务数据进行分析，有时需要从被审计单位获得原始的发票数据。通过审计这些原始的发票数据，可以发现相关审计线索。另外，也可以将这些原始的发票数据与被审计单位信息系统中的财务数据进行比较分析，从而发现被审计单位信息系统中财务数据的真实性。以某单位经济责任审计为例，假设现已获得相关财务发票数据，以该单位的这些发票为例，其示例如图 9-37 和图 9-38 所示。现需要把这些发票输入 Excel 中，然后再对这些发票数据进行分析。为了提高审计效率和审计质量，决定开发审计机器人来自动处理。

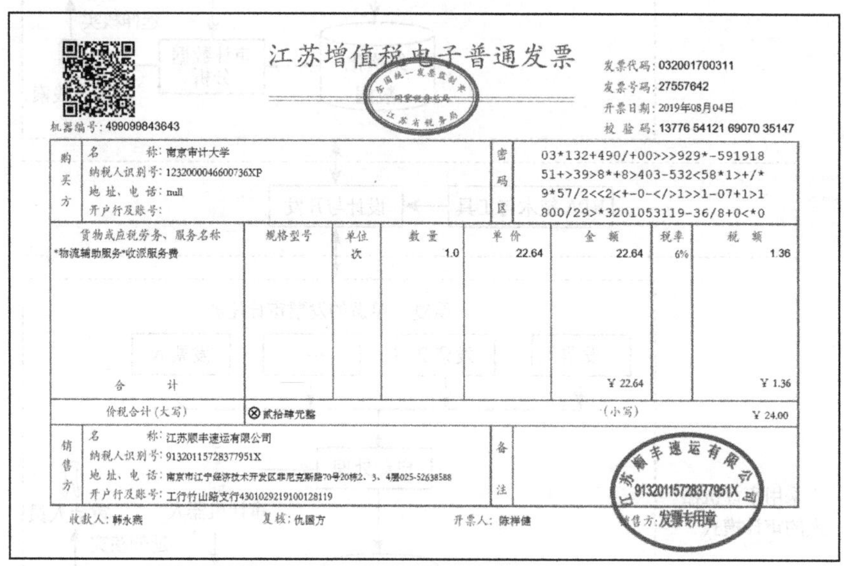

江苏增值税电子普通发票

发票代码：032001700311
发票号码：27557642
开票日期：2019年08月04日
校验码：13776 54121 69070 35147
机器编号：499099843643

购买方	名　　称：南京审计大学 纳税人识别号：12320000466600736XP 地址、电话：null 开户行及账号：	密码区	03*132+490/+00>>>929*-591918 51+>39>8*+8>403-532<58*1>+/* 9*57/2<<2<+-0-</>1>>1-07+1>1 800/29>*3201053119-36/8+0<*0

货物或应税劳务、服务名称	规格型号	单位	数量	单价	金额	税率	税额
*物流辅助服务*收派服务费		次	1.0	22.64	22.64	6%	1.36
合　　计					¥22.64		¥1.36
价税合计（大写）	⊗贰拾肆元整				（小写）		¥24.00

销售方	名　　称：江苏顺丰速运有限公司 纳税人识别号：91320115728377951X 地址、电话：南京市江宁经济技术开发区菲尼克斯路70号20栋2、3、4层025-52638588 开户行及账号：工行竹山路支行4301029219100128119	备注	

收款人：韩永燕　　复核：仇国方　　开票人：陈禅健　　销售方：（章）

图 9-37　某一张被审计发票示例

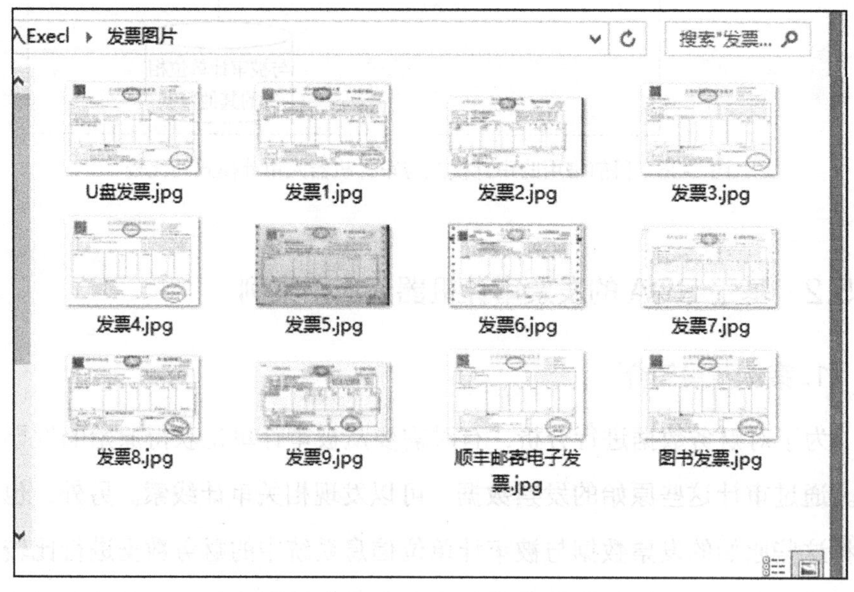

图 9-38　被审计发票图片数据集示例

2. 基于 RPA 的发票审计机器人设计与实现

基于 RPA 的发票审计机器人实现原理，可以应用某 RPA 软件设计以上发票审计机器人。基于 RPA 的发票审计机器人设计示例如图 9-39 所示。

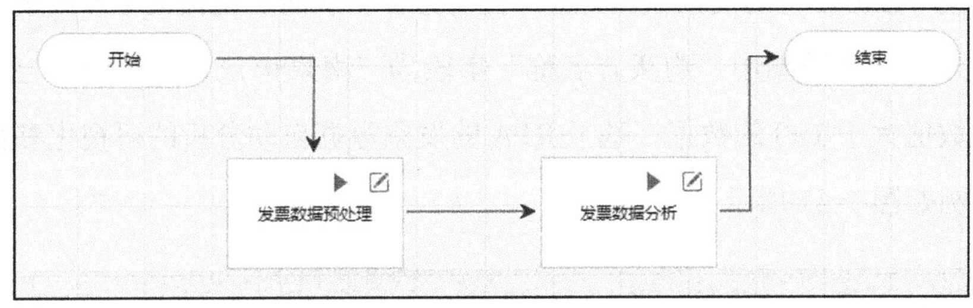

图 9-39 基于 RPA 的发票审计机器人设计示例

在发票审计机器人设计的基础上，根据相关业务规则，在该 RPA 软件中对“发票数据预处理”和“发票数据分析”环节进行可视化参数设置，完成发票数据的自动化预处理和发票数据的自动化分析，关键步骤分析如下。

（1）基于 RPA 的发票数据自动预处理。

为了对非结构化的电子发票数据进行分析，需要把它们转化成结构化数据，基于 RPA 的发票数据自动预处理的可视化参数设置示例如图 9-40 所示。

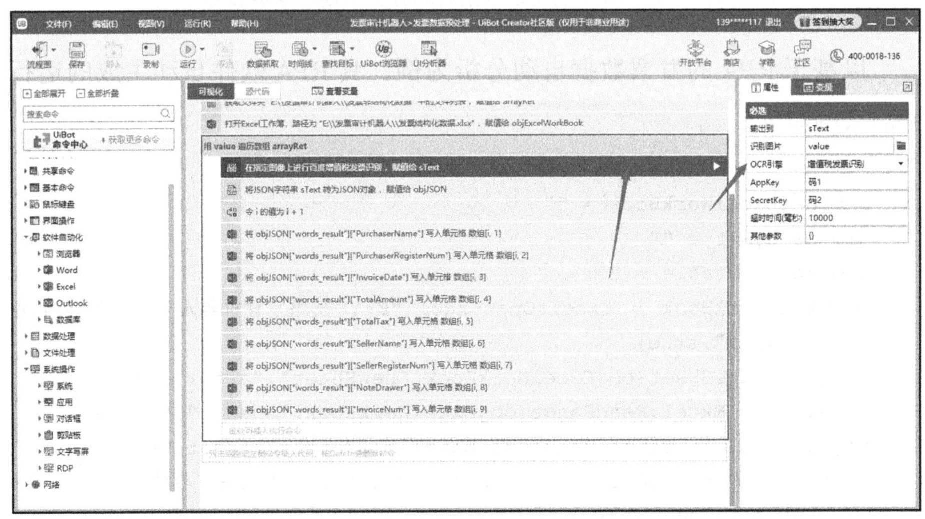

图 9-40 基于 RPA 的发票数据自动化预处理可视化参数设置示例

（2）基于 RPA 的发票数据自动分析。

基于以上预处理的数据，选择合适的审计数据分析方法，或对其他来源数据进行分析，并在该 RPA 软件中实现这些方法，实现对以上预处理后的数据（Excel 中的发票数据）进行自动分析，从而发现相关审计线索。例如，分析发票数据中“购买方名称”字段为“南京审计大学”，且“金额”字段数值大于 100 的数据，基于 RPA 的发票数据自动分析的可视化参数设置示例如图 9-41 所示。

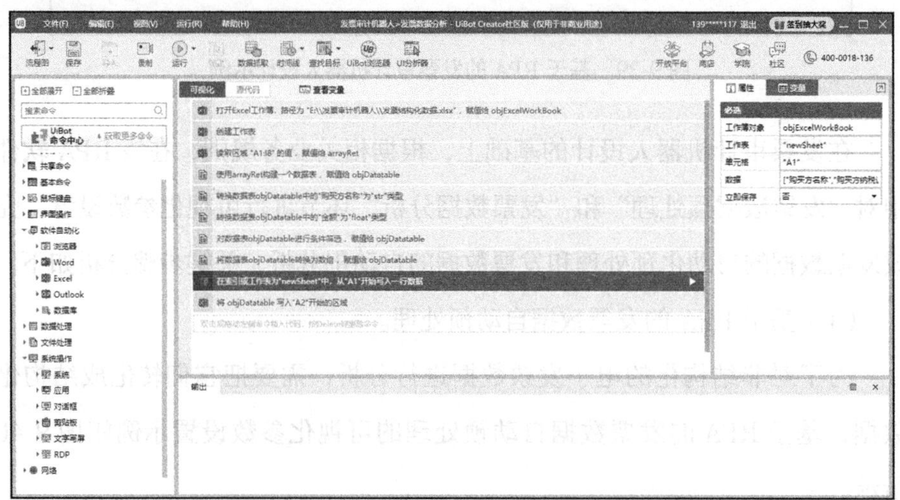

图 9-41　基于 RPA 的发票数据自动分析可视化参数设置示例

以基于 RPA 的发票数据自动分析为例，其 RPA 软件自动生成的运行代码示例如下：

```
dim objExcelWorkBook = ""
dim arrayRet = ""
dim objDatatable = ""
objExcelWorkBook = Excel.OpenExcel("E:\\ 发票审计机器人 \\ 发票结构化数
    据 .xlsx",true)
Excel.CreateSheet(objExcelWorkBook,"newSheet","after",false)
arrayRet = Excel.ReadRange(objExcelWorkBook,"Sheet1","A1:I8")
objDatatable = Datatable.BuildDataTable(arrayRet,arrayRet[0])
Datatable.ConvertColumnDataType(objDatatable," 购买方名称 ",
    "str",false,null)
Datatable.ConvertColumnDataType(objDatatable," 金额 ",
```

```
    "float",false,null)
objDatatable = Datatable.QueryDataTable(objDatatable,"购买方名称
    ==\"南京审计大学\" and 金额>100")
objDatatable = Datatable.GetDataTableByArray(objDatatable,false)
Excel.WriteRow(objExcelWorkBook,"newSheet","A1",["购买方名称","购
    买方纳税识别号","开票日期","金额","税额","销售方名称","销售方纳税
    识别号","开票人","发票号"],false)
Excel.WriteRange(objExcelWorkBook,"newSheet","A2",objDatatable,
    false)
```

同理，可以设计其他数据自动化分析工作流程，从而实现更多的发票数据自动分析。例如，把以上预处理后的数据（Excel 中的发票数据）与从被审计单位财务软件中采集来的数据进行比较，找出在以上预处理后的数据（Excel 中的发票数据）中存在，但在从被审计单位财务软件中采集来的数据中不存在的数据。

3. 基于 RPA 的发票审计机器人运行

在设计完基于 RPA 的发票审计机器人的全部工作流程之后，在图 9-39 中运行该发票审计机器人，便可以自动完成全部审计工作，并把分析结果保存到指定电子表格中，供审计人员做进一步的延伸取证，从而获得相关审计证据，完成审计任务。例如，基于 RPA 的发票数据自动预处理部分结果示例如图 9-42 所示。

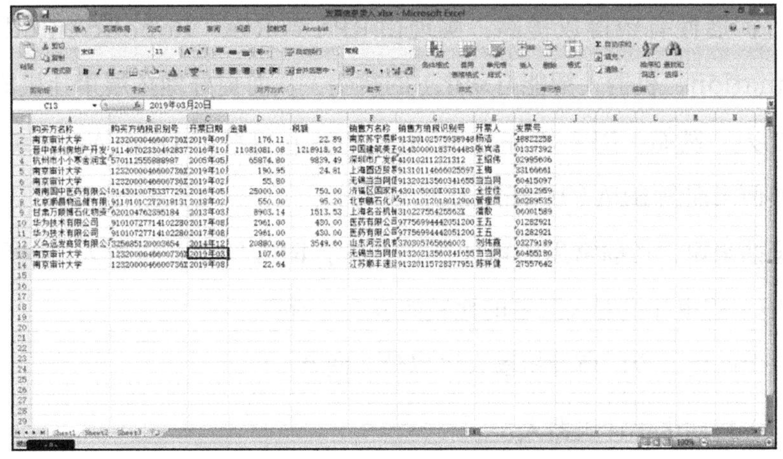

购买方名称	购买方纳税识别号	开票日期	金额	税额	销售方名称	销售方纳税识别号	开票人	发票号
南京审计大学	1232000046600736X	2019年09	176.11	22.89	南京苏宁易购	91320102575938948	杨洁	48822258
晋中保利房地产开发	91140702330492837	2016年10	11081081.08	1218918.92	中国建筑第五	91430000183764483	张宾浩	01337392
杭州市小个系吉润宝	57011255888987	2005年05	65874.80	9839.49	深圳市广发	410102112321312	王绍伟	02995606
南京审计大学	1232000046600736X	2019年10	190.95	24.81	上海图迈贸易	91310114666025597	王梅	33166661
南京审计大学	1232000046600736X	2019年02	55.80		无锡当当网信	91320213560341655	当当网	60415097
湖南国中医药有限公	91430100753377291	2016年05	25000.00	750.00	济福区国家	43010500DX0031X0	全佳佳	00012959
北京新鼎物流储有限	91101010C2Y2018131	2018年02	550.00	95.20	北京燕石化	91101012018012900	管理员	00289535
甘肃万顺博石化物资	620104762395184	2013年03	8903.14	1513.53	上海名谷机	31022755425563X	潘毅	06001589
华为技术有限公司	91010727714102280	2017年08	2961.00	430.00	医药有限公司	97756994442051200	王五	01282921
华为技术有限公司	91010727714102280	2017年08	2961.00	430.00	医药有限公司	97756994442051200	王五	01282921
义乌远发商贸有限公	325685120003654	2014年12	20880.00	3549.60	山东河云机	370305765666003	刘伟鑫	03279189
南京审计大学	1232000046600736X	2019年03	107.60		无锡当当网信	91320213560341655	当当网	60455180
南京审计大学	1232000046600736X	2019年08	22.64		江苏顺丰速运	91320115728377951	苏祥健	27557642

图 9-42　基于 RPA 的发票数据自动预处理结果示例

4. 案例分析

随着被审计单位信息化的广泛应用和业务的快速发展，目前常用的审计方法不能很好地满足当前发票审计的需要，研究自动化与智能化的审计方法具有重要的应用价值。本节根据这一需要，介绍了基于 RPA 的发票审计机器人审计方法。通过本节的研究与应用，不难发现应用 RPA 技术可以很容易地设计并实现发票审计机器人，并且利用设计好的发票审计机器人可以高效、快速、准确地实现对发票数据的分析。

9.6 基于 RPA 的审计机器人发展

由于 RPA 技术自身的局限性，目前基于 RPA 的审计机器人仍存在一定的应用限制。RPA 技术正在快速发展中，这使基于 RPA 的审计机器人今后能够智能地处理更复杂的审计任务，而且能处理的任务和范围也会扩大。目前在应用基于 RPA 的审计机器人时，可以充分利用 RPA 技术的优点，选择合适的审计任务，充分发挥基于 RPA 的审计机器人的优势。

尽管目前基于 RPA 的审计机器人在审计能力上仍存在一定的不足，但随着人工智能的研究与应用，以及计算机视觉、自然语言情感分析、图像识别、语音识别等技术与 RPA 技术的深度集成，RPA 的适用性、高级能力和可扩展性有望得以提高，实现由 RPA 到 RIA（Robotic Intelligent Automation，机器人智能自动化）的转变，从而更好地拓展审计机器人的审计能力。例如，RPA 软件公司 Blue Prism 已经与 IBM Watson 合作，研究如何来提高 RPA 的认知能力。

概括来说，目前常用的审计方式、基于 RPA 的审计机器人，以及今后基于 RIA 的审计机器人三者的比较如表 9-1 所示。

综上所述，今后审计机器人可以分成两类。

（1）自动化审计机器人。

这种基于 RPA 的审计机器人仅能基于预定的规则，主要用来执行重复的、工作量大的审计任务。这种审计机器人仅仅能根据简单的规则来做出决策，缺少一定的自我判断能力。

表 9-1　三种审计方式比较

比较内容＼审计方式	目前的审计方式	基于 RPA 的审计机器人	基于 RIA 的审计机器人
审计准备时间	几天	几个星期	几个月
处理业务的特点	适合各种类型的审计任务	审计任务流程固定、工作量大、重复单调、不需要专业判断	适合各种类型的审计任务
处理的业务量	有限	无限	无限
处理业务的灵活性	较好	较差	较好
审计成本	高	低	低
审计质量	一般	高	高
审计工作效率	低	高	高
方法的成熟度	成熟	成熟	正在探索中

（2）智能化审计机器人。

这种智能化审计机器人通过数据训练，具有一定的智能和自我判断能力，能灵活地适应复杂的审计环境，从而能扩展已有基于 RPA 的审计机器人的适应能力。

☞ 本章结语

探索与应用审计机器人技术成为开展智能审计的一项重要内容。机器人流程自动化（robotic process automation，RPA）技术的出现为实现审计机器人带来了机遇。本章根据这一需要，结合目前 RPA 技术的研究与应用现状，分析了基于 RPA 技术的审计机器人原理、实现与应用。主要内容如下。

RPA 是指一种新的软件技术，它能根据预先设定的程序和规划，模拟人类与计算机系统的交互过程，自动执行大批量、重复性的任务，并通过遵循简单的规则来做出决策，从而实现工作流程自动化。

RPA 主要特点包括：它是一种软件技术，能模仿人的操作，基于预定的规则，用于执行重复的和工作量大的工作，能跨多个应用系统进行操作等。

RPA给审计带来的机遇包括：提高审计工作效率，提高审计质量，降低审计风险，能很容易地实现不同平台和软件之间的自动化操作，实施技术要求低，实施成本低，降低审计成本等。

由于审计是一种劳动密集型的工作，大量、重复的工作占用了审计人员大量的时间。特别是在大数据环境下，被审计单位具有多个应用系统，审计人员在审计时需要与多个系统进行交互。RPA的优势是能实现多个应用系统之间的交互，这使得这些审计过程适合采用RPA。

为了实现RPA技术，一些软件平台被开发出来。目前，国外常见的RPA软件平台包括UiPath、Automation Anywhere、Blue Prism、WinAutomation、WorkFusion、Kryon Systems、IBM RPA，以及Softomotive等。国内常用的RPA软件平台包括UiBot、达观RPA等。

基于RPA的审计机器人原理就是把一些人工完成的重复、单调、程序化的审计工作，通过创建一个程序机器人，模仿审计人员的操作来完成。

为了便于理解如何实现基于RPA的审计机器人，加深对智能审计和RPA工具的理解，本章分别介绍了如何采用RPA工具设计审计机器人、实现审计通知书的自动编制，以及如何采用RPA技术实现发票审计机器人，从而实现发票相关数据的自动化与智能化审计。

尽管目前基于RPA的审计机器人在审计能力上仍存在一定的不足，但随着人工智能的研究与应用，计算机视觉、自然语言情感分析、图像识别、语音识别等技术与RPA技术的深度集成，可以提高RPA的适用性、高级能力和可扩展性，实现由RPA到RIA（robotic intelligent automation，机器人智能自动化）的转变，从而更好地拓展审计机器人的审计能力。

通过本章的学习，读者可以快速掌握基于RPA的审计机器人的基本理论与应用，从而为今后开展智能审计打下基础。

☞ 思考题

1. 谈谈你对审计机器人的认识。
2. 谈谈你所知道的 RPA 软件。
3. 如何应用 RPA 软件实现审计机器人功能?
4. 基于 RPA 的审计机器人有什么优缺点?
5. 谈谈审计机器人未来的发展趋势。

附录

名词术语中英文对照

[1] ACs：application controls，应用控制

[2] AI：artificial intelligence，人工智能

[3] AICPA：American Institute of Certified Public Accountants，美国注册会计师协会

[4] AO：auditor office，现场审计实施系统

[5] API：application programming interface，应用程序编程接口

[6] ASOSAI：Asian Organization of Supreme Audit Institutions，亚洲最高审计组织

[7] ASR：automatic speech recognition，自动语音识别

[8] ATM：automatic teller machine，自动柜员机

[9] BCP：business continuity plan，业务持续计划

[10] big data，大数据

[11] big data auditing，大数据审计

[12] CA：continuous auditing，持续审计

[13] CAA：computer assisted audit，计算机辅助审计

[14] CAAT：computer assisted audit，计算机辅助审计

[15] CAATs：computer assisted audit techniques，计算机辅助审计技术

[16] CAATTs：computer assisted audit tools and techniques，计算

机辅助审计工具与技术

[17] CICA：Canadian Institute of Chartered Accountants，加拿大特许会计师协会

[18] CIIA：China Institute of Internal Audit，中国内部审计协会

[19] cloud computing，云计算

[20] COA：continuous online auditing，持续在线审计

[21] COBIT：control objectives for information and related technology，信息及相关技术控制目标

[22] CORBA：common object request broker architecture，公用对象请求代理程序体系结构

[23] COSO：The Committee of Sponsoring Organizations of the Treadway Commission，全美反舞弊性财务报告委员会发起组织

[24] data-intensive science，数据密集型科学

[25] DBMS：database management system，数据库管理系统

[26] DBS：database system，数据库系统

[27] DFD：data flow diagram，数据流程图

[28] DOOA：data-oriented online auditing，面向数据的联网审计

[29] DRP：disaster recovery plan，灾难恢复计划

[30] decision tree，决策树

[31] EAE：electronic audit evidence，电子审计证据

[32] EAM：embedded audit module，嵌入审计模块

[33] EDP：electronic data processing，电子数据处理

[34] electric data auditing，电子数据审计

[35] ERD：entity-relationship diagram，实体联系图

[36] ERP：enterprise resource planning，企业资源计划

[37] GAS：generalized audit software，通用审计软件

[38] GCs：general controls，一般控制 / 整体控制

[39] GTAG：global technology audit guide，全球技术审计指南

[40] intelligence audit，智能审计

[41] IaaS：infrastructure as a service，设施服务（云计算）

[42] IAASB：International Audit and Assurance Standards Board，国际审计与鉴证准则委员会

[43] IBM：International Business Machines Corporation，国际商业机器公司

[44] IIA：Institute of Internal Auditors，国际内部审计师协会

[45] INTOSAI：International Organization of Supreme Audit Institutions，世界审计组织 / 国际最高审计组织

[46] ISA：information system audit，信息系统审计

[47] ISACA：Information Systems Audit and Control Association，信息系统审计与控制协会

[48] IT：information technology，信息技术

[49] IT auditing（或 IT audit），IT 审计

[50] ITF：integrated test facility，集成测试技术

[51] K-means clustering algorithm，K- 均值聚类算法

[52] KNN：K-nearest neighbor，K- 近邻算法

[53] LISP：list processing，LISP 语言

[54] ML：machine learning，机器学习

[55] NBM：naive Bayesian model，朴素贝叶斯

[56] NLP：natural language processing，自然语言处理

[57] OA：office automation，办公自动化

[58] OCR：optical character recognition，光学字符识别

[59] ODBC：open database connectivity，开放数据库互连

[60] online auditing，联网审计

[61] PaaS：platform as a service，平台服务（云计算）

[62] parallel simulation，平行模拟法

[63] PCA：principal component analysis，主成分分析

[64] POS：point of sales，销售点终端

[65] RFID：radio frequency identification，无线射频识别

[66] RIA：robotic intelligent automation，机器人智能自动化

[67] RPA：robotic process automation，机器人流程自动化

[68] SaaS：software as a service，软件服务（云计算）

[69] SNA：social network analysis，社会网络分析

[70] SOX：Sarbanes-Oxley Act，SOX 法案

[71] SQL：structured query language，结构化查询语言

[72] test data，测试数据法

[73] TF-IDF：term frequency-inverse document frequency，词频－逆文档频率

[74] TTS：text to speech，文语转换（语音合成）

[75] XBRL：extensible business reporting language，可扩展商务报告语言

[76] XML：extensible markup language，可扩展标记语言

参考文献

[1] 陈伟 . 信息系统审计 [M]. 北京：高等教育出版社，2020.

[2] 陈伟 . 计算机辅助审计原理及应用——大数据审计基础 [M]. 4 版 . 北京：清华大学出版社，2020.

[3] 陈伟 . 基于 RPA 的审计机器人：机遇、挑战与方法 [J]. 中国注册会计师，2020（10）：112-115.

[4] 陈伟 . 大数据审计理论、方法与应用 [M]. 北京：科学出版社，2019.

[5] 陈伟 . 基于可视化分析技术的大数据审计案例研究 [J]. 中国注册会计师，2019（6）：61-64.

[6] 陈伟 . 计算机审计（第 2 版）[M]. 北京：中国人民大学出版社，2019.

[7] 陈伟 . 审计信息化 [M]. 北京：高等教育出版社，2017.

[8] 陈伟，孟凡菲 . 大数据环境下基于 RPA 技术的发票审计机器人应用探讨 [J]. 中国审计，2020（18）：61-63.

[9] 陈伟，詹明惠，陈文夏 . 基于社会网络分析的金融科技系统用户管理风险审计方法研究 [J]. 中国注册会计师，2019（12）：74-78.

[10] 陈伟，居江宁 . 基于大数据可视化技术的审计线索特征挖掘方法研究 [J]. 审计研究，2018（1）：16-21.

[11] 陈伟，居江宁 . 大数据审计：现状与发展 [J]. 中国注册会计师，2017（12）：77-81.

[12] 陈伟，Smieliauskas W. 大数据环境下的电子数据审计：机遇、挑战与方法 [J]. 计算机科学，2016（1）：8-13，34.

[13] 陈伟，李晓鹏，居江宁．基于大数据技术的信息系统用户及权限管理审计研究 [J]. 中国注册会计师，2019（2）：74-79.

[14] 国家市场监督管理总局，中国国家标准化管理委员会. 信息安全技术：网络安全等级保护基本要求 [S]. 中国标准出版社，2019.

[15] GTAG. Understanding and Auditing Big Data [Z]. 2017.

[16] IIA. Global Technology Audit Guide（GTAG）：Information Technology Risk and Controls [Z]. 2nd ed. 2012.

[17] Lynch C. Big data：how do your data grow？ [J]. Nature，2008，455（7209）：28-29.

[18] Science.Dealing with data [J]. Science，2011，331（6018）：639-806.

[19] IEEE Corporate Advisory Group. IEEE guide for terms and concepts in intelligent process automation [EB/OL]. 2017. https://standards.ieee.org.

推荐阅读

中文书名	原作者	中文书号	定价
公司理财（原书第11版）	斯蒂芬A.罗斯（MIT斯隆管理学院）	978-7-111- 57415-6	119.00
公司理财（英文版·原书第11版）	斯蒂芬A.罗斯（MIT斯隆管理学院）	978-7-111-58856-6	145.00
公司理财（精要版·原书第10版）	斯蒂芬A.罗斯（MIT斯隆管理学院）	978-7-111-47887-4	75.00
公司理财精要（亚洲版）	斯蒂芬A.罗斯（MIT斯隆管理学院）	978-7-111-52576-9	59.00
公司理财（精要版·英文原书第10版）	斯蒂芬A.罗斯（MIT斯隆管理学院）	978-7-111-44907-2	99.00
公司理财习题集（第8版）	斯蒂芬A.罗斯（MIT斯隆管理学院）	978-7-111-32466-9	42.00
财务管理（原书第14版）	尤金F.布里格姆（佛罗里达大学）	978-7-111-58891-7	139.00
中级财务管理（原书第11版）	尤金F.布里格姆（佛罗里达大学）	978-7-111-56529-1	129.00
财务管理精要（亚洲版·原书第3版）	尤金F.布里格姆（佛罗里达大学）	978-7-111-57017-2	125.00
财务管理精要（英文版·原书第3版）	尤金F.布里格姆（佛罗里达大学）	978-7-111-57936-6	129.00
高级经理财务管理：创造价值的过程（原书第4版）	哈瓦维尼（欧洲工商管理学院）	978-7-111-56221-4	89.00
国际财务管理（原书第8版）	切奥尔·尤恩	978-7-111-60813-4	79.00
管理会计（原书第14版）	雷H.加里森（杨百翰大学）	978-7-111-55796-8	79.00
财务管理：以EXCEL为分析工具（原书第4版）	格莱葛W.霍顿	978-7-111-47319-0	49.00
投资学（原书第10版）	滋维·博迪	978-7-111-57407-1	149.00